PRINCIPES

RÉUSSIR SA PREMIÈRE ANNÉE DE DROIT

Le droit constitutionnel
Raphaël CONTINI

Le droit civil
Béatrice GÉNINET

L'histoire du droit et des institutions
Stéphane MOURÉ

La présente édition (2025) de cet ouvrage a été mise à jour par Catherine LESAGE (pour la partie droit civil), commissaire de justice, administrateur d'immeubles et intermédiaire en assurances. Ancien avocat au barreau de Paris. Diplomée de l'École Nationale de Procédure et maître en droit privé diplomée de l'université Paris XII.

Les premières éditions de cet ouvrage ont été dirigées par Annie Reithmann.

Des mêmes auteurs

Guillaume Bernard

- *Introduction à l'histoire du droit et des institutions*, Levallois-Perret, Studyrama, 2e éd., 2011 (« Panorama du droit »).
- dir., *Les forces politiques françaises*, Paris, PUF, 2007 (« Major »).
- dir., *Les forces syndicales françaises*, Paris, PUF, 2010 (« Major »).
- en coll., *L'instruction civique pour les nuls*, Paris, First, 2010.
- dir., *Dictionnaire de la politique et de l'administration*, Paris, PUF, 2011 (« Major »).
- dir., *Dictionnaire de la police et de la justice*, Paris, PUF, 2011 (« Major »).
- dir., *Petit traité des grandes questions historiques*, Levallois-Perret, Studyrama, 2011 (« Kroniques »).

Eric Pomès

- *Droit international public*, Levallois-Perret, Studyrama, 2012 (« Panorama du droit »).

Catherine Lesage

- dir., *Dictionnaire de la police et de la justice*, Paris, PUF, 2011 (« Major »).
- *L'essentiel du droit de la copropriété*, Studyrama, 2015.

SOMMAIRE

PARTIE II

Le droit constitutionnel 91

PARTIE III

PARTIE IV

AVANT-PROPOS

Les formations en droit sont conçues et organisées pour répondre à trois objectifs :
• apporter aux étudiants, autour d'un tronc commun, un ensemble diversifié de formations associant des connaissances théoriques et des enseignements professionnalisés ;
• former les étudiants à des emplois appartenant aussi bien au secteur public qu'au secteur privé, avec, le cas échéant, des spécialisations résultant des mentions dont peuvent être assorties certaines maîtrises ;
• développer progressivement une attitude et une pratique de recherche scientifique.

Dans le cadre du système L/M/D (Licence, Master, Doctorat), la première année de droit est désormais incluse dans la licence, qui se prépare en trois années. La formule du « Deug » a disparu des facultés. Pour avoir une vue d'ensemble de la nouvelle architecture du cursus universitaire, voir le schéma du chapitre 1 de la partie IV.
Il est certain que la première année de droit constitue une étape décisive dans ce parcours, puisqu'elle permet d'apporter à tous les étudiants une culture juridique commune. Sans ce bagage, comment pourraient-ils sérieusement faire le choix d'une spécialisation et élaborer une stratégie professionnelle à plus ou moins long terme ?
Ce livre se propose de contribuer à promouvoir l'autonomie des étudiants et de leur fournir les méthodes et techniques utiles à la poursuite d'études. Il insiste naturellement sur les enseignements fondamentaux, lesquels représentent l'essentiel du volume horaire annuel et donnent lieu à des séances de travaux dirigés, complément des cours magistraux.

Trois auteurs ont associé leurs expériences pour accompagner les étudiants sur la voie du succès. Il s'agit surtout de leur donner les moyens de penser en juristes. La première partie, rédigée par Stéphane Mouré, est consacrée à l'histoire du droit et des institutions. Raphaël Contini a pris en charge les développements relatifs au droit constitutionnel et aux institutions politiques. Enfin, Béatrice Géninet s'est attachée à présenter le droit civil.

Depuis l'année universitaire 2005-2006, ce manuel a été régulièrement revu et mis à jour par des enseignants ou des praticiens comme Nathalie Deleuze ou Rita Jabbour. La présente édition a été établie par Catherine Lesage.

PARTIE I

L'HISTOIRE DU DROIT ET DES INSTITUTIONS

Proposer à l'étudiant un aperçu significatif de la discipline qui lui sera enseignée, le familiariser avec les méthodes à mettre en œuvre le jour de l'examen, stimuler ses dispositions d'apprenti juriste, bref l'accompagner sur la route du succès qui, quoi qu'en disent les abonnés au défaitisme, est à portée de main pour qui s'en donne les moyens et la peine : telle est la gageure que nous voudrions soutenir.

L'histoire du droit et des institutions (et son indispensable corollaire, la philosophie du droit, souvent négligée par les « esprits forts ») n'est pas la part « molle » ou folklorique de la formation universitaire. Au contraire, elle est l'indispensable matière sur laquelle les réflexions et les analyses qui ont trait à l'organisation normative de nos sociétés contemporaines iront s'arc-bouter[1]. Quelque chose s'apparente dans ce cours à l'*Esprit des lois*, pour reprendre la belle formule de Montesquieu, illustre pionnier d'une sociologie historique et comparée du droit et des institutions : « *Quand j'ai été rappelé à l'Antiquité, j'ai cherché à en prendre l'esprit pour ne pas regarder comme semblables des cas réellement différents, et ne pas manquer les différences de ceux qui paraissent semblables*[2]. »

C'est cet esprit qu'il faut appréhender, même imparfaitement, car il libère des illusions d'une technicité pure du droit, d'une « juridicisation » intégrale des relations ou des pratiques sociales, du moralisme antipolitique, lesquels tendent à des degrés divers à nier le poids des héritages et des concrétions identitaires. Ces illusions tendent aussi à effacer la trace des particularismes culturels pour reconduire l'existence des collectivités humaines à des mécanismes procéduraux, à des rouages impersonnels, à des formes rationnelles légales hégémoniques, voire, dans une perspective de mondialisation, à des modèles de développement cautionnant plus ou moins implicitement l'autorité de dogmes humanitaires déclarés universellement valables : telle est la mystification sous-jacente à la rhétorique envahissante de l'État de droit, dont Monsieur Jacques Chevallier[3] a opportunément fait la radiographie.

Au lieu de comprimer ou d'anéantir cette espèce d'énergie créatrice qui fait la marque d'une époque et lui donne sa consistance propre,

1. Par exemple, sur les questions dynastiques aux XIXe et XXe siècles en France et en Espagne qui s'enracinent dans les relations internationales des XVIIe et XVIIIe siècles, *cf.* G. AUGÉ, « L'entremêlement des successions carliste d'Espagne et légitimiste de France (1883-1936) », *in Francisco Elías de Tejada Y Spínola : figura y pensamiento*, Madrid, Universidad Complutense, 1995 (« Maestros Complutenses de Derecho », 3), pp. 135-142, nouvelle éd. complétée (appareil critique) par G. BERNARD, *in Légitimité ?*, Actes du colloque universitaire du 2 avril 2005, *La Légitimité*, 2005, 51, Sées, 2006 (« Cahier de l'Association des Amis de Guy Augé », 10), pp. 133-148.

2. MONTESQUIEU, *De l'Esprit des lois*, Préface, 1748.

3. CHEVALLIER J., *L'État de droit*, Paris, Montchrestien, 1992.

et d'occulter ainsi les généalogies de pouvoir, l'historien s'en saisit, interrogeant patiemment les catégories du droit pour reconstituer des schèmes de pensée et d'action, se mettre à l'écoute d'une conscience politique[4], pénétrer en somme toute l'intelligence d'un « vivre ensemble » juridiquement ordonnancé. Le dépaysement est assuré, une fois établie la correspondance entre les notions juridiques essentielles et la vision du monde[5], dans laquelle elles s'agencent et prennent sens.

L'étudiant, grâce à l'histoire du droit, est comme arraché à cette actualité dévorante qui prétend à l'autonomie, mais ne dit en réalité rien de sérieux sans cette confrontation fructueuse avec l'expérience du passé. Dépaysement, certes, mais de ce genre qui rend la terre d'élection plus hospitalière et plus nourricière : qui se passionne pour cette discipline ne tourne pas le dos aux études juridiques, il ne fait qu'en découvrir la densité, qu'en comprendre un peu plus la raison d'être et l'utilité.

Nous procéderons en trois temps : après la présentation du programme, nous rappellerons les règles de méthode et proposerons enfin une étude détaillée d'exemples types.

4. Voir KRYNEN J., *L'Empire du roi. Idées et croyances politiques en France. XIII*[e]*-XV*[e] *siècle*, Présentation, Paris, Gallimard, pp. 5-6.

5. GOURÉVITCH A. J., *Les Catégories de la culture médiévale*, Paris, Gallimard, 1983, pp. 5-30.

1. L'essentiel du programme

La dénomination « Histoire du droit » est académique et représente un manifeste en faveur d'une discipline qui, pour accéder à son autonomie relative et justifier son statut dans le champ des études universitaires, se doit de porter en elle l'exigence ou l'ambition d'être autre chose que la simple juxtaposition de l'histoire et du droit.
La difficulté est bien de dessiner la carte des savoirs, d'éviter les annexions intempestives ou les empiétements, de surmonter aussi les corporatismes qui tendent soit à appauvrir l'objet d'étude en l'enfermant dans le carcan des spécialisations conventionnelles, soit à encourager des postures intellectuelles expansionnistes sur la base d'une hiérarchisation implicite des mérites et des dignités.
En d'autres termes, l'histoire du droit n'a pas en soi plus de valeur ou de noblesse que l'histoire ou que le droit pris isolément, au motif qu'elle les embrasserait tous deux et les placerait indistinctement sous son empire. Elle ne prétend pas leur être intrinsèquement supérieure et les assigner à résidence dans un ordre élémentaire du savoir qu'elle serait seule en mesure de dépasser, en prenant appui sur l'arsenal de ses concepts spécifiques.
Parce que l'histoire « du » droit n'est ni l'histoire ou le droit seuls, ni même l'histoire « et » le droit artificiellement réunis sous le sceau de l'empirisme, mais la discipline qui, dans la masse des faits sociaux du passé, se charge d'analyser les principes d'organisation (y compris sous-jacents) d'une société et de relever l'empreinte d'un pouvoir normateur (en particulier justicier), il lui faut dialoguer, s'éprouver au contact des autres sciences humaines et entretenir des liaisons régulières (sont-elles vraiment dangereuses ?).
Pourquoi devrait-elle se priver de l'apport d'une sociologie politique soucieuse de rigueur conceptuelle et lui refuser quelque reconnaissance filiale, dès lors qu'elle éclaire la nature des objets dont l'historien du droit fait sa matière et son miel ? Après tout, il n'est pas faux de dire que « *la sociologie politique est la fille incestueuse de l'histoire et du droit* »[6].

En outre, comme l'ont si brillamment illustré Michel Villey et ses « disciples », Guy Augé[7] et François Vallançon[8], l'histoire du droit serait stérile si elle reniait son fondement et sa finalité : la philosophie du droit.

6. COT J.-P., MOUNIER J.-P., *Pour une sociologie politique*, Paris, Seuil, 1974, t. 1, p. 11.

7. *Cf.* notamment G. AUGÉ, « Droit et justice (dans les écoles du droit naturel classique et moderne) », transcription et notes par G. BERNARD, *in La Légitimité*, 49, Paris, 2005 (« Cahier de l'Association des Amis de Guy Augé », 9), pp. 107-131. Pour une notice bio-bibliographique de Guy Augé, *cf.* G. BERNARD, « Morale traditionnelle, politique légitime et droit naturel, Jalons dans la vie intellectuelle de Guy Augé (1938-1994) », *in La Légitimité*, 47, Paris, 2004 (« Cahier de l'Association des Amis de Guy Augé », 8), pp. 123-162.

8. VALLANÇON FR., *L'État, le droit et la société modernes*, avant-propos de J. Russ, Paris, Armand Colin, coll. « Prépas, Philosophie », 1998.

Dans cette famille recomposée aux mœurs si étranges pour le commun, l'histoire du droit pourrait certainement revendiquer quelque chose de l'identité d'un fils prodigue qui, à la croisée des chemins et des savoirs constitués, se dépenserait sans compter pour comprendre et approfondir cette énigme toujours contemporaine de « *la servitude volontaire* », c'est-à-dire de la force qui fait loi et de la loi qui rend libre.

Pour l'intelligence de notre propos, il nous a paru nécessaire de porter d'abord le regard sur quelques concepts fondamentaux (l'État, le droit, le politique, etc.), avant de fournir à l'étudiant des repères chronologiques et factuels précis. Enfin, nous reprendrons sous une forme schématique les grandes caractéristiques des Constitutions écrites et des régimes politiques qui se sont succédé au fil de notre histoire.

Quelques concepts fondamentaux

La remarque de Raymond Aron sonne comme une mise en demeure, une réclamation : « *Le récit historique n'apprend rien s'il n'est articulé par référence à des concepts*[9]. » En effet, pour l'historien du droit, il est impossible de s'en tenir au simple empirisme, de recenser des faits ou des événements sans aucun souci d'ordonnancement ou de mise en perspective, de procéder artificiellement à des rapprochements d'indices et de signes sur une base non problématique, d'appréhender des sources documentaires souvent lacunaires en dehors de tout contexte d'interprétation, bref de renoncer à produire un effort minimal de conceptualisation, ce dernier venant, bien entendu, après l'analyse des sources[10].

Baliser le champ disciplinaire formé par l'histoire du droit et des institutions suppose un inventaire raisonné (toujours en évolution) des catégories qui la sous-tendent. Ces définitions préalables sont, bien entendu, instrumentales : elles fournissent des points de repère, un cadre d'analyse, des jalons provisoires et révisables pour l'élaboration d'une grille de lecture des données factuelles innombrables, contradictoires et cacophoniques. C'est ainsi que l'historien du droit peut retracer les évolutions en cours, rendre compte des continuités et des survivances, mesurer les changements, construire des périodisations, saisir un mouvement ou une tendance, en découvrir les origines et le sens.

9. ARON R., *Études politiques*, Paris, Gallimard, 1972, p. 396.

10. Pour un exemple récent de découvertes déconcertantes, *cf.* DESCHODT J.-P., HUGUENIN FR., *La République xénophobe : 1917-1939, De la machine d'État au « crime de bureau » : les révélations des archives*, Paris, Lattès, 2001.

Autant indiquer dès à présent le travers qu'il convient d'éviter, en contrepoint de cet impératif du recours aux concepts : il réside dans une éviction de la matière historique, dans un refus plus ou moins avoué de considérer la sociogenèse des formes de pensée ou de représentation sociale. Autrement dit, les relations conflictuelles qui déterminent cette sociogenèse doivent être nécessairement explicitées, sans quoi nous verserions dans une espèce de métaphysique du droit et perdrions du même coup la juste perception des dynamiques qui gouvernent l'enchaînement des séquences historiques conceptuellement caractérisées sur un plan juridique. Pierre Rosanvallon déclare ainsi qu'il faut « *concevoir l'histoire de l'État de façon dynamique et* [...] *la comprendre comme un travail. Faire l'histoire de l'État consiste à analyser les conditions dans lesquelles se sont formées des figures du rapport État/société. Car il n'y a pas d'histoire de l'État hors de la saisie d'une relation : l'État n'existe que par rapport à la société*[11]. »

À la lumière de ces observations, nous tâcherons d'ausculter certains concepts relevant de la discipline couverte par l'historien du droit, ceux qu'il utilise habituellement et dont il tient la détermination pour acquise : concepts d'État, de Constitution, de politique, etc.
Ces développements ne sauraient épuiser la matière et ont avant tout une charge heuristique : à l'étudiant d'approfondir la réflexion qui n'est ici qu'esquissée, d'être réceptif aux difficultés soulevées (plus que surmontées). Nous l'invitons surtout à se garder des simplifications abusives, des séductions d'une approche réductionniste toute suspendue au chant des sirènes d'un juridisme étriqué et au final peu conséquent. Le droit deviendra alors autre chose qu'une compilation de normes disparates et sera peut-être – ce n'est pas là trop exiger – un moyen « *d'entrer dans l'esprit des hommes, ce que recherche au fond le véritable historien* »[12].

La notion d'État

Il existe assurément plus d'une manière de définir la notion d'État et chacune d'elles a probablement sa justification, sa valeur cognitive. Reprenons la question dans sa formulation brute, telle que la pose Stéphane Rials :
« *Qu'est-ce que l'État au sens juridique ? L'État est une forme d'organisation politique :*
• *qui ne se développe que si certaines conditions matérielles (une population sur un territoire), factuelles (l'effectivité d'un pouvoir sur cette population et ce territoire) et psychologiques (souvent une nation ; la généralisation d'une idéologie infléchissant le loyalisme politique des hommes aux fonctions) sont réunies ;*

11. Rosanvallon P., *L'État en France de 1789 à nos jours*, Paris, Seuil, 1990, p. 15.

12. Mousnier R., Labrousse E., *Le XVIIIe siècle. L'époque des Lumières (1715-1815)*, Paris, PUF, 1985, coll. « Quadrige », p. 2.

• *et qui se caractérise d'une part par l'institutionnalisation du pouvoir, c'est-à-dire la distinction juridique des fonctions politiques et des hommes qui les exercent, et d'autre part par un certain degré de puissance à préciser.*[13] »

La réponse proposée ici peut surprendre : la teneur juridique du concept d'État est en effet expressément référée à l'existence d'une organisation politique.

Ce n'est pas là confondre les deux ordres, mais souligner que le droit et l'État sont d'abord les manifestations sensibles d'une essence, celle du politique. Celui-ci, en tant que phénomène, se ramène invariablement à la possibilité réelle de la discrimination de l'ami et de l'ennemi. En d'autres termes, il faut s'intéresser au caractère politique de l'appartenance à une collectivité humaine pour saisir la signification de la construction de l'État, l'émergence de cet appareil de détention de la puissance souveraine, l'accomplissement de ce processus de monopolisation de la force armée qui préside à la pacification d'un espace territorial et donc à l'élimination ou neutralisation de l'ennemi intérieur.

La politique, c'est le domaine de l'action participative, l'expression d'une volonté agissante qui compose avec des forces contraires, constitutives du *pluriversum*. À l'État, en tant qu'organisation politique et non simplement pris dans le sens formel et juridique, de contenir les forces de dissociation, de se porter garant de l'unité d'une collection d'individus en les enjoignant de « faire corps », de les ouvrir ainsi à la dimension de l'histoire et à ce sentiment d'une perpétuité, d'une *dignitas*.

Cette collectivité, au rapport de sa constitution politico-étatique, s'inscrit ainsi dans un temps long, déplace l'horizon temporel que décrit la finitude humaine pour s'éprouver sur un mode d'être attaché au destin d'une personne transcendante, dotée d'une puissance effective d'incarnation de l'Un.

Au passage, rappelons que le prince, homme providentiel qui détient le pouvoir suprême, s'arroge ce droit exorbitant par excellence de décider de la vie et de la mort de tout membre du groupement politique, en vertu d'une capacité de discernement qui le distingue des gens du commun et l'autorise en même temps à orienter leur marche glorieuse. Tel est très exactement ce que suggèrent les corrélations sémantiques qui se nouent autour de la notion de pouvoir discrétionnaire.

Ce rapport à la mort, à la guerre, forme actualisée de l'hostilité, est révélateur de ce caractère de la pluralité humaine propre à la sphère politique. Il oblige à voir le souverain chef d'État non plus platement comme celui qui a titre légal, mais comme une figure de la médiation entre l'établissement humain et la demeure des dieux ayant qualité d'immortels.

---

13. RIALS S., « La puissance étatique et le droit dans l'ordre international. Éléments d'une critique de la notion usuelle de souveraineté externe », *Archives de philosophie du droit*, 1987, t. 37, p. 189.

Succinctement, nous en tirerons trois enseignements.

• La fonction politico-souveraine porte l'empreinte d'une détermination magico-religieuse. Dans la perspective ouverte par l'idéologie indo-européenne, elle concerne « *le sacré et les rapports soit des hommes avec le sacré (culte, magie), soit des hommes entre eux sous le regard et la garantie des dieux (droit, administration), et aussi le pouvoir souverain exercé par le roi ou ses délégués en conformité avec la volonté ou la faveur des dieux, et enfin, plus généralement, la science et l'intelligence, alors inséparables de la méditation et de la manipulation des choses sacrées*[14] ».

• L'organisation politico-étatique d'une collectivité humaine lui signifie le principe de sa permanence, de sa continuité. Cette dimension politique de l'appartenance implique peu ou prou la compréhension d'un temps cyclique, ordonné à l'idée du retour, à l'éternel retour du même. C'est pourquoi la vacance du pouvoir, la rupture du lien intergénérationnel sont inadmissibles : elles seraient synonymes d'une perte de substance politique du groupement d'hommes considéré, ce qui veut dire que l'organisation étatique échouerait dans cette entreprise d'institutionnalisation de la relation gouvernants-gouvernés qui est sa raison d'être.
Par exemple, la couronne symbolise cette (re)prise incessante du temps, cette résistance spirituelle à l'anarchie du changement. Elle « *signifie en majesté Royal vraie loyauté, car elle est de Ronde figure sans fin et sans commencement ; ainsi est noblesse Royal sans froisseure et sans interruption*[15] ».

Il s'ensuit que la politique est une manière de relier les âges, d'organiser la correspondance des vivants et des morts. L'action prudente du prince requiert l'appréhension d'un temps libre, l'*otium*, que seule la gratuité du don peut ouvrir. C'est dire que le déploiement de soi dans le *pluriversum* est par essence étranger à la rationalité productiviste. L'ordre politique, engagé dans une histoire dont il fixe le cours et les présupposés axiologiques (lesquels sont en rapport plus ou moins étroit avec l'activité guerrière, la deuxième fonction), ne relève pas du monde domestique, pas plus qu'il n'adhère à une temporalité des besoins ou des nécessités du corps physique voué à la disparition, à la biodégradation et à la putréfaction. Au contraire, il constitue l'espace d'un désassujettissement quasi miraculeux au temps et à la finitude, à la faveur d'une théologie de la dualité du corps royal patiemment mise sur pied par les légistes médiévaux (voir les travaux d'Ernst Kantorowicz).

14. DUMÉZIL G., *Mythes et Dieux des Indo-Européens*, Paris, Flammarion, 1992, p. 96.

15. GOLEIN J., *Traité du sacre* [1373], cité dans KRYNEN, J., *op. cit.*, p. 136.

• L'appartenance à un ordre politico-étatique exige une disposition sacrificielle. Il n'est pas de corps politique ferme et déterminé sans une compression des dynamiques portées par l'individualisme atomistique. Cette valorisation de l'esprit de sacrifice, du mourir « *pro patria* », à travers le culte des héros ou les cérémonies commémoratives notamment, renvoie au sens d'une dignité partagée qui s'attache au simple (bien)fait de vivre ensemble sous une même direction politique. Il suffit de dire qu'être en forme politiquement signifie une certaine manière de concevoir le rapport entre les hommes pris individuellement et l'unité qu'ils constituent, entre la partie et la totalité : ce rapport se règle en fonction d'un schéma sociologique de type holiste.
En somme, l'historien du droit et des institutions ne peut faire le deuil du politique, et l'examen de la notion d'État qui vient d'être faite, trop rapidement sans doute, le lui rappelle sans ménagement.

Le modèle français

Ces développements liminaires jettent une lumière crue sur les prémisses théoriques et la formation historique du modèle « absolutiste » français, archétype de l'« État-nation ». Partons des textes et des sources. Selon Guibert (1743-1790), figure achevée du « soldat philosophe » du XVIIIe siècle, « *la politique, c'est l'art de gouverner les peuples, et envisagée sous ce vaste point de vue, elle est la science la plus intéressante qui existe. Elle doit avoir pour objet de rendre une nation heureuse au-dedans et de la faire respecter au-dehors. De là, elle se divise naturellement en deux parties : la politique intérieure et la politique extérieure* » (*Essai général de tactique*, 1770).
Assurer la concorde, cette union des cœurs, rendre la nation heureuse au-dedans, tel est l'objet de la politique intérieure. L'État est l'instrument de cette politique : il fournit au prince les moyens matériels, humains, symboliques, coercitifs, dont il a effectivement besoin pour pacifier le royaume. L'État est la personnification juridique d'une unité politique. Si cette unité se disloque, se brise, vole en éclats, l'État est politiquement défaillant. Il cède sous la pression d'une force qui lui échappe, qu'il ne parvient plus à canaliser, dont il perd la maîtrise ou le contrôle. Il n'est plus légitimement associé à la défense d'un bien commun qui, en raison de la claire conscience qu'en ont les populations, a sociologiquement des vertus intégratrices.

Cette impuissance politique de l'État qui échoue dans son entreprise de monopolisation de la force armée débouche, en dernière analyse, sur la guerre civile, la pire qui soit parce qu'elle affranchit la relation entre gouvernants et gouvernés de toute idée de norme commune, et qu'elle reconduit la politique non plus à cet impératif d'harmonisation des intérêts sous les auspices d'un souverain aimable et pacificateur, mais à

un spectacle effroyable, celui d'un affrontement sanglant entre factions rivales, d'une lutte à mort et sans merci.
La guerre civile n'est rien d'autre qu'une autodestruction, qu'une violence dirigée contre soi-même, qu'un démembrement douloureux du corps politique qui cesse alors d'être bien constitué.
« *On peut considérer l'État*, lit-on dans l'*Encyclopédie*, *comme une personne morale, dont le souverain est la tête, et les particuliers les membres. Il est une union de plusieurs personnes en un seul corps, produite par le concours des volontés et des forces de chaque particulier, à l'inverse de la multitude qui n'est qu'un assemblage de plusieurs personnes, dont chacune a sa volonté particulière*[16]. »

Si, comme nous en faisons l'hypothèse, l'histoire du droit et des institutions est prise dans les rets des mobilisations partisanes rythmant l'existence politique des collectivités humaines, il nous faut revenir aux guerres de Religion pour suivre la formation de l'État absolutiste. Elles sont proprement matricielles, les figures modernes du pouvoir étant pour ainsi dire sorties de cette violence exacerbée qu'elles propagent dans cette Europe du XVIe siècle.
L'absolutisme est à analyser comme une réponse, voire une riposte intellectuelle aux thèses relatives à l'autorité royale défendues par les monarchomaques, même protestants. Ceux-ci conçoivent cette autorité sous l'angle d'une délégation, jetant les rudiments d'une théorie du contrat et de la souveraineté populaire, et soutiennent également l'idée d'une association à l'exercice du pouvoir. Enfin, le prince qui gouverne est pensé comme révocable, dès lors que le contrat auquel il est partie prenante est rompu : c'est admettre ainsi le tyrannicide ou souscrire à un principe d'insurrection légitime.

Dans ce contexte, l'idéologie absolutiste doit se lire comme une volonté de redéfinir les bases de l'autorité politique, de reconstituer un ordre, de recouvrer cette harmonie du vivre ensemble. Il est donc abusif de la confondre avec l'exaltation maladive de l'arbitraire royal. En récusant l'approche contractualiste du pouvoir souverain à laquelle adhèrent les monarchomaques, les théoriciens de la monarchie absolue s'emploient surtout à sauvegarder l'image du roi bienveillant, présenté sous les traits d'un père protecteur qui agit dans l'intérêt exclusif du royaume et de ses sujets dont il exige en retour loyauté et obéissance inconditionnelles.

Deux voies sont ainsi ouvertes, qui parfois se croisent :
• celle d'une réorientation de l'appartenance confessionnelle, dans le sens d'une maturation de l'identité nationale. Être le ressortissant d'un État protestant, c'est bien sûr être protestant, mais c'est aussi se référer

16. « État », *in Encyclopédie* de DIDEROT et d'ALEMBERT, 1751-1772.

à des codes culturels qui véhiculent une logique d'identification à un groupement humain dont ils marquent nettement la personnalité. Cette différenciation a un prolongement politique : la soumission à la loi du prince. La doctrine de Luther en Allemagne, « *Cujus regio, ejus religio* », selon laquelle le sujet doit être de la religion de son souverain, exprime cette combinaison nouvelle des plans théologique et politico-national qui scelle la fin de l'universalisme chrétien ;

• celle d'une dépolitisation du secteur théologique, qui se traduit par la promotion de l'idée de tolérance (au sens moderne du terme, c'est-à-dire de relativisation des valeurs[17]). En effet, dans ce type de guerre civile qui a pour origine la religion, le prince ne doit « *se servir de la force et des supplices qu'à l'extrémité, parce qu'il s'affaiblit lui-même en se privant du nombre de ses sujets ; et qu'en un mot, il lui est plus politiquement essentiel d'avoir des sujets fidèles, que des sujets opposés sur des sentiments de religion, tant qu'ils vivent paisiblement entre eux, et fidèlement envers lui* »[18]. Ce qui compte, c'est d'être bon sujet du roi, d'accepter de plier sous son autorité souveraine, le choix d'une identité confessionnelle relevant, pour une certaine doctrine, de la sphère privée[19] et n'ayant aucune conséquence notable sur la relation de commandement et d'obéissance qui s'établit dans le cadre de l'organisation étatique.

L'ordre politique, que la volonté humaine peut investir, oppose désormais aux prescriptions de la transcendance divine la découverte de son autonomie relative. C'est donc à l'État d'éliminer tout risque de guerre civile, d'extirper les ferments de la révolte, en répondant tant bien que mal aux attentes souvent contradictoires du corps social, en se dotant d'institutions spécialisées, en développant un secteur administratif, en multipliant le nombre de ses interventions dans tous les domaines et en recourant aussi à des techniques de contrôle des populations et à la force armée. La croissance de l'État résulte de ce désenchantement qui frappe la politique, sommée d'abandonner ses caractères proprement théologiques : l'exercice du pouvoir souverain cesse alors d'être l'expérience hautement spirituelle de sa plus complète discrétion.

17. Dans la conception classique, la tolérance consistait en une acception temporaire de ce qui était considéré comme un mal parce que l'affrontement immédiat serait plus préjudiciable au bien commun. Sur cette question, *cf.* notamment G. Bernard, « Pourquoi fallait-il tuer Henri IV ? », *Dossiers secrets de l'histoire*, septembre 2002, 42, pp. 60-65 ; « Pourquoi révoquer l'édit de Nantes ? », *Dossiers secrets de l'histoire*, mai 2003, 46, pp. 64-69.

18. « Guerre », *in Encyclopédie méthodique. Art militaire*, 1785, t. II, p. 621.

19. Sur cette question, *cf.* G. Bernard, « La querelle du Spirituel et du Temporel : gallicanisme et laïcité, L'influence du gallicanisme dans la formation du concept contemporain de laïcité ? », texte revu de l'intervention au colloque *1905-2005 : la laïcité à l'épreuve du temps* (3-4 mars 2005, Grenoble), organisé à l'instigation du Crif (*Comité représentatif des institutions juives de France*) et de l'Amal (*Association culturelle franco-maghrébine*), sous la présidence de Bernard Stasi, *Liberté politique*, automne 2005, 31, pp. 41-55.

La philosophie politique ne tarde pas à relever cette rupture : son propos est d'évaluer la juste distance qui doit séparer « l'État », de plus en plus identifié à un ensemble de mécanismes coercitifs, de « la société civile », appelée progressivement à prendre une consistance propre sous les espèces de la nation. Le mouvement constitutionnaliste qui s'affirme tout au long du XVIIIe siècle a pour ambition de scinder le pouvoir, de procéder à sa division à des fins préventives, de lier juridiquement cette main trop visible et trop lourde de l'État accusée d'étouffer abusivement les libertés individuelles et de faire le lit du despotisme (et non plus de la justice).
Dans son *Dictionnaire philosophique*, Voltaire évoque cette dépolitisation du secteur théologique, qui laisse à la morale humanitaire centrée sur l'idée de tolérance pleine liberté pour reformuler les tenants et les aboutissants de l'obligation politique : « *Cette horrible discorde, qui dure depuis tant de siècles, est une leçon bien frappante que nous devons mutuellement nous pardonner nos erreurs ; la discorde est le grand mal du genre humain, et la tolérance en est le seul remède.*[20] » Et le philosophe d'ajouter dans son *Traité sur la tolérance* : « *Mais quoi ! Sera-t-il permis à chaque citoyen de ne croire que sa raison, et de penser ce que cette raison éclairée ou trompée lui dictera ? Il le faut bien, pourvu qu'il ne trouble point l'ordre : car il ne dépend pas de l'homme de croire ou de ne pas croire, mais il dépend de lui de respecter les usages de sa patrie ; et si vous disiez que c'est un crime de ne pas croire à la religion dominante, vous accuseriez donc vous-même les premiers chrétiens vos pères, et vous justifieriez ceux que vous accusez de les avoir livrés aux supplices*[21]. »
Ainsi délivré des « superstitions » en tout genre, le citoyen est invité à ne suivre que les recommandations de la raison. Dans le fatras des convictions religieuses, il lui faut revenir à l'essentiel : il doit d'abord respecter l'ordre établi. Autrement dit, la foi devient affaire de conscience individuelle et n'imprime plus aucune marque au fait de l'appartenance politique.
Pourtant, une question se pose : et si cet ordre public qui exige obéissance contrarie la raison ? Si le corps politique est rongé par la maladie et si la médecine expectante s'avère insuffisante ? Car « *il en est du corps politique comme du corps humain : on distingue un état sain et bien constitué, d'un état malade. Ses maladies viennent de l'abus du pouvoir souverain, ou de la mauvaise constitution de l'État ; et il faut en chercher la cause dans ceux qui gouvernent, ou dans les vices du gouvernement* »[22].
C'est donc à la raison humaine de poser le diagnostic sur l'état sanitaire du corps politique et de réclamer éventuellement une relève du personnel dirigeant ou une réformation de sa Constitution. Tel est le remède dont nous parle Voltaire : il ne tient plus ici de la stricte morale individuelle

20. VOLTAIRE, « Tolérance », in *Dictionnaire philosophique* [1764], Garnier-Flammarion, Paris, 1964, p. 366.

21. VOLTAIRE, *Traité sur la tolérance*, 1763, chap. XI.

22. « État », in *Encyclopédie* de DIDEROT et d'ALEMBERT, 1751-1772.

et privée, et n'est plus logé dans le principe d'une tolérance universelle. Au contraire, le remède dont il est maintenant question revêt un caractère politique, se mêle même directement à la politique. Plus précisément, il s'agit de laver la politique de sa mauvaise part, de ce « grand mal » qui a pour noms « tyrannie », « despotisme » et « arbitraire ». Bref, c'est l'absolutisme monarchique qui est visé et la Constitution, au sens polémique de 1789, sera bientôt perçue comme la panacée.

Conclusions récapitulatives

Concluons cet examen des notions auxquelles s'attache l'histoire du droit. De cette grande rupture de l'unité du monde chrétien procède une refonte des modalités de l'obligation politique, qui a pour arrière-plan philosophique l'approfondissement de l'idée d'individu, entendu cette fois comme valeur et donc irréductible à l'être empirique.

S'opère une différenciation plus nette entre la société (conçue de moins en moins comme un corps social et de plus en plus comme un agrégat d'individus) et l'État, ce dernier étant appréhendé essentiellement sous la forme d'un appareil de domination, d'une technostructure anonyme relayant efficacement la volonté rectrice d'un monarque absolu (c'est-à-dire délié des lois humaines). Il s'ensuit un affaiblissement des repères politiques de l'appartenance, c'est-à-dire un déclin de ce sentiment de faire corps politique. La monarchie absolue est ainsi la proie des critiques. En effet, une « *nation heureuse au-dedans* » n'est certainement pas une nation placée sous le joug d'un roi qualifié de tyran qui est accusé de n'avoir d'autres guides que son « plaisir »[23].

Il faudrait évoquer la littérature de dénonciation de la raison d'État, accusée de répandre les germes pathogènes du despotisme : n'étant plus d'emblée associée à la défense des intérêts spécifiques de la collectivité (ramenée à une sommation d'individus conscients de leur autonomie et de leurs libertés respectives), cette raison d'État caricaturée se confond avec le fait du prince, témoigne de sa position exorbitante, dit cette arrogance inadmissible du pouvoir qui commande unilatéralement. Elle a quelque chose qui heurte l'aspiration des hommes ayant vocation à la citoyenneté.

Cependant, la neutralisation de l'ennemi intérieur n'est en rien une sortie de l'état politique, une étape dans un processus linéaire et progressiste de liquidation des antagonismes existentiels dont le terme serait le plein épanouissement d'une humanité affranchie de ses démons politiques, ayant fait taire à jamais ses divisions internes qui brident cette conscience qu'elle a d'elle-même. Certes, l'intuition lumineuse qui la traverse l'informe qu'elle peut s'élever au rang de maître sujet d'une histoire appréhendée

23. Il s'agit d'une interprétation frauduleuse de la formule d'origine romaine « *quod principi placuit legis habet vigorem* » signifiant que ce qui plaît au prince, c'est-à-dire ce qu'il estime juste, a force de loi. Le « bon plaisir » du roi est une expression qui n'a jamais existé !

« *au point de vue cosmopolitique* » (Kant), mais la condition humaine de la pluralité n'en reste pas moins le soubassement de tout *Nomos*. À la vérité, l'ennemi est repoussé vers l'extérieur. Il est reconduit à la frontière, notion à la signification militaire puisqu'elle désigne un « *front opposé à l'ennemi* »[24].

Le corollaire de cette mise à distance de l'ennemi et de ce tracé des frontières est l'accentuation de la territorialisation de l'autorité politique, dont l'élaboration d'un droit public européen sur la base des traités de Westphalie de 1648 est l'illustration probante.
Que dit-on quand on définit l'État comme une forme d'organisation politique ? Que l'État est la personnification juridique d'une collectivité humaine politiquement différenciée et que l'existence de cette collectivité a pour horizon de sens la politique. Autrement dit, la politique est première et l'historien du droit ne peut l'ignorer. Si ce caractère politique du « vivre ensemble » fait défaut, l'État n'est alors plus qu'une fiction juridique, qu'un ensemble de normes ou de procédures sans prise réelle sur l'économie des rapports de force.
Ce qui fait un État, ce n'est pas la somme des droits ou des prérogatives dont il est titulaire au titre de la souveraineté interne et externe, mais la puissance qu'il détient pour en imposer l'effectivité sur le territoire dont il garantit les frontières, *manu militari* le cas échéant. Parce que la présence de l'ennemi est ce qui détermine la consistance politique d'une collectivité, son existence et sa permanence sont suspendues à l'impératif d'une discrimination de l'ami et de l'ennemi, du même et de l'autre.
Tel est donc le destin de toute forme d'organisation politique : se définir, se doter de moyens propres à défaire l'ennemi s'il vient à se déclarer et à déclencher les hostilités. Interrogeons l'étymologie : « se dé-fendre », c'est repousser à partir d'un lieu, refouler un sujet extérieur qui prétend se l'approprier. Il n'y a de conscience politique qu'au travers de cette expérience de l'altérité, de cette perception de la menace qu'elle fait peser sur l'intégrité du corps politique auquel on appartient, auquel on lie son propre sort. L'État est donc le siège de cette volonté souveraine qui se fait fort d'animer tout le corps politique et de le maintenir en forme. État, Constitution, société civile, administration... autant de notions fondamentales qui, sous le regard de l'historien du droit, prennent en quelque sorte le pli du politique.

Quelques repères chronologiques

Ayant à évaluer des prestations d'étudiants aux aptitudes très inégales, l'enseignant découvre médusé dans les copies qui lui sont remises des « perles », de plus en plus fréquentes.

24. « Frontière », in *Encyclopédie* de Diderot et d'Alembert, 1751-1772.

Certaines d'entre elles pourraient inspirer plus d'un film de science-fiction, mauvais *remake* des *Visiteurs* ! On s'étonnera d'apprendre, sous des plumes estudiantines trop légères, que l'époustouflante Vanessa, le cœur sur la main, a cherché à réconcilier Brunehaut et Frédégonde, que Louis XIV est allé à la croisade, qu'Hugues Capet a subi le « rasoir national » ou que « Cindy Rella », miraculeuse aventurière inconnue des médiévistes les plus qualifiés, a gaillardement pris les armes pour défendre les droits légitimes d'un pauvre dauphin doutant de sa vocation politique... Le plus souvent simples étourderies, ces erreurs jettent le correcteur dans la perplexité et l'obligent à des sévérités qui n'ont rien d'outrancier.
Un peu d'attention, de bon sens et quelques souvenirs des enseignements passés, en plus de l'effort d'apprentissage à consentir tout au long de l'année universitaire, suffisent en principe à se tirer honorablement d'affaire. Les quelques repères chronologiques présentés ci-après sont une manière de circonscrire le programme d'histoire du droit et des institutions publiques et d'alerter l'étudiant, animé d'une volonté de bien faire, sur ses faiblesses éventuelles : ce dernier complétera ce tableau synoptique, désormais conscient de la nécessité de se montrer vigilant sur ces questions purement factuelles, de se prémunir contre les confusions ou rapprochements regrettables qui entachent les copies et qui, dans certains cas, les envoient par le fond.

À des fins pédagogiques, nous distinguerons cinq grandes périodes. Aller de la chute de l'Empire romain d'Occident (476) à l'abdication de Napoléon (1815), c'est balayer l'essentiel de notre histoire politico-constitutionnelle, et déborder aussi certainement, d'un côté ou de l'autre, du cadre chronologique du cours magistral destiné aux étudiants de première année (chaque enseignant ayant ses préférences).

La monarchie franque (v^e-ixe siècle)

La chute de l'Empire romain d'Occident (476)

Odoacre, roi des Hérules, dépose Romulus Augustule, dernier empereur d'Occident. Cet événement signe la fin du monde antique et préside à l'effacement du cadre étatique romain.

La dynastie mérovingienne (481-750)

Clovis (481-511), petit-fils de Mérovée qui a donné son nom à la dynastie, est le grand organisateur du royaume franc. Son œuvre se déploie sur un double plan :

• il resserre les liens avec l'Église, il épouse une princesse catholique, Clotilde, puis se fait baptiser en 496 (ou 499) à Reims, par saint Rémi, après la bataille victorieuse de Tolbiac (contre les Alamans) ;

• il procède à des conquêtes militaires au détriment des rois barbares chrétiens mais hérétiques (victoire de Vouillé en 507 contre les Wisigoths).
Il apparaît donc comme un roi providentiel ayant permis la victoire du catholicisme et la réunification de la Gaule romaine : le royaume des Francs n'aurait pas existé en tant que tel sans le catholicisme qui est donc au fondement de son identité (« France, fille aînée de l'Église »).
La pratique des partages successoraux, emblématique de la conception germanique du pouvoir, la faiblesse des successeurs de Clovis (les fameux « rois fainéants ») et la conquête militaire musulmane bouleversent cependant la donne politique.

En 732, Charles Martel, maire du palais, arrête l'avancée des musulmans à Poitiers : depuis une cinquantaine d'années, la montée en puissance des maires du palais (qui ont réussi à rendre leur fonction quasiment héréditaire) est le signe avant-coureur d'un changement de dynastie.

La dynastie carolingienne (750-987)

Le fils de Charles Martel, Pépin le Bref (752-768), fonde la dynastie carolingienne, à la faveur d'un « coup d'État » et avec la bénédiction de l'Église : pour renforcer sa légitimité politique (celui qui exerce la fonction doit en avoir le titre), il est sacré à Soissons (751) puis, avec ses deux fils (Charles et Carloman), fonde la seconde dynastie franque, à Saint-Denis (754), après avoir déposé, sur l'ordre du pape, le dernier des Mérovingiens, Childéric III (750).
Charlemagne (768-814) est l'autre grand nom de la dynastie. Il est le restaurateur de l'Empire romain en Occident, recevant en l'an 800 des mains du pape la couronne impériale[25]. L'idée de théocratie royale est le vecteur d'une « renaissance », laquelle redonne une nouvelle vigueur à la *res publica* (chose publique).

Cependant, la conception patrimoniale du pouvoir reste prégnante. Les principes de droit public issus de l'Antiquité romaine ne sont pas tous assimilés, bien que les clercs tentent de les promouvoir. La désagrégation politico-administrative apparaît inévitable et donne naissance à la féodalité.

Deux dates sont à retenir :
• 843 : le traité de Verdun prévoit le partage de l'Empire entre les fils de Louis le Pieux sans que l'un d'eux ait la prééminence. L'unité est donc définitivement brisée ;

25. Sur cette question, *cf.* notamment G. Bernard, « Empire romain, Empire carolingien, Saint-Empire : rupture ou continuité ? », *Dossiers secrets de l'histoire*, août 2003, hors série 21, pp. 82-89.

• 877 : capitulaire de Quiercy-sur-Oise. Charles le Chauve cède à la pression des grands. En l'absence du roi, le fils d'un comte défunt peut reprendre la charge laissée vacante. Une étape est donc franchie, qui annonce l'hérédité des fonctions comtales.

Bientôt, les grands du royaume vont élire l'un d'entre eux : l'avènement du comte Eudes, en 888, met un terme à la continuité carolingienne (c'est le début de la dynastie des Robertiens, du nom de Robert le Fort, ancêtre d'Hugues Capet)[26].

Les temps médiévaux (888-1453)

L'influence des grands ne cesse de se renforcer, mais les Robertiens ne parviennent pas à s'imposer immédiatement : ainsi, pendant un siècle, les deux dynasties, carolingienne et robertienne, vont alterner sur le trône par le jeu de l'élection (au sens latin du terme, l'*electio* : la reconnaissance publique des mérites).

La dynastie des Capétiens directs (987-1328)

Louis V, le dernier des Carolingiens, meurt en 987. Un descendant de Robert le Fort, Hugues, duc de France, est élu et monte sur le trône. Personne ne mesure alors vraiment la portée de cet événement. Le mérite d'Hugues Capet est de permettre le rétablissement de l'hérédité de la fonction royale (grâce à la pratique des sacres anticipés : l'association au trône du successeur présomptif du vivant du roi). La dynastie des Capétiens restera en place pendant plus de 800 ans.

On distingue habituellement deux périodes :
• la période féodale, du Xe au XIIe siècle. Elle se caractérise par l'extrême faiblesse du pouvoir royal, pris dans la dynamique dissolvante des fidélités féodo-vassaliques. Le recours au système de l'association au trône ainsi que le privilège de la consécration royale manifestent cependant en théorie la supériorité du roi. En sa qualité de suzerain, ce dernier doit d'ailleurs être considéré comme le chef de la hiérarchie féodale, ce que l'abbé Suger s'efforcera de démontrer au XIIe siècle, notamment grâce à l'idée de mouvance ;
• la lente constitution de l'État moderne, à partir du XIIIe siècle. Il faut cependant souligner que la fonction judiciaire reste, jusqu'à la Révolution, le fondement du pouvoir royal, la fonction législative lui étant subordonnée. Un statut de la couronne se dégage : elle manifeste une continuité

26. Sur cette très délicate question, *cf.* P. Gourgues, « Qui faut-il appeler roi ?, Remarques sur la légitimité royale au haut Moyen Age », in *Légitimité ?,* Actes du colloque universitaire du 2 avril 2005, *La Légitimité*, 2005, 51, Sées, 2006 (« Cahier de l'Association des Amis de Guy Augé » 10), pp. 11-53.

du pouvoir politique, au-delà des titulaires temporaires. Le travail des légistes, ce corps de juristes qui conseillent le roi, notamment Philippe le Bel (1285-1314), est déterminant : ils vont théoriser l'idée d'une indépendance du royaume à l'égard du pape, de l'empereur et face aux féodaux. Beaumanoir, Guillaume de Nogaret et Pierre Flotte, pour ne citer que les plus célèbres d'entre eux, jettent les fondements juridiques de la monarchie absolue, en s'appuyant sur des principes issus du droit romain. Quatre adages sont le socle de la conception moderne de la puissance d'État : « *Le Roi est empereur en son royaume* » (*Rex imperator in regno suo est*) ; « *Si veut le Roi, si veut la loi* » ; « *Le Roi ne tient son royaume que de Dieu et de son épée* » ; « *Le Roi est délié de l'obéissance aux lois* » (*princeps legibus solutus est*).

La fin du « miracle capétien » (que certains ont attribué à l'effet de la malédiction des Templiers...) ouvre l'ère des querelles dynastiques qui constituent le socle de la guerre de Cent Ans (1337-1453).
Indiquons au passage que les souverains anglais se déclareront très officiellement « *rois de France et d'Angleterre* » jusqu'à la paix d'Amiens de 1802.

La branche des Valois (à partir de 1328)

• 1316-1328 : avènement de Philippe VI, qui appartient à la branche des Valois. Les trois fils de Philippe le Bel vont régner successivement (de 1314 à 1328), mais sans laisser de descendants mâles. À la mort de Charles IV le Bel, en 1328, la couronne passe à la branche cadette, celle des Valois. Philippe VI de Valois (1328-1350) évince ainsi son rival, Edouard III d'Angleterre, qui prétend également à la succession en qualité de neveu du roi défunt – il est le fils d'Isabelle, sœur de Charles IV et épouse d'Edouard II. (Pour mieux comprendre la situation et avoir une vision d'ensemble de la branche des Capétiens directs et des Valois, voir le schéma du chapitre 2 de la partie IV.)
• Au début du XIVe siècle, les règles relatives à la dévolution de la couronne sont précisées : au principe dynastique s'ajoutent la primogéniture masculine et la collatéralité. La règle de masculinité se voit révélée (1316), en raison des circonstances, en s'appuyant sur les précédents historiques : c'est le fils premier-né qui a toujours succédé à son père même s'il avait une sœur aînée (par exemple, Philippe III le Hardi succède à Saint Louis alors qu'il a une sœur plus âgée que lui, Isabelle). Cette règle est confirmée par divers arguments doctrinaux tirés notamment du droit romain (l'exclusion des femmes des offices publics). À partir de 1358, quand elle est retrouvée, la loi salique dont la première rédaction remonte au règne de Clovis (prévoyant l'exclusion des filles de la succession à la terre des ancêtres) est invoquée pour renforcer la règle coutumière qui interdit aux femmes d'accéder à la couronne ainsi que de transmettre à leurs enfants

mâles un droit qu'elles ne possèdent pas (les femmes ne font pas « *pont et planche* »)[27].

• 1420 : traité de Troyes. Le roi de France, Charles VI dit « le Fou », exhérède son fils le dauphin Charles. Cette mise à l'écart doit profiter au roi d'Angleterre (Henri V et au fils né de son union avec Catherine de France : Henri VI). Les clauses de ce traité « honteux » sont dénoncées. Grâce à l'intervention de Jeanne d'Arc, le dauphin est sacré à Reims, en 1429. Un légiste, Jean de Terrevermeille, démontre la nullité du traité en raison de la règle d'indisponibilité de la couronne :
- le successeur ne peut être privé de son droit à la couronne (droit attribué par les règles coutumières de dévolution du trône),
- le roi ne peut pas désigner son successeur (Louis XIV ne pourra pas rendre princes du sang et donc successibles à la couronne ses enfants bâtards),
- le roi ne peut pas refuser de régner et abdiquer (François Ier ne pourra pas confier la couronne à son fils quand il sera prisonnier de Charles-Quint à Madrid).

La royauté est assimilable à une fonction publique dont le roi n'est pas propriétaire. Il est donc tenu de respecter les coutumes de droit public qui fixent un statut de la couronne.

• 1453 : fin du Moyen Age. Deux événements phares sont à mentionner : d'une part, la prise de Constantinople par les armées musulmanes turques et, d'autre part, la victoire de Castillon qui clôt dans les faits la guerre de Cent Ans.

À noter : une autre date, l'année 1492, est aussi donnée comme fin du Moyen Age et début des temps modernes. Elle marque la découverte du Nouveau Monde et la fin de la « *Reconquista* » en Espagne (reprise de Grenade sur les musulmans).

Les temps modernes (1453/1492-1789)

Cette période voit le triomphe de la monarchie dite absolue (c'est-à-dire déliée des lois humaines, mais soumise à la loi morale et à l'ordre naturel des choses). L'exigence d'une monopolisation du pouvoir normatif est la première manifestation de cette souveraineté royale, sous-tendue par la référence équivoque au droit divin.

Auteur des *Six Livres de la République* en 1576, Jean Bodin, se fait le champion du pouvoir royal. Afin de surmonter la crise religieuse et de faire pièce aux arguments des monarchomaques, il inscrit la notion de souveraineté dans une orientation laïque, posant ainsi la première pierre de l'État moderne et centralisateur : « *Il faut que ceux-là qui sont souverains*

27. BERNARD G., « Les femmes écartées du pouvoir », *Historia*, octobre 2005, 706, pp. 62-63.

ne soient aucunement sujets au commandement d'autrui et qu'ils puissent donner loi aux sujets et casser ou donner ou anéantir les lois inutiles pour en faire d'autres, ce que ne peut faire celui qui est sujet aux lois [...] C'est pourquoi la loi dit que le Prince est absous de la puissance des lois. Aussi voyons-nous à la fin des édits et ordonnances ces mots : "Car tel est notre plaisir", *pour faire entendre que les lois du Prince souverain, ores qu'elles fussent fondées en bonnes et vives raisons, néanmoins qu'elles ne dépendent que de sa pure et franche volonté... Quant aux lois qui concernent l'état du royaume et l'établissement de celui-ci, d'autant qu'elles sont annexées et unies avec la Couronne, le Prince n'y peut déroger, comme est la loi salique, et quoi qu'il fasse, toujours le successeur peut casser ce qui aura été fait au préjudice des lois royales*[28]. »

La dynastie des Bourbons et la marche vers l'absolutisme (à partir de 1589)

La question religieuse à la fin du XVIe siècle

À la suite de l'assassinat d'Henri III, Henri de Navarre, fils d'Antoine de Bourbon, est le successeur le plus proche du roi défunt. Mais il ne peut devenir légitimement le roi de France que s'il se convertit officiellement au catholicisme. La règle coutumière de catholicité du roi a été réaffirmée officiellement par Henri III en 1588, dans l'édit d'Union[29]. Avec l'arrêt Lemaistre du 28 juin 1593, le Parlement de Paris affirme la consubstantialité des règles coutumières de succession au trône (catholicité et sanguinité) : « *Que les lois fondamentales de ce royaume soient gardées et les arrêts donnés par ladite cour pour la déclaration d'un roi catholique et français exécutés ; et qu'il y ait à employer l'autorité qui lui a été commise pour empêcher que sous prétexte de la religion, ne soit transférée en main étrangère contre les lois du royaume ; et pourvoir le plus promptement que faire se pourra au repos et soulagement du peuple, pour l'extrême nécessité en laquelle il est réduit ; et néanmoins dès à présent ladite cour déclare tous traités faits et à faire ci-après pour l'établissement de prince ou princesse nuls et de nul effet et valeur, comme faits au préjudice de la loi salique et autres lois fondamentales de l'État.* »

Constatant que la religion est un obstacle à son accession au trône et à la paix, Henri IV décide d'abjurer en 1593. Il fait une profession de foi catholique, « *hors laquelle il n'y a point de salut* ». Le principe de catholicité est

28. BODIN J., *Les Six Livres de la République*, 1576, liv. I, chap. XI.

29. Sur cette question, *cf.* notamment BERNARD G., « La religion dans l'identité de la France au second XVIe siècle (1560-1598) », in *L'identité de la France*, Actes du colloque universitaire du 13 mai 2006, *La Légitimité*, 2006, 51, Saint-Agnan-sur-Sarthe, 2007 (« *Cahier de l'*Association des Amis de Guy Augé » 11), 2007, pp. 43-79.

alors pleinement consacré, complétant le dispositif réglant la dévolution de la couronne.
Le 13 avril 1598, l'édit de pacification, dit « édit de Nantes », met officiellement fin aux guerres de Religion. Il assure aux Protestants le libre exercice de leur culte dans les villes où il est établi, et leur accorde des garanties militaires et judiciaires[30].

La mise en place de la monarchie administrative au XVIIe siècle

Il convient d'éviter tout contresens à propos de la notion d'absolutisme : ce système de gouvernement, qui est celui de la monarchie de l'Ancien Régime, tire sa signification authentique de l'exaltation d'un roi parfaitement souverain, voué à exercer un pouvoir « impartagé », et non pas illimité, en raison des vertus extraordinaires qui lui sont reconnues. Seul à commander en dernier ressort et après avoir pris conseil, le monarque absolu a l'exacte conscience de la dignité de sa fonction, de sa responsabilité inouïe, ce qu'atteste l'édification d'une « *mythologie royale* »[31] qui le rappelle continuellement à sa condition exorbitante.
Il doit donc se garder de sacrifier le bien commun à ses intérêts privés et, dans cette perspective, l'accent est mis sur l'aptitude à décider, sur le devoir de gouverner, sur la discrétion quasi surnaturelle du pouvoir, en bref sur cette volonté du roi souverain : c'est à elle, et non à l'État, « *que le terme d'absolu s'applique de façon propre. Que signifie-t-il exactement ? Il renvoie, il faut le rappeler, à l'indépendance de cette volonté, non point par rapport à toute loi, mais par rapport à tout ce qui pourrait, précisément, la détourner d'obéir à sa loi, qui lui impose de faire du bien public son objectif suprême. Pour pouvoir vouloir ce que la coutume veut, ce que la religion veut, ce que la loi naturelle veut, que faut-il donc faire ? Se mettre d'abord en situation de résister aux demandes, sollicitations, pressions, etc. d'origine humaine, trop humaine, qui pèsent de toutes leurs forces dans ce sens opposé ! Pour être tout entier à la loi de sa fonction, le Roi doit se mettre préalablement à l'abri des hommes et c'est à cet effort (comparable, si l'on veut, à celui du retraitant se retirant du siècle pour pouvoir méditer) que renvoie, me semble-t-il, avant tout, la notion d'"absoluité". Un homme s'arrache au monde, s'en délie pour ne plus être qu'à l'État, pour ne plus être que l'État ; et le* fiat *final émanant de sa volonté sera le couronnement,*

---

30. Sur les questions de la définition de la souveraineté, de l'articulation des fonctions judiciaire et législative et de la légitimité du pouvoir royal à la fin du XVIe siècle, voir BERNARD G., *Du Roi juge au Roi législateur en France au second XVIe* siècle : « une foi, une loi, un roi » ?, thèse de droit, sous la direction d'H. Guillotel, Rennes I, décembre 2000, 2 vol.

31. MOUSNIER R., *Les Institutions de la France sous la monarchie absolue. 1598-1789*, Paris, PUF, 1996, t. 1, pp. 520-522.

en même temps que la récompense de cette ascèse qui fait véritablement corps, pour Bossuet, avec l'exercice de la monarchie[32]. »

Les principaux instruments de la monarchie

Le Conseil du roi

« *C'est une assemblée de personnes choisies par le roi pour connaître de tout ce qui intéresse l'administration générale du royaume, tant pour l'intérieur que pour l'extérieur*[33]. »

En 1661, Louis XIV met fin au « ministériat » : c'est le début du gouvernement personnel qui ne signifie nullement la fin du gouvernement à conseil. Il procède à la réorganisation du Conseil : la spécialisation est accrue et chaque formation du Conseil a désormais des attributions précises, bien que les principes de son unité et de son indivisibilité (qui renvoient au fond à l'expression royale de la volonté souveraine) ne soient pas remis en cause.

On peut cependant distinguer schématiquement :

• les conseils de gouvernement proprement dits, qui ont un caractère politique très prononcé (Conseil d'en haut, Conseil des dépêches, Conseil des finances) ;

• les conseils chargés de connaître les affaires courantes, qui se rapportent à la justice retenue du roi et notamment aux contentieux financiers et administratifs (Conseil des parties, Conseil d'État et finances, Grande Direction des finances).

Les ministres et secrétaires d'État

Ce sont les auxiliaires directs du roi. Ils sont au nombre de six : le chancelier, les quatre secrétaires d'État (à la Maison du roi, à la Guerre, aux Affaires étrangères, à la Marine) et le contrôleur général des Finances. Le titre de ministre d'État est réservé à celui qui a son entrée au Conseil. C'est par hypothèse « *une personne distinguée que le roi admet dans sa confiance pour l'administration des affaires de son État* »[34].

Les intendants

Agents de l'État dans les provinces, ils ont la qualité de commissaire. Le roi a donc la possibilité de les choisir, mais aussi de les révoquer. Une lettre de commission précise leurs attributions, souvent très étendues. En effet,

---

32. ROUSSEAU C., « La Monarchie absolue. Bossuet », *Cahiers Louis XVI. De la souveraineté*, 5, 1991, pp. 78-79.

33. In *Encyclopédie méthodique. Jurisprudence*, 1783, t. III, p. 212.

34. In *Encyclopédie méthodique. Jurisprudence*, 1786, t. VI, p. 30.

« *si le roi est le père de tous les sujets de l'État, on peut dire que l'intendant doit se regarder comme celui de tous les habitants de la province qui lui est confiée. Alléger le poids des corvées, adoucir la rigueur des milices, multiplier les mariages, encourager les défrichements, perfectionner les manufactures, accroître les ressources de l'industrie, répandre avec intelligence des secours salutaires dans les calamités, protéger toujours la faiblesse contre les vexations de l'intérêt, étouffer les procès dans le sein des communautés, dédommager le particulier qui souffre du bien général : quelle belle tâche ! Et combien pour la remplir il faut de justice et d'assiduité*[35] *!* »

La montée de la contestation au cours du XVIIIe siècle

Ce siècle qui se veut éclairé valorise les postures contestataires, sous le sceau d'une compréhension progressiste du devenir humain. Il établit le règne de « *la critique universelle,* [laquelle] *s'exerce dans tous les domaines, littérature, morale, politique, philosophie ; elle est l'âme de cet âge querelleur* »[36], comme l'affirme Paul Hazard.

Le paradoxe est que la demande de changement, à laquelle le parti philosophique donne une formulation tendancieuse et même subversive, est de plus en plus pressante, alors que la monarchie absolue, abusivement assimilée à un système de gouvernement autoritaire ou despotique, est incapable de mettre en œuvre un certain nombre de réformes, principalement à cause de la paralysie provoquée par ceux qui seront à l'origine de la Révolution : les officiers royaux et, en particulier, les parlementaires ! Deux ministres, Calonne et Loménie de Brienne, tentent successivement d'imposer leurs vues en matière fiscale, mais certains privilégiés (car tous les ordres, y compris le tiers état, l'étaient[37]) qui forment l'Assemblée des notables et les Parlements font barrage. Pour sortir de la situation de crise, surmonter cette quasi-banqueroute et obtenir solennellement le consentement à l'effort fiscal, Louis XVI décide le 2 août 1788 de réunir les États généraux, assemblée représentative des trois ordres composant la société française : il déclenche ainsi un processus dont il perd vite la maîtrise puisque les députés aux États jettent aux orties leurs mandats impératifs...

35. In *Encyclopédie méthodique. Jurisprudence*, 1785, t. V, p. 207.

36. HAZARD P., *La Pensée européenne au XVIIIe siècle. De Montesquieu à Lessing*, Paris, Fayard, 1963, p. 18.

37. BERNARD G., « Le privilège n'est pas l'apanage de l'élite », *Historia*, décembre 2002, 672, pp. 34-36.

Les bouleversements révolutionnaires (1789-1799)

Bertrand de Jouvenel a admirablement perçu la contradiction inhérente au phénomène révolutionnaire : la liberté ou le bonheur sont tenus pour accessibles à la faveur d'une rupture aux accents prophétiques. Telle est pourtant « *la fin prédéterminée de tout le cataclysme : la liquidation d'un Pouvoir faible, l'érection d'un Pouvoir fort* »[38], gros de potentialités oppressives. Cette pièce tragique qui se joue a donc bel et bien une unité d'action : il s'agit d'accommoder cette puissance formidable qui jaillit des ruines d'un ordre pluriséculaire mis d'autorité devant le fait accompli de son dépassement.

De la destruction de l'Ancien Régime à l'affirmation des grands principes (5 mai 1789-14/17 juin 1791)

• 5 mai 1789 : les États généraux se réunissent à Versailles. La séance est ouverte solennellement.

• 17 juin 1789 : les députés du tiers état, au mépris des ordres qui leur avaient été donnés par leurs électeurs, s'autoproclament Assemblée nationale.

• 20 juin 1789 : les membres de l'Assemblée prêtent serment dans la salle du Jeu de Paume. Leur tâche, affirment-ils, est de « *fixer la Constitution du royaume, d'opérer la régénération de l'ordre public et de maintenir les vrais principes de la monarchie* ».

• 9 juillet 1789 : sans aucun mandat de la part de leurs électeurs, les États généraux s'autoproclament Assemblée constituante.

• 4, 7, 8 et 11 août 1789 : un décret est adopté, dans le sillage de la nuit du 4 août, indiquant que « *l'Assemblée nationale détruit entièrement la féodalité* ». Les privilèges sont donc officiellement supprimés... sauf ceux qui sont déclarés rachetables !

• 26 août 1789 : les constituants font une Déclaration des droits de l'homme et du citoyen. Texte de compromis, celle-ci comporte des principes de type constitutionnel (souveraineté nationale, séparation des pouvoirs, exaltation du système représentatif et suprématie de la loi) et consacre les droits individuels (tirés de la nature humaine) réputés inaliénables et sacrés (égalité, liberté d'opinion, propriété, etc.).

---

38. JOUVENEL B. de, *Du Pouvoir. Histoire naturelle de sa croissance*, Paris, Hachette, 1972, p. 265.

• 14-17 juin 1791 : les corporations sont abolies par la loi Le Chapelier, expression de l'idéologie individualiste des droits de l'homme (la notion de « personne morale » aura du mal à émerger à nouveau au cours du XIXe siècle).

La Constitution du 3 septembre 1791

Le pouvoir politique appartient à la nation qui est déclarée souveraine. Cependant, la nation n'exerce pas elle-même son pouvoir politique : elle le délègue à des représentants.
Les organes constitutionnels qui émanent de la nation sont à la fois distincts et séparés. La Constitution établit donc une séparation (organique) stricte des pouvoirs (législatif et exécutif). Le roi ne peut dissoudre l'Assemblée et le droit de veto dont il dispose n'est que suspensif : il n'a pas la possibilité de s'opposer réellement à l'entrée en vigueur d'une loi[39].
Il n'est pas laissé au monarque héréditaire, quoique théoriquement égal en dignité à l'Assemblée représentative, la possibilité de s'affirmer politiquement (la séparation fonctionnelle des pouvoirs n'est donc pas réalisée) et d'inspirer confiance à une opinion publique conditionnée par une propagande intensive. L'ordre constitutionnel échoue à contenir l'ivresse démocratique et, le 10 août 1792, le roi est suspendu de ses fonctions et enfermé au Temple, avec sa famille. Un décret prévoit la convocation d'une Convention nationale : c'est en quelque sorte la revanche des citoyens passifs, jusque-là tenus à l'écart du système politique par la Constitution et son système électoral censitaire. Il y avait eu moins d'électeurs sous la Constitution de 1791 que pour les États généraux de 1789 !

La Convention (21 septembre 1792-26 octobre 1795)

• 21 septembre 1792 : la Convention, élue au suffrage universel, « *décrète à l'unanimité que la royauté est abolie en France* ». La République est proclamée.

• 24 juin 1793 : la Convention vote une Constitution, d'inspiration jacobine. Elle est dite « montagnarde » car le projet girondin (directement concurrent bien que semblable au texte retenu sur de nombreux points) est rejeté.
Cette Constitution, qui ne sera jamais appliquée (prise du pouvoir par les Comités de sûreté générale et de salut public), est sous-tendue par trois principes :

39. Sur cette Constitution, *cf.* notamment G. AUGÉ, « Le roi dans la Constitution de 1791 », in *Louis XVI et la Constitution de 1791*, colloque du 8 octobre 1991, intr. de P. CHAUNU, concl. de J. Foyer, *Les cahiers de l'Institut de la Maison de Bourbon*, 1991, 2, pp. 29-35.

- fondement électif du pouvoir. Toutes les fonctions politiques ont un caractère électif. Nous sommes donc en République,
- souveraineté populaire. Conformément à la théorie de l'électorat-droit, la souveraineté appartient au peuple qui est censé participer à l'exercice du pouvoir : l'établissement du suffrage universel et direct traduit ce parti pris démocratique,
- acéphalisme de l'exécutif. L'Assemblée, qui a une forte légitimité démocratique, est fatalement l'organe dominant.

Certes, le régime de 1793 distingue le pouvoir législatif du pouvoir exécutif, mais il renonce à véritablement les séparer, organisant une hiérarchie des fonctions. Au fond, l'exécutif est moins conçu comme un pouvoir constitué que comme une simple émanation de l'Assemblée, un instrument du législatif. La République suppose donc dans l'esprit des Conventionnels une sorte de décapitation institutionnelle, tandis que l'omnipotence de la loi, expression de la volonté populaire, a pour pendant la désincarnation du pouvoir exécutif.

Les circonstances (guerre et troubles intérieurs) empêchant l'entrée en vigueur de ces dispositions constitutionnelles, la Convention décide de mettre sur pied un régime provisoire, le gouvernement révolutionnaire, dont Robespierre, gardien sourcilleux de l'orthodoxie, se fait le théoricien dans son célèbre rapport du 25 décembre 1793.
Citons-en un extrait : « *La fonction du gouvernement est de diriger les forces morales et physiques de la nation vers le but de son institution. Le but du gouvernement constitutionnel est de conserver la République ; celui d'un gouvernement est de la fonder. La révolution est la guerre de la liberté contre ses ennemis ; la Constitution est le régime de la liberté victorieuse et paisible. Le gouvernement révolutionnaire a besoin d'une activité extraordinaire, précisément parce qu'il est en guerre. Il est soumis à des règles moins uniformes et moins rigoureuses parce que les circonstances où il se trouve sont orageuses et mobiles, et surtout parce qu'il est forcé à déployer sans cesse des ressources nouvelles et rapides, pour des dangers nouveaux et pressants. Le gouvernement constitutionnel s'occupe principalement de la liberté civile ; et le gouvernement révolutionnaire de la liberté publique. Sous le régime constitutionnel, il suffit presque de protéger les individus contre l'abus de la puissance publique ; sous le régime révolutionnaire, la puissance publique elle-même est obligée de se défendre contre toutes les factions qui l'attaquent. Le gouvernement révolutionnaire doit aux bons citoyens toute la protection nationale ; il ne doit aux ennemis du peuple que la mort.* »
Si la Révolution n'a pas besoin de savants, elle a besoin d'ennemis (les Vendéens massacrés sont qualifiés de « *brigands* » et même d'« *ennemis*

du genre humain »[40] !) : elle ne vit même que de cette menace qu'ils constituent, réelle ou supposée, s'obligeant ainsi à se défaire de la tentation du repos qui est proprement sa négation.

• 27 juillet 1794 : c'est le 9 Thermidor. La chute de Robespierre marque la fin de la Révolution militante et paroxystique : il faut à présent sortir de la Terreur, adopter une nouvelle Constitution susceptible de s'appliquer et de garantir la stabilité d'un ordre.

• 22 août 1795 : le nouveau texte constitutionnel, préparé par Daunou et Boissy d'Anglas, est publié et voté par la Convention thermidorienne. C'est la Constitution de l'an III, qui sera soumise à l'approbation populaire. Elle dessine les contours d'une République revigorée et assagie qui n'a plus à craindre ni la dictature ni la dérive terroriste (sa part maudite de 1793, en somme).
Dans son *Discours au projet de Constitution pour la République française* du 23 juin 1795, Boissy d'Anglas affirme qu'une nation « *qui s'agite, qui se livre aux mouvements orageux d'une révolution, n'aspire, au milieu même de son effervescence, qu'à jouir dans le calme du fruit de ses travaux et des sacrifices qu'elle s'est imposés* ». Il forme le souhait de fixer « *d'une main hardie le terme de ses agitations, trop prolongées* ».
Afin de pérenniser leur œuvre, d'écarter la menace royaliste et donc de terminer la Révolution, les Thermidoriens adoptent le décret dit « des deux tiers », par lequel ils décident que dans les assemblées nouvellement créées devront siéger les deux tiers des anciens conventionnels.

• 23 septembre 1795 : la Constitution est proclamée. Bien qu'elle définisse un régime républicain, elle s'apparente à la Constitution de 1791. En effet, deux principes sont posés : caractère démocratique et représentatif du régime, et séparation des pouvoirs.
Certes, l'universalité des citoyens est le souverain, mais le rôle politique du peuple est limité. Le régime est représentatif, tandis que la Constitution de 1793 contenait des dispositions se rapportant à une logique de démocratie semi-directe.
Le principe de séparation (organique) des pouvoirs reçoit une application stricte : d'une part, les pouvoirs exécutif et législatif sont presque complètement indépendants l'un de l'autre et d'autre part, le choix du bicaméralisme est destiné à prévenir la domination du pouvoir législatif. Cette Constitution exprime donc un refus net de la concentration des pouvoirs caractéristique du gouvernement révolutionnaire.

---

40. Sur cette question, *cf.* SECHER R., *La Vendée-Vengé : Le génocide franco-français*, préface de J. MEYER, Paris, Perrin, nouvelle éd., 2006.

Le Directoire (26 octobre 1795-9 novembre 1799)

• 26 octobre 1795 : le changement de régime fait suite à la clôture de la session de la Convention nationale. Les 379 conventionnels réélus cooptent les 121 manquants : il s'agit d'atteindre les deux tiers dans les nouvelles assemblées (le Conseil des Anciens et le Conseil des Cinq-Cents), soit 500 députés.

• 31 octobre 1795 : les cinq membres du Directoire exécutif sont élus pour cinq ans. Il s'agit de La Revellière-Lepeaux, Reubell, Letourneur, Barras et Carnot. Sieyès, élu, refuse de siéger. Les directeurs, qui forment un gouvernement collectif, sont désignés par les Anciens sur une liste de dix noms établie par les Cinq-Cents. Un renouvellement par cinquième est prévu tous les ans. Le régime qui procède de la Constitution de l'an III doit son nom à cet organe gouvernemental, auquel est donc délégué le pouvoir exécutif.

L'histoire de ce régime est le produit d'un rapport de force permanent entre le Directoire et les assemblées. La séparation tranchée des pouvoirs qu'il établit a des effets pervers, le législatif et l'exécutif se combattant sans cesse pour obtenir la primauté (qui revient tout de même, en fait, au législatif). Maurice Duverger observe ainsi que cette Constitution, « *au lieu d'organiser un gouvernement* [...] *s'efforce plutôt d'empêcher de gouverner* »[41].

• 9 novembre 1799 : Bonaparte s'impose à la faveur d'un coup d'État, dit « du 18 brumaire ». Un décret lui confère le commandement général.

• 10 novembre 1799 : Bonaparte fait une proclamation au peuple français : « *J'ai trouvé la division dans toutes les autorités et l'accord établi sur cette seule vérité, que la Constitution était à moitié détruite et ne pouvait sauver la liberté.* » C'est exiger le retour à un exécutif fort. Le gouvernement est laissé par le Conseil des Anciens à trois consuls provisoires, Bonaparte, Sieyès et Roger Ducos. Des commissions se chargent d'élaborer une nouvelle Constitution.

« L'exécutif au pouvoir » : du Consulat à l'Empire (13 décembre 1799-22 avril 1815)

Le Consulat : primauté de l'exécutif

• 13 décembre 1799 : la Constitution, dite de l'an VIII, est arrêtée et signée par les deux commissions et les consuls, après d'âpres discussions.

41. DUVERGER M., *Les Constitutions de la France*, Paris, PUF, 1971, p. 54.

• 15 décembre 1799 : les consuls font une déclaration et présentent ainsi officiellement la Constitution aux Français. Elle « *est fondée sur les vrais principes du gouvernement représentatif, sur les droits sacrés de la propriété, de l'égalité, de la liberté. Les pouvoirs qu'elle institue seront forts et stables, tels qu'ils doivent être pour garantir les droits des citoyens et les intérêts de l'État.* » Désormais, « *la révolution est fixée aux principes qui l'ont commencée ; elle est finie.* »

• 7 février 1800 : soumise à un plébiscite, la nouvelle Constitution est approuvée, mais le texte est lourd d'ambiguïtés. La Constitution de l'an VIII invoque deux principes, s'inscrivant ainsi pleinement dans la continuité révolutionnaire :
- la République une et indivisible est maintenue. Par conséquent, les fonctions politiques obéissent à un principe électif et s'exercent à titre temporaire,
- la nation est l'instance souveraine, mais ce qui reste du suffrage universel est bien mince puisqu'il se réduit à un droit de présentation.

En réalité, la Constitution donne la primauté au gouvernement. Sous une façade républicaine, elle organise le pouvoir personnel d'un homme. Le caractère autoritaire du régime ne tardera d'ailleurs pas à s'accentuer, mettant bientôt en lumière cette idée « *d'une communion extra-juridique entre l'Empereur et la nation (différente du mariage mystique entre la France et ses rois car elle est confortée par les plébiscites antérieurs), qui laisse en suspens la véritable question, celle de la souveraineté : le titulaire en est-il le peuple ou l'Empereur*[42] *?* »

Modifications constitutionnelles : vers une monarchie de droit républicain

La technique utilisée pour réviser l'ordre constitutionnel est, dans le silence de la Constitution de l'an VIII, l'adoption de sénatus-consultes, approuvés par voie plébiscitaire : elle consiste à donner au Sénat le pouvoir de révision constitutionnelle.

Trois initiatives témoignent de l'orientation autoritaire, quasi dictatoriale, du régime :
• 2 août 1802 : Bonaparte se fait nommer consul à vie ;
• 4 août 1802 : un sénatus-consulte organique modifie la Constitution. C'est ce texte qu'on désigne parfois sous le nom de « Constitution de l'an X ». Le Premier consul obtient le droit de présenter son successeur, lequel est tenu de prêter serment à la République ;

42. BLUCHE F., *Le Bonapartisme. Aux origines de la droite autoritaire (1800-1850)*, Paris, NEL, 1980, p. 31.

• 18 mai 1804 : le titre premier du sénatus-consulte organique précise que « *le Gouvernement de la République est confié à un Empereur, qui prend le titre d'Empereur des Français* ». Ainsi, « *Napoléon Bonaparte, Premier consul actuel de la République, est Empereur des Français* ».

• 22 juin 1815 : l'Empereur abdique définitivement sans parvenir à installer ce régime de compromis parlementaire que semble esquisser l'Acte additionnel du 22 avril, curieusement rédigé par l'opposant fidèle, Benjamin Constant.

À noter : pour un aperçu général des Constitutions de la France, voir le tableau récapitulatif du chapitre 3 de la partie IV.

2. Les règles de méthode

Il n'est pas inutile, bien que cela puisse paraître évident, d'insister sur la nécessité pour l'étudiant de respecter scrupuleusement des règles de méthode et de lui signifier le caractère formaliste de l'épreuve sélective à laquelle il sera soumis : le juriste, *a fortiori* quand il est historien, a le goût de la belle architecture intellectuelle et tout exercice auquel il se livre est d'abord une mise en forme rigoureuse de ses connaissances et de l'interprétation des faits qu'il recense. Nous présenterons ici les attentes élémentaires du professeur d'histoire du droit et donnerons quelques conseils et prescriptions à suivre de manière impérative. L'étudiant évitera ainsi les travers habituels ou les maladresses qui affectent la plupart des copies rendues le jour de l'examen, alors que le cours semble convenablement assimilé.
Ces remarques méthodologiques reçoivent nécessairement une formulation générale et n'ont rien d'une « recette magique », au reste parfaitement illusoire. Néanmoins, elles constituent de solides garde-fous, balisant un chemin qui sera, souhaitons-le, celui de la réussite. Il ne suffit pas de posséder un savoir encyclopédique, mais de le mobiliser intelligemment sous des contraintes formelles qui attestent un esprit logique et la clarté d'une exposition.

Trois types d'activité ou d'exercice sont à considérer dans le cadre de cette méthodologie générale qui mettra naturellement l'accent sur les spécificités de l'histoire du droit et des institutions : la recherche documentaire, le commentaire de texte et la dissertation.

La recherche documentaire

Une recherche autonome

L'Université est un lieu d'apprentissage de l'autonomie : l'étudiant doit être capable de faire des recherches personnelles, de préparer des exposés en vue des séances de travaux dirigés et de compléter seul certains aspects du cours qui lui paraissent inintelligibles (en raison de ses propres lacunes ou d'une prise de notes défaillante). Ce n'est pas diminuer les qualités pédagogiques du professeur ni la dignité de sa charge que de dire expressément à ceux qu'il forme qu'ils ont à produire continuellement des efforts et à assumer des responsabilités pour obtenir la validation de leur année universitaire.

Le taux d'échec en première année étant incroyablement élevé, les étudiants ne sauraient rester passifs et tout attendre d'une leçon magistrale, fût-elle excellente, car ils ont en fin de semestres des comptes à rendre, des moyennes arithmétiques à atteindre. Cette liberté octroyée se révèle parfois un grand danger quand l'étudiant, bachelier de fraîche date, ne parvient pas à se discipliner, quand il prolonge indûment la douceur de vivre d'un été plein de l'enthousiasme qui entoure traditionnellement l'annonce de ses résultats positifs pour l'obtention du premier grade universitaire : le « bachot ».

L'acquisition des connaissances est d'abord ce qui détermine le succès à l'examen. Ce n'est pas le professeur qui apprend le cours, mais bien les candidats qui ont tout intérêt à se montrer réceptifs et à s'investir pour ne pas être en retard d'une guerre. Dans l'enseignement supérieur, l'étudiant cesse d'être un adolescent qu'on tient par la main – ce qu'est parfois le lycéen – : il doit se prendre en charge et s'armer intellectuellement en travaillant avec constance. La fréquentation régulière de la bibliothèque universitaire, en plus de l'assiduité au cours et aux TD, est donc requise. L'étudiant consultera avec profit les principaux manuels ou dictionnaires spécialisés qui sont généralement en accès libre.

Quels ouvrages conseiller ? Finalement, tout dépend des besoins et des attentes de chacun. Une présentation synthétique du programme est d'un réel secours pour qui souhaite réviser et avoir une vue d'ensemble du programme, mais elle ne dispense nullement de se reporter à des sommes (pas toujours rééditées récemment, d'ailleurs) qui contiennent des développements plus substantiels et permettent d'approfondir certains points cruciaux, dans la perspective d'un exposé oral en séance de travaux dirigés notamment. Il nous est impossible de proposer une bibliographie exhaustive et de mentionner toute la production universitaire. Nous nous bornerons donc à citer quelques-uns des ouvrages de référence qui sont les plus fréquemment utilisés et qui constituent des instruments de travail de premier choix (**voir le chapitre 8 de la partie IV pour des références bibliographiques précises**).

Pour l'histoire et la philosophie du droit, en plus des ouvrages de référence, un certain nombre de revues sont fort utiles pour se tenir au courant des dernières évolutions de la recherche scientifique. En voici une sélection non exhaustive :
• *Annales, économies, sociétés, civilisations (Annales)* ;
• *Archives de philosophie du droit* (*APD*), revue dirigée pendant longtemps par Michel Villey ;
• *Essais de philosophie pénale et de criminologie*, revue de l'Institut de criminologie de Paris ;
• *Revue française d'histoire des idées politiques* (*RFHIP*) ;
• *Revue historique de droit français et étranger* (*RHD*) ;
• et *Revue de la recherche juridique, droit prospectif* (*RRJ*).

Il n'est pas inutile de relever la publication prochaine d'une nouvelle revue (d'histoire, de droit et de science politique), illustration du renouvellement incessant de la recherche scientifique : *Les Annales de Vendée*, publiées par le très dynamique ICES (Institut catholique d'enseignement supérieur), l'université privée de La Roche-sur-Yon.

Comment démarrer concrètement une recherche ?

Les livres mentionnés dans le chapitre 8 de la partie IV regorgent de références bibliographiques. Il suffit donc de s'y reporter, puis de mettre à contribution les services de la bibliothèque.
Une fois dressée la liste des principales références susceptibles d'être exploitées, l'étudiant peut entreprendre ses recherches. Pour les revues ou les ouvrages anciens, il devra peut-être encore consulter un fichier manuel (en voie de disparition). Une publication récente sera intégrée dans le fichier informatique. Les ordinateurs mis à la disposition des chercheurs permettent aisément de retrouver les cotes, à partir d'un mot-clef, du nom de l'auteur, du titre, et de compléter ainsi la base bibliographique. Les cotes sont le seul moyen de localiser le document et doivent donc être correctement mentionnées sur le bulletin portant la demande de consultation.

Ajoutons que le plagiat n'est pas tolérable en milieu universitaire : l'étudiant est soumis aux mêmes règles que le chercheur... Il s'agit donc de reprendre sous une forme personnelle les informations recueillies, de sorte à proposer une étude originale. L'usage systématique de la technique du « coupé-collé », qui consiste à associer des bouts de textes de manière artificielle et parfois sans aucune visée problématique, est à proscrire absolument. Les emprunts sont possibles, mais il faut les signaler, en ayant recours aux guillemets. La règle élémentaire qui s'applique dans le domaine de la recherche est la suivante : toute citation doit être vérifiable et sa provenance impérativement précisée. Pour l'exposé oral, l'étudiant est réputé être en mesure de donner la référence exacte de ses sources, même s'il peut se dispenser de la communiquer lors de sa prestation, afin de gagner du temps et de ne pas alourdir son propos.

Le commentaire de texte

La durée de l'épreuve est normalement de trois heures. Une gestion fine du temps s'impose et l'étudiant gagnera à procéder méthodiquement : avant de se lancer dans la rédaction du devoir, il lui est donc recommandé de se consacrer à un travail préparatoire.

Le travail préparatoire

Il convient de ne pas le négliger, de prendre le temps de la réflexion, afin de s'imprégner du texte, de faire attention à tous les mots et d'en extraire la sève. Un bon tiers du temps imparti, soit un peu plus d'une heure, n'est pas de trop en la matière. Le commentaire pâtirait fatalement d'un départ précipité, effectué dans l'euphorie ou l'insouciance, car il est bien difficile de faire marche arrière, de reprendre tout à zéro, de redéfinir les axes de son plan après en avoir perçu les faiblesses et les lacunes. L'étudiant se doit en somme de respecter un mode opératoire qui comprend deux phases bien distinctes.

Lire le texte de manière approfondie pour le gloser

C'est le préalable, l'*alpha* de toute mise à l'étude d'un document. Trop souvent, l'étudiant se contente d'identifier le thème général, de lire les débuts de paragraphes sans aller au fond des choses, de survoler le texte. Insidieusement, il tend ainsi à transformer l'épreuve en une dissertation, à méconnaître le document qui lui est soumis, à le vider d'une grande part de sa substance. Il s'expose alors à des contresens, à des digressions fâcheuses, à de fautifs oublis qui sont de nature à ruiner la qualité de son commentaire. Une bonne trentaine de minutes est donc requise pour lire le texte crayon à la main et le décortiquer.

L'attention doit se porter sur ses principales articulations, sur les césures qui sont autant de repères commodes pour suivre le propos et la pensée de l'auteur. Souligner les mots importants (souvent ceux à caractère technique et juridique mais pas seulement, car les questions religieuses et morales catholiques sont intrinsèquement liées à l'histoire de France) qui seront ensuite explicités est une manière de relier le texte à des développements réalisés dans le cadre du cours magistral et de dissiper cette crainte de l'inconnu ou de l'incompréhension qui gagne parfois l'étudiant et le paralyse.

Au brouillon, celui-ci tâchera de définir les mots, d'isoler les idées fortes, afin de dégager des directions d'étude pertinentes, de préciser l'optique dans laquelle il compte s'engager. Le commentaire de texte suppose d'abord de bien comprendre la logique de l'auteur du texte pour, ensuite seulement, mettre en exergue des oublis, des incohérences, etc. La lecture et la glose (analyse des mots et de leurs articulations) du texte, exercice actif, sont une exploration scrupuleuse et indispensable du document, un relevé systématique de ce qu'il contient, et non une simple formalité d'usage.

Bâtir le plan

L'élaboration du plan, qui doit prendre environ une trentaine de minutes, relève encore de ce travail préparatoire : on ne commence pas à rédiger à l'aveugle, sans aucun souci de l'agencement des parties ou de l'enchaînement des idées qui méritent examen.
En histoire du droit, deux types de plan sont *a priori* recevables. Cependant, le document à commenter impose à l'étudiant sa cohérence interne et celui-ci doit en tenir compte pour conduire son étude. Le choix qu'il est amené à faire n'a rien d'arbitraire : en pratique, les deux plans ne sont pas interchangeables, même s'ils peuvent se combiner à différents niveaux. L'étudiant optera pour la facilité et la sécurité, en ayant soin de s'appuyer continuellement sur le texte qui dicte sa loi.

Le plan linéaire

Le plan linéaire est le plus simple à concevoir : il consiste à suivre scrupuleusement l'ordre du texte, à le commenter ligne à ligne, voire mot à mot. Cette fidélité au texte comporte un risque, celui de la paraphrase, de la redite maladroite d'idées mal hiérarchisées qui peinent à s'articuler entre elles. Une telle technique paraît souvent difficile à mettre en œuvre, tant il est vrai qu'un bon commentaire ne peut souffrir la dissymétrie de ses parties et sous-parties.
Cependant, étant donné que le commentaire de texte s'appuie sur la glose (l'analyse du texte faite mot à mot), le plan linéaire est le plus naturel et doit toujours être privilégié. Il écarte en grande partie le risque de se servir du texte comme d'un prétexte à une dissertation.

Le plan thématique

Le principe de ce plan consiste à dégager les thèmes fondamentaux du texte, puis à collecter et à classer les informations qu'il fournit. Les répétitions, les digressions dues à l'auteur importent peu, puisque l'étudiant reconstitue un cadre d'analyse en fonction des idées directrices qu'il discerne et auxquelles il doit attacher chacun de ses développements. Il ne faut recourir à ce type de plan que dans le cas où bâtir un plan linéaire s'avère impossible.

À présent, passons en revue les erreurs les plus grossières et les règles qui commandent l'élaboration du plan, qu'il soit linéaire, thématique ou hybride.

Les pièges à éviter

Deux écueils sont absolument à éviter : le hors-sujet et la paraphrase. À l'étudiant de se montrer vigilant le jour de l'examen, de porter une appréciation lucide sur son travail, d'anticiper les éventuelles critiques que le correcteur, l'œil exercé, pourra à bon droit lui adresser.

Le hors-sujet

L'étudiant, en général fin connaisseur du cours, se laisse griser par son « érudition », qu'il déverse maladroitement, au mépris du document qu'il a pourtant à commenter. Il aborde des questions théoriques certainement passionnantes, mais qui n'ont aucun rapport direct avec le sujet à traiter. Accessoirement, il dénature l'épreuve qui devient une dissertation aux ramifications multiples, et non plus un commentaire. La défaite peut être joyeuse, mais elle n'en reste pas moins cuisante : la récitation du cours ne fait pas un bon commentaire, lequel suppose de se référer constamment au texte, d'en faire sa matière première, de s'en pénétrer et non de le fuir.

La paraphrase

La paraphrase est l'autre piège dans lequel tombe généralement l'étudiant « allégé », celui qui se dispense d'apprendre le cours et qui croit naïvement bien faire en déployant largement les synonymes des phrases principales, reproduisant des passages entiers du texte sans songer un instant à les commenter. Les mots importants ne sont pas définis et rien n'est dit sur le contexte historique. Au plus a-t-on droit, de-ci de-là, à quelques allusions, à des tentatives aventureuses de mise en perspective : elles ne sont que le signe d'une mauvaise conscience qui s'éveille à l'annonce d'un échec inévitable. La paraphrase est le refuge de l'ignorance.

Les règles à respecter

Quatre règles fondamentales

Quatre règles fondamentales s'appliquent lors de l'élaboration du plan. Que l'une d'entre elles soit transgressée et c'est la mauvaise note assurée...

Le plan en deux parties : le plan doit impérativement comporter deux parties. Exceptionnellement, l'étudiant envisagera une troisième partie, dans le cas où le schéma biparti serait manifestement contraire au bon sens et porterait un coup sérieux à l'intelligence du propos (mais songez que vos enseignants choisissent les textes à commenter de telle manière qu'un plan biparti soit possible).

La règle de la symétrie : les deux parties constitutives du plan sont censées se répondre exactement et sont bâties sur le même modèle. Par exemple, si la première partie est composée de deux sous-parties, la seconde reproduira alors cette formule à l'identique.

La nécessité d'un plan équilibré : les parties et les paragraphes doivent être de taille équivalente, sinon le plan se trouve frappé d'un vice rédhibitoire. La bonne gestion du temps a son importance. En effet, le déséquilibre résulte parfois non pas d'un mauvais plan, mais d'un manque de prévoyance, d'un défaut d'anticipation : pris de cours, l'étudiant n'a pas la possibilité matérielle de rédiger convenablement sa seconde partie, qui reste à l'état d'ébauche, tandis que la première partie est trop léchée, voire trop longue.

La présentation du devoir : l'usage veut que le plan soit apparent. Il n'y a donc pas d'échappatoire possible, puisque le correcteur peut juger d'un coup d'œil de l'intérêt et de la pertinence des directions d'étude dont rend compte l'intitulé des parties. En outre, il faut prévoir des chapeaux introductifs et ménager des transitions afin de relier entre eux chacun des développements.

L'architecture générale de la copie

Voici l'architecture du devoir à respecter absolument :

Introduction
(qui se conclut par l'annonce du plan)

Partie I

Chapeau introductif : annonce des deux sous-parties A et B

Sous-partie A

Sous-partie B

Phrase de transition entre les deux parties

Partie II

Chapeau introductif : annonce des deux sous-parties A et B

Sous-partie A

Sous-partie B

Conclusion

(facultative en droit, se renseigner auprès de chaque enseignant)

C'est au cours de la phase préparatoire que l'étudiant détermine les titres et sous-titres qui composent le plan du commentaire. Il est conseillé :
- de ne pas conjuguer les verbes dans les titres ;
- de faire des titres césurés.

L'étudiant ne se lance dans la rédaction qu'après avoir défini précisément le contenu de ses parties.

Le travail rédactionnel

Cette seconde phase, à laquelle il faut consacrer environ la moitié du temps imparti, n'est au fond qu'une mise au propre des notes prises au brouillon. Le gros du commentaire est déjà élaboré et l'étudiant n'a plus qu'à reprendre et à développer les différents points et aspects du texte qui ont retenu son attention.

Introduction

Il s'agit là d'un passage des plus décisifs du commentaire : une mauvaise introduction augure mal de la suite et donne le ton d'ensemble du devoir. Elle doit donc être rédigée en tout ou partie au brouillon. En principe, cette entrée en matière couvre 20 à 25 % de la surface rédigée. Il s'agit de présenter le texte, d'en dresser en quelque sorte la « carte de visite ». Quatre points sont abordés successivement et l'étudiant est tenu de respecter cet ordre immuable à la fois conventionnel et logique.

Présentation du texte et de l'auteur

Il convient de qualifier le texte, d'indiquer sa nature : le document proposé au commentaire a-t-il un caractère normatif ? S'agit-il d'une pièce officielle, d'un document diplomatique ou d'un témoignage ? Pour parer à toute éventualité, certains mots sont à connaître, ceux qui relèvent du domaine du droit (ou de la science administrative), comme « capitulaire », « charte », « ordonnance », « édit », « lettres de commission », « lettres de cachet », « brevet de retenue », « sénatus-consulte », etc. L'étudiant a intérêt à consulter des dictionnaires et à se constituer tout au long de l'année universitaire un lexique de termes spécialisés, sur la base du cours magistral et des séances de travaux dirigés auxquels il assiste.
Il existe principalement quatre types de documents :
- les sources juridiques (une décision judiciaire, un texte normatif royal) ;
- les sources doctrinales (une analyse proposée par un auteur) ;
- les sources narratives (une chronique, des annales) ;

• les sources littéraires (un poème).
Si l'auteur est connu, il faut en dire quelques mots, le situer dans l'histoire. Cependant, la prudence est de rigueur : un silence (complice) est toujours préférable à une contrevérité. L'étudiant intègre se gardera donc de toute extrapolation hasardeuse, de toute mention fantaisiste. Défions-nous de nos souvenirs évanescents qui peuvent être sources d'erreurs.

Contexte historique

Les faits et les événements retenus, qui sont des indicateurs du contexte historique, peuvent être d'ordre culturel, politique, économique ou social. L'essentiel est de maintenir le lien avec le document à commenter, afin d'éviter tout risque de hors sujet. Il faut donc s'assurer que les informations livrées sont effectivement utiles à la compréhension du texte, ce qui suppose d'écarter les propos trop généralistes sur le règne ou la période considérés.

Problématique

La présentation du contexte historique débouche sur une problématique qui guide et justifie les développements constituant le commentaire. L'étudiant soulignera l'intérêt du document, puis procédera à une première évaluation critique : le point de vue de l'auteur est-il objectif ? Quel crédit lui accorder ? Quelques remarques sur le style ou le vocabulaire, révélatrices d'un parti pris, sont parfois les bienvenues : le travail de l'historien consiste notamment à faire la critique des sources et des informations dont il prend connaissance.
La notion de problématique est souvent obscure pour l'étudiant, conscient que son énonciation est lourde de conséquences pour l'ensemble de son commentaire historico-juridique. Pour simplifier, disons qu'elle peut fort bien prendre la forme d'une question, celle-là même qui sous-tend précisément le document étudié. La problématique est le nœud du problème juridique central contenu dans le texte.

Annonce du plan

Elle est le prolongement naturel de la problématique : elle apporte une réponse à la question posée et introduit ainsi le contenu des parties, en reprenant leurs intitulés respectifs. Il ne faut pas craindre d'être explicite, de marquer la cohérence du propos qui se coule dans un cadre formel relativement rigide. Voici un exemple d'enchaînement susceptible d'être utilisé : « *une première partie sera consacrée à la question de* [...] *puis, nous envisagerons dans une seconde partie les remèdes que préconise l'auteur, en sa qualité de* [...] ».

Corps du devoir

Remarque générale

Le respect des règles de présentation et d'orthographe ainsi que la qualité de l'expression sont déterminants. Il ne faut surtout pas omettre les chapeaux introductifs, les phrases de liaison, les retours à la ligne, la mention des titres de chaque sous-partie, etc. Tout ce qui contribue visuellement à témoigner d'un effort de construction et de la rigueur de la mise en forme des idées est recommandé. Le correcteur aura de la sorte un *a priori* très favorable, d'autant plus que sa tâche d'évaluation s'en trouvera grandement facilitée.
Attention cependant à ne pas sombrer dans l'esbroufe : le formalisme ne suffit pas à garantir le succès qui résulte d'une combinaison de facteurs. Un mauvais plan apparent est d'abord un mauvais devoir et justement, le drame est qu'alors, « ça saute aux yeux ».

Quelques conseils de bon sens

Éviter les anachronismes

L'étudiant évitera toute espèce d'anachronisme, qui fausse le raisonnement et signale un esprit confus. Pour ce faire, il se doit de renoncer aux jugements personnels, aux indignations vertueuses à base de valeurs qui, pour être considérées comme évidentes dans nos sociétés modernes, n'en restent pas moins étrangères aux configurations culturelles des siècles passés. Non, Bossuet n'est pas un auteur rétrograde et intolérant, même s'il espère en une Politique tirée des propres paroles de l'Écriture sainte, pas plus que Louis XIV n'est dictateur ou despote sanguinaire. La chose est dite... Quant au malheureux Louis XVI, il serait bien cavalier d'en faire un raciste précurseur de la sociobiologie au motif qu'il adopta le 9 août 1777 une Déclaration pour la police des noirs, rédigée comme suit : « *Nous sommes informés aujourd'hui que le nombre des noirs s'y est tellement multiplié, par la facilité de la communication de l'Amérique avec la France, qu'on enlève journellement aux colonies cette portion d'hommes la plus nécessaire pour la culture des terres, en même temps que leur séjour dans les villes de notre royaume, surtout dans la capitale, y cause les plus grands désordres ; et lorsqu'ils retournent dans les colonies, ils y portent l'esprit d'indépendance et d'indocilité, et y deviennent plus nuisibles qu'utiles. Il nous a donc paru qu'il était de notre sagesse de déférer aux sollicitations des habitants de nos colonies, en défendant l'entrée de notre royaume à tous les noirs.* »
Admettons-le : le territoire de l'historien ne recoupe pas le champ des péroraisons journalistiques.

Maîtrise de la chronologie

Elle s'avère indispensable et l'étudiant est invité à combler rapidement ses éventuelles lacunes.

Règles orthographiques

Les normes qui régissent l'expression écrite ne sauraient être mises à mal. Certains mots prennent une majuscule, comme « l'État », « l'Église », « le Parlement » et « les Francs ». Il en est de même pour les formules qui désignent des périodes de l'histoire : « l'Antiquité », « le Moyen Age », « l'Ancien Régime », « la Révolution » « l'Empire », etc.
Ajoutons que le millésime des rois de France, des empereurs et des papes est traditionnellement libellé en chiffres romains (et non en chiffres indiens) : « Philippe IV le Bel », « Frédéric II Hohenstaufen » et « Innocent III ».

Utilisation de formules impersonnelles

La rédaction du devoir à la première personne du singulier est à proscrire. Il est préférable d'user de formules plus impersonnelles et de recourir au style indirect : « *deux enseignements peuvent être tirés* », « *il semble que* », « *nous pouvons aisément constater que* ».

Conclusion (facultative)

À bout de souffle ou de nerf, l'étudiant la néglige trop souvent. Elle n'est pourtant pas un simple résumé des développements précédents. Un commentaire n'est vraiment abouti que si l'étudiant prend la peine de conclure et quelques lignes (une petite dizaine au maximum) suffisent amplement.
En principe, la conclusion répond à deux exigences :
• elle porte une appréciation générale sur le texte, sur les intentions ou la sincérité de l'auteur ;
• elle souligne l'intérêt du texte au regard de l'histoire du droit et des institutions.
La dernière phrase de la conclusion fait en général office d'ouverture : le commentaire débouche ainsi sur des questions ou des thèmes complémentaires. Ils sont censés donner matière à une réflexion qui excède les limites strictes du sujet traité, sans pour autant sortir du sujet. Ils amplifient l'intérêt du sujet.
La conclusion est généralement requise en histoire du droit, mais tous les enseignants ne s'accordent pas sur cette idée : il faut donc se renseigner auprès de chacun d'eux pour connaître ses exigences.

La dissertation

En principe, l'étudiant a le choix entre le commentaire de texte et la dissertation, dans le cadre de l'épreuve terminale de trois heures. Il convient donc de préciser les règles du genre et de distinguer une fois encore deux phases principales.

Le travail préparatoire

Lire attentivement le libellé du sujet

Quelques minutes sont nécessaires pour fixer son choix. L'étudiant doit évaluer la difficulté du sujet proposé, en comprendre le sens exact, le délimiter et analyser chacun de ses termes. La lucidité est de mise : a-t-il les ressources cognitives suffisantes pour mener à bien l'entreprise dans laquelle il s'apprête à s'engager ? L'issue lui sera-t-elle favorable ? A-t-il assez de matière à faire fructifier ?
Rédiger une dissertation, c'est être en mesure de mobiliser tous les éléments contenus dans le cours magistral : le posséder à la perfection est donc une solide garantie. Mais attention, l'exercice ne consiste pas à réciter des leçons apprises par cœur : un effort de construction et une réflexion personnelle sont indispensables (le sujet de dissertation ne correspond quasiment jamais à une seule subdivision du cours), d'autant que la liberté dont dispose l'étudiant qui opte pour la dissertation est bien plus grande que celle normalement admise pour le commentaire de texte.

Bâtir le plan

L'étudiant procède à une analyse minutieuse du sujet. Il prend soin de dresser l'inventaire des données qui s'y rapportent afin d'en avoir une vue aussi complète que possible. Les connaissances qu'il a mémorisées et les réflexions qui lui viennent à l'esprit doivent être consignées au brouillon, puis classées méthodiquement.
Deux mises en garde s'imposent :

- le hors-sujet est un risque majeur. La parade est de revenir au libellé du sujet qui fournit par hypothèse les principaux axes autour desquels pourra s'ordonner le propos ;
- l'autre piège, terrible, consiste en un défaut d'articulation des notions auxquelles renvoie la question mise à l'étude. Quand un sujet comporte plusieurs éléments, il est demandé de les étudier en les comparant et non en les juxtaposant.

Au terme de cette phase préparatoire (au cours de laquelle un plan très détaillé aura été établi), il convient de commencer à rédiger. Nous nous attarderons principalement sur la question de l'introduction.

Le travail rédactionnel

Environ une heure trente sera consacrée à la rédaction de la copie.

Introduction

L'étudiant commencera par l'introduction, qui est l'élément capital du devoir. Il est donc préférable de la rédiger quasiment *in extenso* sur une feuille de brouillon. À l'instar du commentaire de texte, une bonne introduction se construit en quatre points fondamentaux.

Présentation du sujet

Il est souvent judicieux de reprendre le libellé du sujet, d'en souligner l'intérêt et la richesse, mais aussi de le délimiter sommairement sur la base d'une première analyse.

Contexte historique

Le thème de la dissertation se voit inscrit dans un contexte général : quelques rappels historiques sont attendus, sous réserve de ne pas introduire des considérations manifestement étrangères au sujet proposé, ou de ne pas maladroitement empiéter sur les développements à venir qui doivent conserver leur caractère inédit et décrire une nécessaire progression.

Problématique

Point nodal de l'introduction, la problématique énonce les questions importantes, au rapport de l'histoire du droit et des institutions, qui découlent de la compréhension du sujet. Elle amène naturellement à définir des orientations, des axes de recherche.

Annonce du plan

Il suffit de reprendre sous la forme de phrases claires et littérairement correctes les intitulés des parties qui seront successivement abordées. À ce stade, le correcteur est déjà pratiquement fixé sur la valeur de la copie soumise à son appréciation.

Corps du devoir

Rappelons simplement que les principes dégagés précédemment, au titre de la méthode relative au commentaire de texte, trouveront à s'appliquer dans le cadre d'une dissertation. Ainsi, l'étudiant est tenu de rédiger des chapeaux introductifs, des phrases de liaisons, des formules de transition, afin de présenter et de justifier la ligne directrice de son propos. Il doit également veiller à la qualité de son expression et à l'orthographe, tout en prohibant sur le fond les jugements personnels, les anachronismes, les raccourcis abusifs, les digressions et les interprétations fantaisistes ou naïves.

Conclusion (facultative)

Elle est réputée ne pas être obligatoire dans le cadre d'une dissertation, mais le plus sage est encore de se conformer aux directives de l'enseignant. En toute hypothèse, la lecture du devoir ne saurait donner une impression d'inachèvement. Force est d'ailleurs de constater que le second paragraphe de la seconde partie revêt un caractère conclusif, quand la conclusion n'est pas détachée du corps de la dissertation.

3. La méthode par l'exemple

L'épreuve partielle ou terminale qui donne lieu à une évaluation n'a rien d'une spéculation sur la méthode. L'étudiant est un pratiquant régulier : il doit donc se familiariser avec les textes, s'exercer à faire des plans, avoir à l'esprit quelques-unes des grandes problématiques propres à l'histoire du droit et des institutions et être en mesure de saisir immédiatement l'intérêt juridique d'un document ou la portée d'une question quelconque, souvent très classique.
Les séances de travaux dirigés sont à cet égard le complément indispensable du cours magistral : une fois celui-ci parfaitement assimilé, elles deviennent fructueuses et les méthodes précédemment exposées de manière quelque peu théorique sont alors faciles à mettre en œuvre.

Trop souvent, l'étudiant peine à fixer les grandes lignes de son plan, à présenter logiquement ses idées directrices et à conduire une analyse. Non qu'il ignore la règle du jeu, mais il pâtit simplement d'une connaissance trop superficielle du cours qui contient par hypothèse tous les éléments dont il a besoin pour rendre, le jour venu, une copie de qualité. Les divisions retenues, les grandes articulations s'imposent presque d'évidence à qui fait cet effort préalable : l'étudiant dispose en effet d'une matière première qu'il pourra polir, à laquelle il donnera un tour plus personnel et qu'il saura parfaitement ajuster aux exigences du sujet proposé à l'examen. Un plan ne saurait être une coquille vide, un simple artifice. Sa raison d'être est de rendre plus sensible et visible, sous l'harmonie d'une forme, la maîtrise d'un savoir.
Nous invitons donc l'étudiant à réfléchir sur les thèmes abordés, mis en valeur pour leur teneur problématique au rapport de l'histoire du droit. Les commentaires de texte qui sont ici présentés à titre illustratif renvoient à des notions fondamentales : les considérer, c'est s'armer pour identifier une bonne problématique, laquelle commande en définitive la totalité de la démonstration et constitue donc le pivot de l'exercice. Une certitude : l'exemple est un bon maître en fait de pédagogie.

Le sujet de dissertation et les quatre textes qui suivent sont fondamentaux. De façon préliminaire, il sera indispensable de mettre en valeur les thèmes et les notions essentielles qui en ressortent. Nous montrerons ensuite comment analyser ces sujets et souligner leurs problématiques, puis nous proposerons un plan d'exposition pour la dissertation et un plan de commentaire pour les autres textes.

Dissertation : « Suzeraineté et souveraineté en France (XIIe-XVIe siècle) »

Analyse du sujet

L'erreur grossière serait de consacrer une première partie à la suzeraineté, puis une seconde à la souveraineté, sans autre manière. En effet, les deux notions doivent être associées plus ou moins étroitement dans chacune des parties, ce qui complique singulièrement la tâche.
À travers ce sujet de dissertation, traité ici à gros traits, nous discernerons une règle méthodologique élémentaire : l'articulation des notions contenues dans le libellé et leur mise en relation dans l'intitulé de chaque partie. Bon nombre d'étudiants refusent de s'y plier, frappant ainsi leur devoir d'une malfaçon lourde de conséquences. Quelles que soient par ailleurs les qualités réelles de la copie, le correcteur ne songera vraisemblablement pas à lui accorder la moyenne.

Rappelons que suzeraineté et souveraineté sont issues du bas latin « *superanus* », dérivé de « *super* », « qui est au-dessus de, plus élevé que, supérieur à ». Le mot souverain est employé dès le XIIIe siècle, dans l'expression « souverain fieffeux », synonyme de suzerain, qui désigne celui placé à la tête de la pyramide féodale. Il importe donc de s'intéresser à la notion de féodalité, formée à partir de l'adjectif « féodal », lui-même dérivé de « fief ».
Ainsi, au sens strict, féodalité désigne une organisation juridique basée sur l'engagement vassalique et sur l'institution du fief, bien de valeur faisant l'objet d'une concession. En pratique, le fief entraîne une seigneurie, avec exercice de justice, de droits utiles et de prérogatives honorifiques. C'est dire que le système féodo-vassalique suppose une dissémination du pouvoir, à la faveur du morcellement territorial engendré par le développement du phénomène vassalique et seigneurial.
C'est pourtant dans ce monde féodal que l'autorité royale va se reconstituer, sur la base d'une théorie du roi suzerain : la supériorité qu'il revendique est le signe d'une recomposition des relations de commandement et d'obéissance. Les légistes du XIIIe siècle approfondissent cette idée de la prépondérance royale, de sorte que le soubassement théorique du pouvoir s'en trouve modifié, tendant à se dégager du carcan conceptuel de la féodalité. Comprenons ainsi que l'exercice de l'autorité politique s'attache désormais à la notion d'État, inséparable d'une pensée intègre de la souveraineté.

Dès lors, nous pouvons proposer un plan, qui n'est certainement pas le seul possible tant le sujet à traiter est riche et complexe. Nous en profiterons pour indiquer les grands axes de la dissertation.

Plan rédigé

Corps du devoir

I. La suzeraineté et la souveraineté, expression de la même idée d'une supériorité du pouvoir royal

A. Le roi suzerain, chef de la hiérarchie féodale

Il faut évoquer la haute figure de l'abbé Suger, conseiller de Louis VI le Gros et de Louis VII le Jeune. Il expose, dans le cadre de la monarchie féodale, cette idée que le roi est suzerain, qu'il est placé au sommet d'une hiérarchie.
Deux conséquences sont alors tirées :
• conséquence positive, tout le monde doit hommage au roi ;
• conséquence négative, le roi ne doit hommage à personne.
Cependant, cette supériorité n'est effective que si le roi parvient à s'imposer à tous les niveaux de cette hiérarchie féodale, s'il contourne l'obstacle que constitue la médiatisation du pouvoir : selon le droit féodal, le roi, qui n'est au fond qu'un seigneur parmi d'autres, n'a aucune autorité sur ses arrière-vassaux, ce que résume l'adage « *le vassal de mon vassal n'est pas mon vassal* ». Il lui faut donc multiplier le nombre de ses vassaux directs, en ne tolérant plus par exemple que des hommages liges, c'est-à-dire prioritaires.

B. Le roi souverain, détenteur légitime de la puissance publique

L'essentiel dans ce paragraphe est de faire apparaître la distinction cardinale entre la souveraineté interne et la souveraineté externe.
La première désigne la capacité du roi à maintenir l'ordre public, à pacifier le territoire sur lequel il règne. Fait significatif : Saint Louis décrète en 1258 la paix générale, mettant fin aux guerres privées, aux duels et aux tournois. Ce contrôle de la violence, au titre de la souveraineté interne, implique la constitution d'une armée royale permanente. Le mérite en revient à Charles VII, qui perçoit, à la suite d'une série de défaites militaires particulièrement cuisantes (Crécy en 1346, Poitiers en 1356 et Azincourt en 1415), les limites de l'ost féodal. L'ordonnance de 1439 est le point de départ de cette monopolisation royale de la force armée : à la demande des États généraux tenus à Orléans, le principe est posé que tous les chefs de guerre doivent être nommés par le roi. Seules les troupes qu'il lève sont régulières et admises, ce qui signifie que la guerre cesse d'être une entreprise privée.
Enfin, la souveraineté interne est exercée par le « roi justicier », lequel favorise à partir du XVe siècle le mouvement de rédaction des coutumes

et mène une politique d'unification du droit. L'adage est fameux : « *toute justice émane du roi* ».
Ces brefs rappels permettent de souligner une forme de proximité entre ces notions de suzeraineté et de souveraineté : elles servent la même ambition de redéfinir le cadre d'expression de l'autorité royale, pensée comme intrinsèquement supérieure. Le glissement de l'une à l'autre est assez naturel, étant en quelque sorte inscrit dans cette dynamique de recomposition des relations de pouvoir qui s'opère au profit du monarque capétien. Subrepticement cependant, il témoigne de l'émergence d'une nouvelle rationalité juridico-politique, qui triomphe dans le concept d'État.

II. Le glissement de la suzeraineté à la souveraineté, révélation de la renaissance de l'État

A. La dépersonnalisation du pouvoir

Suzeraineté et souveraineté ne sont nullement assimilables sur le plan juridique : la première est basée sur des liens personnels. Le pouvoir de commandement découle d'un système d'« allégeance » (le mot relève du droit féodal et vient de l'ancien français « *liejance, lijance* », dérivé de « *lige* », qui signifie « état d'homme lige », c'est-à-dire vassalité prioritaire). C'est donc la relation contractuelle unissant le vassal à son seigneur (ou suzerain) qui est, dans cette perspective, déterminante.
À l'inverse, la souveraineté a une assise territoriale, d'où l'importance du concept de frontière, relevant du registre de la guerre et de la différenciation de l'interne et de l'externe. L'autorité du souverain s'étend ainsi à l'ensemble de la population qui vit à l'intérieur du royaume, laquelle est considérée en tant que telle, indépendamment de toute inscription dans les réseaux féodo-vassaliques.
Cette relégation de la logique des liens personnels, caractéristique de la structure féodale du pouvoir, se solde par une intelligence nouvelle de l'ordre politique, que formalise la catégorie d'État. Ce dernier se conçoit comme une entité supérieure et indépendante de la personne du prince. Il implique en conséquence une constitution au sens large du terme, c'est-à-dire un ensemble de règles inviolables régissant la dévolution et l'exercice du pouvoir souverain : l'idée de continuité de l'État s'exprime à travers la règle de l'indisponibilité de la couronne, laquelle participe de l'élaboration d'une théorie statutaire qui identifie la royauté à une fonction dont le roi, personne physique, n'est pas le propriétaire.
L'exercice de la souveraineté royale dans le cadre étatique a donc pour corollaire l'affirmation du principe de l'inaliénabilité du domaine royal, en franche rupture avec cette conception patrimoniale du pouvoir qui poussait au morcellement territorial et donc à l'éclatement de la puissance publique.

B. La conservation du domaine royal

Le roi souverain exerce son pouvoir dans les limites de son royaume qui en constitue l'assise territoriale. Il importe donc de le conserver dans toute son étendue et de le mettre à l'abri des contingences politiques. Une théorie de la souveraineté conséquente ne saurait souffrir les libéralités royales et la pratique des partages, celle-ci engendrant le risque de guerres fratricides qui affaiblissent immanquablement l'autorité royale. C'est sous Charles V, roi de France de 1364 à 1380, qu'une disposition nouvelle est introduite dans le serment du sacre, tendant à la reconnaissance du caractère inaliénable du domaine dont il a la charge en sa qualité de souverain.

Un éminent légiste du xve siècle, Jean de Terrevermeille, approfondit encore la notion de domaine de la couronne : résolument hostile au parti anglo-bourguignon qui est à l'origine du « honteux traité de Troyes » de 1420, il en a, par avance, réfuté les clauses sur le plan juridique, liant ainsi étroitement les principes d'inaliénabilité et d'indisponibilité.

Ces efforts théoriques en vue de dégager un statut de la couronne témoignent d'une perception plus fine de la distinction entre la personne royale et la fonction qu'il exerce sur un territoire délimité par des frontières réputées intangibles.

Enfin, évoquons l'édit de Moulins, adopté en février 1566 sous Charles IX, qui consigne par écrit, officialise, le principe de l'inaliénabilité du domaine royal : « *Le domaine de notre couronne ne peut être aliéné qu'en deux cas seulement : l'un pour apanage des puînés mâles de la Maison de France, auquel cas il y a retour à notre couronne par leur décès sans mâles, au pareil état et condition qu'était ledit domaine lors de la concession de l'apanage ; nonobstant toute disposition, possession, acte exprès ou taisible fait ou intervenu pendant l'apanage ; l'autre pour l'aliénation à deniers comptants pour la nécessité de la guerre après lettres patentes, pour ce décernées et publiées en nos parlements, auquel cas y a faculté de rachat perpétuel.* »

La territorialisation de l'autorité royale, s'exerçant indifféremment sur tous les sujets établis à l'intérieur du royaume de France, qu'ils soient bourgeois, paysans, vassaux ou non, trouve ici son aboutissement juridique, à rebours des présupposés de l'ordre féodo-vassalique qui considère essentiellement la valeur normative des engagements d'homme à homme.

Conclusion

Suzeraineté et souveraineté se rejoignent pour soutenir la thèse, et la fonder en droit, d'une supériorité de la volonté royale ordonnée à son devoir de justice. Mais il ne faut pas pour autant confondre ces deux notions et les tenir pour équivalentes.

La première se comprend essentiellement à l'intérieur d'une vision du monde qui s'articule autour de données sociologiques et juridiques précises : la féodalisation du droit et des relations de pouvoir qu'il est chargé d'encadrer, la fragmentation de l'espace politico-administratif et la prédominance des solidarités résultant des engagements et des fidélités vassaliques.

En revanche, la souveraineté est annonciatrice d'un mode d'organisation politique caractérisé par un phénomène de dépersonnalisation de l'autorité, lequel se traduit juridiquement par la formulation d'une théorie statutaire de la couronne, par la consécration d'un principe de perpétuité et par la monopolisation d'une puissance publique appelée à s'exercer sur un territoire bien délimité. En d'autres termes, la souveraineté royale énonce la qualité distinctive de l'État, qui se définit proprement sous les espèces d'une personne morale de droit public clairement détachée du corps physique des gouvernants, et manifestant ainsi le sens d'une continuité supra-humaine dans la perspective d'une « *théologie politique* », pour reprendre une expression chère à Ernst Kantorowicz.

Quatre commentaires de texte

Fulbert de Chartres, Lettre à Guillaume V, duc d'Aquitaine (1020)

« *Celui qui jure fidélité à son seigneur doit avoir toujours les six mots suivants présents à la mémoire : sain et sauf, sûr, honnête, utile, facile, possible. Sain et sauf, afin qu'il ne cause pas quelque dommage au corps de son seigneur. Sûr, afin qu'il ne nuise pas à son seigneur en livrant son secret ou ses châteaux forts qui garantissent sa sécurité. Honnête, afin qu'il ne porte pas atteinte aux droits de justice de son seigneur ou aux autres prérogatives intéressant l'honneur auquel il peut prétendre. Utile, afin qu'il ne fasse pas de torts aux possessions de son seigneur. Facile et possible, afin qu'il ne rende pas difficile à son seigneur le bien que celui-ci pourrait facilement faire et afin qu'il ne rende pas impossible ce qui eût été possible à son seigneur. C'est justice que le vassal s'abstienne de nuire ainsi à son seigneur. Mais ce n'est pas ainsi qu'il mérite son fief, car il ne suffit pas de s'abstenir de faire le mal, mais il faut faire le bien. Il importe donc que sous les six aspects qui viennent d'être indiqués, il fournisse fidèlement à son seigneur le conseil et l'aide, s'il veut paraître digne de son bénéfice et de s'acquitter de la fidélité qu'il a jurée. Le seigneur aussi doit, dans tous ses domaines, rendre la pareille à celui qui lui a juré fidélité. S'il ne le faisait pas, il serait à bon droit taxé de mauvaise foi ; de même que le vassal qui serait surpris manquant à ses devoirs, par action ou par simple consentement, serait coupable de perfidie et de parjure.* »

Thèmes et notions essentielles : vassalité, fief et féodalité.

Analyse du sujet

Ce texte, bien connu des historiens du droit, n'est en rien anecdotique. Pour en comprendre le sens et en mesurer l'exacte portée, il importe de revenir sur quelques notions-clefs et d'assainir ainsi la base conceptuelle. L'étude du système féodo-vassalique implique évidemment de porter attention aux termes « vassal » et « fief ».

La notion de vassal

Dans son *Répertoire universel et raisonné de jurisprudence* (1815), Merlin propose une définition fort instructive de la notion de vassal, qu'il est utile de rappeler : « *C'est le nom qu'on donne, dans l'ordre féodal, au propriétaire du fief servant. Ce mot est donc toujours corrélatif à celui du seigneur dominant. Le* vassal *est lui-même très souvent le seigneur dominant d'un ou de plusieurs autres fiefs qui relèvent aussi de celui dont il est propriétaire. Il ne faut pas confondre ce mot de* vassal *avec celui de censitaire, quoiqu'on le fasse quelquefois. Les vassaux sont ceux dont la tenure est noble et a titre de fief. Elle les assujettit presque toujours à la foi et à l'hommage, et nécessairement à la fidélité envers leur seigneur. Les censitaires n'ont qu'une tenure roturière, qui ne les assujettit qu'à des redevances de différente espèce, ou à des services d'une nature ignoble, comme les corvées, s'ils doivent des services personnels.* »
L'entrée en vassalité ne peut être que le fait d'un noble, appelé lors d'une cérémonie solennelle à manifester sa fidélité à un autre noble, son seigneur. L'organisation sociale, de type trifonctionnel, est sous-tendue par cette logique des liens interpersonnels. Le paradoxe est que le réseau des rapports qui se nouent autour de chaque seigneur n'exclut pas formellement une certaine égalité de principe, fondée sur la commune appartenance à la caste nobiliaire. Dans son étude sur *Le Rituel symbolique de la vassalité*[43], Jacques Le Goff forge une expression audacieuse : il parle d'une « *hiérarchie d'égaux* », précisant justement que le vilain ou roturier n'aura jamais la qualité d'un vassal, et ce même s'il est fieffé.

L'élément de réciprocité reste décisif, corrigeant en quelque sorte la posture d'infériorité dans laquelle est tenu le vassal. C'est dire à quel point la hiérarchie féodale qui se dessine est complexe et le phénomène de la vassalité multiple ne fait qu'ajouter à la confusion : dans ces conditions, le droit féodal est contraint d'évoluer et de s'adapter, de fixer plus rigoureusement la gamme des obligations contractuelles découlant du rituel.

---

43. LE GOFF J., *Pour un autre Moyen Age. Temps, travail et culture en Occident : 18 essais*, Paris, Gallimard, 1977, pp. 349-420.

Le texte de Fulbert de Chartres rend compte de cette nécessité de mieux encadrer juridiquement la relation d'obéissance et de commandement, de lever toute équivoque sur la nature et le contenu normatif de l'engagement vassalique.

La notion de fief

La notion de fief est certainement plus difficile à cerner.
Un avocat du Parlement de Paris, Charles Dumoulin, auteur d'un *Commentaire sur les matières féodales* publié en 1539, identifie le fief à une « *concession gratuite, libre et perpétuelle d'une chose immobilière ou réputée telle, avec translation du domaine utile, en retenant la propriété directe, à charge de fidélité et de services* ».
Cependant, dans sa *Théorie des matières féodales et censuelles*, un jurisconsulte, Hervé, le définit de manière plus extensive : « *C'est une concession faite à la charge d'une reconnaissance toujours subsistante, qui doit se manifester de la manière convenue.* »
La reconnaissance féodale peut se traduire sous diverses formes : avant l'hommage, elle se manifeste essentiellement par le service militaire et, dans certaines coutumes, l'hommage est « abonné » c'est-à-dire converti en une redevance qui vaut alors comme signe de la reconnaissance féodale.
Convenons donc, avec Merlin, que la partie de la jurisprudence qui concerne le fief est, d'entre toutes, « *la plus étendue et la plus obscure. Nés au milieu de l'anarchie, les droits féodaux ont déjà éprouvé une infinité de révolutions, et peut-être en éprouveront-ils encore. Pour entendre cette matière, il faut remonter à travers les siècles les plus ténébreux de notre monarchie, consulter les historiens, étudier nos publicistes, recueillir mille faits épars dans nos capitulaires, dans nos coutumes, dans nos chartes aujourd'hui plus ignorées que jamais ; il faut suivre pas à pas la marche irrégulière de notre gouvernement depuis son berceau jusqu'au* XVI*e siècle, époque où l'on a commencé à rédiger les coutumes et à donner une sanction plus solennelle à des droits usurpés, à des usages barbares, à des conventions passées entre la force et la faiblesse ; conventions remplies d'équivoques, et toutes différentes les unes des autres. Un grand nombre d'écrivains ont entrepris de porter la lumière sur ce chaos, et malheureusement aucun d'eux n'a les mêmes opinions ; chacun a bâti son système sur des faits et par des raisonnements qui ont été combattus par des faits et par des raisonnements capables de décourager ceux qui veulent approfondir la législation et la jurisprudence féodale.* »
Le droit est donc une matière mouvante et évolutive, qui se combine avec des données politiques et socio-économiques. L'apparition des coutumes est ainsi le signe d'un processus de féodalisation du droit, corrélatif au morcellement territorial. La lettre de Fulbert de Chartres est un indicateur de ces incertitudes juridiques sous-jacentes aux liens qui unissent le vassal

à son seigneur : elle met l'accent sur le fief, mot qui tend à remplacer au XIe siècle celui de bénéfice.
Le fief est une chose qui a une certaine valeur : c'est un bienfait, comme le suggère l'étymologie du mot « bénéfice ». Il n'est pas assimilable à un immeuble réel, puisque le seigneur peut concéder un droit à percevoir annuellement un revenu fixe : le développement d'une économie marchande, la circulation de la monnaie et l'intensification des échanges dans la seconde moitié du XIe siècle favorisent d'ailleurs cette pratique. On parle de « fief en l'air » quand le fief n'est pas un immeuble réel. Mais dans une société où la richesse est essentiellement foncière, il est logique que le fief corresponde le plus souvent à une terre reçue en concession en échange de services (l'aide et le conseil).
Pour conclure, retenons cette définition synthétique : « *le fief est une concession à charges de services nobles faite par un vassal à son seigneur.* »

Le choix du plan

Quel découpage envisager pour bâtir le plan ? Il est question des relations féodo-vassaliques, ce qui amène à distinguer deux éléments : la vassalité et le fief. L'étudiant peut ainsi réfléchir successivement sur la dimension personnelle et sur la dimension réelle du lien entre le vassal et le seigneur. Mais il lui faut impérativement revenir au texte et dégager le sens de l'évolution dont Fulbert fait état.

Le plan suivant est donc à éviter :
I. L'élément personnel des relations féodo-vassaliques
II. L'élément réel des relations féodo-vassaliques

Cependant, l'articulation sur laquelle il s'appuie garde toute sa pertinence et sa valeur analytique. En effet, il s'agit d'entrecroiser deux grandes strates à analyser : d'une part, fief et vassal, et d'autre part, élément personnel et réel. Le bon commentaire suppose un effort pour adhérer au texte, lequel se traduit naturellement dans le choix des intitulés de chacune des parties. Il serait maladroit de reproduire à l'identique le plan du cours, mais celui-ci fournit de précieux repères pour conduire le raisonnement.
L'idée directrice du texte est la suivante : conscient de la dégradation inexorable de l'élément personnel des relations féodo-vassaliques, Fulbert de Chartres tend à rattacher les obligations positives du vassal à la concession du fief. À l'étudiant de la faire apparaître dans le plan qui en est finalement la reprise.
Ainsi, pour que le plan apparaisse, il est nécessaire d'extraire l'idée directrice qui se définit comme une phrase recoupant l'ensemble du texte dans sa composition.

Plan rédigé

Introduction

Présentation du texte et de l'auteur

Cette lettre de Fulbert de Chartres est adressée à un grand feudataire, Guillaume V, duc d'Aquitaine. Datée de 1020, elle constitue un précieux témoignage sur le sens de l'engagement vassalique, désormais ordonné plus directement à la concession du fief.

L'auteur, prélat écouté et admiré pour son esprit de modération, est un homme de haute culture, bien que vraisemblablement d'origine modeste : il a fait de brillantes études à Reims sous la direction d'un personnage éminent, Gerbert, qui deviendra par la suite le pape Silvestre II. Il se voit promu au siège épiscopal de Chartres en 1007 et prend alors une part active à toutes les assemblées d'évêques. Les questions relatives au dogme et à la discipline de l'Église le préoccupent autant que les affaires administratives, comme le montre cette mise au point sur le contenu et les effets du contrat féodo-vassalique.

Contexte historique

Depuis le milieu du IXe siècle, les grands ne cessent de consolider leur position, à la faveur de l'échec politique des Carolingiens successeurs de l'empereur Charlemagne. Les premiers Capétiens eux-mêmes ne disposent que d'un pouvoir très affaibli.

En tant que système politique, la féodalité a une double caractéristique : d'une part, le morcellement territorial et d'autre part, le démembrement de la puissance publique. Ce sont donc les ducs, comtes ou châtelains qui dominent la société féodale, en raison de l'absence d'autorité centrale effective capable d'agir sur l'ensemble du territoire du royaume.

L'apparition de la seigneurie banale ou justicière, dès la fin du Xe siècle, marque le stade ultime de ce processus de dislocation. La banalité désigne le droit en vertu duquel certains seigneurs exercent un pouvoir public de commandement. À la seigneurie banale se juxtapose généralement (mais pas exactement) la seigneurie domaniale (aspect économico-social de la féodalité).

Pour contrer cette tendance à la dislocation du royaume (l'autonomisation des seigneuries, la multiplication des châteaux), il est nécessaire de reconsidérer le fondement du lien socio-politique. Les obligations réciproques qui découlent du contrat de vassalité et de la concession du fief reçoivent ainsi dans cette lettre une formulation politiquement claire mais qui peut être critiquée quant à la rigueur juridique.

Problématique

En quoi les précisions apportées par Fulbert de Chartres sont-elles révélatrices d'une redistribution des termes du contrat féodo-vassalique ?
La problématique reprend, en la globalisant, l'idée directrice du texte, qui permettra d'établir le plan.

Annonce du plan

Conscient de la dégradation inexorable de l'élément personnel des relations féodo-vassaliques (I), le sage évêque tend à rattacher les obligations positives du vassal à la concession du fief (II).

Corps du devoir

I. La dégradation de l'élément personnel des relations féodo-vassaliques

La formation du contrat de vassalité donne lieu à une mise en scène ritualisée, destinée à marquer les consciences : à l'hommage, correspondant à la *commendatio* de l'époque mérovingienne, s'ajoute le serment de fidélité, rite spécifiquement chrétien. Ces deux aspects de l'engagement vassalique fixent deux catégories d'obligation.
La lettre de Fulbert de Chartres est ainsi révélatrice de l'affaiblissement de la valeur normative des obligations qui naissent de l'hommage (A) et met parallèlement en évidence le caractère purement négatif de celles qui découlent du serment de fidélité (B).

A. L'affaiblissement de la valeur normative des obligations naissant de l'hommage

L'hommage est un engagement personnel au terme duquel un vassal se donne symboliquement à son seigneur : il consent ainsi à devenir son homme et à s'abandonner à lui, à le servir en échange de sa protection.
La forme la plus ordinaire de l'hommage est que le vassal soit nu-tête, à genoux, les mains jointes entre celles de son seigneur, sans ceintures, ni épée ou éperons. Il est donc désarmé, privé des attributs qui attestent une aptitude guerrière. Certaines paroles sont parfois prononcées au cours de la cérémonie, comme : « *Je deviens votre homme, et vous promets féauté dorénavant comme à mon seigneur.* » Enfin, le seigneur recommande au vassal de se redresser et l'embrasse sur la bouche. Ce baiser, l'*osculum fidei*, ne se donne point aux roturiers : il est le signe tangible d'une co-appartenance à la noble gente, laquelle autorise la définition d'un rapport plus égalitaire, d'une relation d'homme à homme, fondé sur un idéal d'abnégation et de dévouement inconditionnel.

De ce rituel de l'hommage découle une série d'obligations réciproques, car le contrat de vassalité est synallagmatique. En principe, le seigneur doit protéger son vassal, c'est-à-dire le défendre s'il est injustement attaqué, et l'entretenir. La raison en est essentiellement militaire : au seigneur de faire en sorte que son homme soit en mesure de l'accompagner à la guerre. À lui donc de l'équiper et de lui fournir tout l'équipement dont il a besoin. C'est ce qui justifie la concession du fief, qui est à l'origine une conséquence de l'hommage, et non sa raison d'être.

Cependant, une tendance devient vite perceptible, brouillant quelque peu le code de référence qui sous-tend la solidarité féodale : l'affaiblissement de l'idée de service gratuit et désintéressé. Les contraintes portées par l'hommage se sont ainsi progressivement desserrées, ce dont témoigne le phénomène de la vassalité multiple : peut-on vraiment servir deux maîtres en même temps ?

Cette dégradation de la qualité normative du lien vassalique amène Fulbert de Chartres à repréciser le contenu des obligations qui naissent du serment de fidélité, complément du rituel de l'hommage. Fait significatif, celles-ci reçoivent un caractère purement négatif.

B. Le caractère purement négatif des obligations naissant du serment de fidélité

La lettre est sur ce point parfaitement explicite. Elle insiste naturellement sur le sens de la fidélité, notion centrale dans une société qui exalte l'honneur et le respect de la parole donnée.

La prestation de foi est associée à l'hommage : elle renforce les obligations subséquentes à l'engagement vassalique. Le vassal qui jure fidélité, bien souvent sur des reliques ou sur la Bible, est tenu à une obligation générale, celle de ne pas porter atteinte à son seigneur.

Six mots sont mentionnés, auxquels s'attachent des contenus négatifs. Ainsi, « *sain et sauf* » rappelle au vassal qu'il ne doit en aucun cas causer quelque dommage au corps de son seigneur. Les autres mots sont « *sûr* », « *honnête* », « *utile* », « *facile* » et « *possible* ». Il faut entendre qu'obligation est faite au vassal de ne point révéler de secret ni de porter préjudice à la sûreté des forteresses dont dispose son seigneur, de ne pas lui faire de tort du côté de la justice et de ses honneurs, ni de ses possessions, et de ne pas lui susciter des obstacles qui pourraient le contrarier dans ses projets et entreprises. Ce système d'abstention couvre donc trois registres : en vertu de l'obligation de fidélité, le vassal s'interdit de nuire à la personne, aux biens et aux droits de son cocontractant.

Cette définition négative de la fidélité peut être considérée par certains comme un signe du déclin de l'idéal chevaleresque de dévouement et de protection : l'un des objectifs de l'accord conclu entre le vassal et le seigneur est qu'ils cessent de se faire tort, et non qu'ils fassent l'un et l'autre cause commune ou qu'ils se donnent l'un à l'autre de manière absolue et désintéressée.

Transition

Cependant, le lien féodo-vassalique n'est pas réductible à un rapport interpersonnel. Il comporte une référence à une chose concédée : le fief. Fulbert de Chartres tend à faire de la concession du fief le pivot des obligations positives du vassal à l'égard de son seigneur : les obligations juridiquement distinctes des liens vassalique et féodal tendent à se confondre.

II. Le rattachement des obligations positives du vassal à la concession du fief

En plus du lien personnel tenant à la vassalité, un lien réel se noue entre le vassal et le seigneur. Il naît de la concession du fief, ou du bénéfice, mots qui figurent dans la lettre adressée au duc d'Aquitaine. L'objet de cette concession à charges de services nobles a par hypothèse une certaine valeur. Parce que la richesse est d'abord foncière dans le monde féodal, la chose donnée en fief est en général une terre, dont l'étendue est cependant très variable : cela peut être quelques arpents de terre, tout comme un vaste domaine comprenant un château.
Fulbert de Chartres considère les obligations qui découlent de la concession : il leur confère un caractère positif (B), au vu de la tendance au renforcement du lien réel des relations féodo-vassaliques (A).

A. Le renforcement du lien réel des relations féodo-vassaliques

Le vassal qui a juré fidélité à son seigneur reçoit des mains de celui-ci un bâton, une motte de terre, parfois un simple fétu de paille qui est censé symboliser le fief. Le rite de l'investiture formalisant la concession du fief suit nécessairement la cérémonie de la foi et de l'hommage.
Cet enchaînement n'est pas arbitraire et, malgré l'évolution dans le sens d'une prééminence de la chose concédée, il ne sera jamais remis en cause. Il montre qu'à l'origine, le fief n'est conçu que comme une conséquence éventuelle de l'entrée en vassalité, que le rite créateur de la fidélité a la primauté dans la formation du contrat féodo-vassalique et que le dévouement absolu à l'égard du seigneur l'emporte sur tout autre considération.
À partir du second quart du XIe siècle (1025-1050), ce lien personnel se double plus systématiquement d'un lien réel : en somme, les vassaux sans fief, ceux que l'on appelle les « vassaux non chasés », se raréfient. Un renversement s'opère, qui affecte le sens de l'engagement vassalique fondé initialement sur l'idée de service gratuit, de don de soi.

Désormais, c'est la perspective d'obtenir un fief qui est déterminante : la concession devient ainsi la cause véritable de l'entrée en vassalité, et non une conséquence. Autrement dit, les vassaux tendent à se comporter non plus en serviteurs dévoués et fidèles à leurs seigneurs, mais en agents intéressés, d'abord soucieux d'accumuler des profits pécuniaires : le développement de la vassalité multiple est l'illustration de ce nouvel état d'esprit.
Ajoutons enfin que le renforcement du lien réel a pour corrélat la patrimonialisation du fief : simplement viager à l'origine, le fief devient héréditaire au XIe siècle, sous certaines conditions telles que le paiement par l'héritier du vassal d'un « droit de relief » équivalant à une année de revenu du fief. Précision complémentaire : le principe de son aliénabilité s'impose plus tardivement et la vente du bien ne devient courante qu'au XIIe siècle.
Retenons donc que la lettre de Fulbert de Chartres insiste sur l'importance du fief, qui est finalement la cause essentielle de l'entrée en vassalité. La fidélité est de plus en plus affaire de commerce : elle résulte d'un calcul d'intérêts et n'est plus regardée en soi comme vraiment contraignante, puisqu'elle implique seulement que le vassal s'abstienne.
Afin de conjurer les risques d'anarchie, le prélat affirme que le fief doit se mériter, conférant ainsi aux obligations qui naissent de sa concession par le seigneur un caractère positif.

B. Le caractère positif des obligations qui naissent de la concession du fief

Fulbert de Chartres estime que l'abstention à laquelle s'oblige le noble qui entre en vassalité n'est pas suffisante pour garantir la solidité du lien juridique. Ne pas nuire à son seigneur n'est qu'un aspect de ce à quoi il s'engage en qualité de vassal. L'essentiel, dans une perspective chrétienne, est donc de « faire le bien », d'agir de manière positive à l'égard de son seigneur qui concède une chose de valeur.
Les six mots que le vassal doit avoir présent à la mémoire ont pour prolongement l'obligation qu'il a de fournir au seigneur auquel il a juré fidélité « *le conseil et l'aide* » (*auxilium* et *concilium*), notions fondamentales dans le monde féodal (et qui se perpétueront par la suite dans le cadre des États généraux). C'est ainsi qu'il sera digne de son bénéfice et qu'il pourra s'acquitter de sa dette. Le conseil ou « service de cour » implique une participation aux affaires relatives à l'administration de la seigneurie et tout particulièrement à la justice. Les décisions sont prises par le seigneur au terme d'une discussion visant à déterminer les arguments pour et contre. Le seigneur associe toute l'équipe vassalique à l'exercice du pouvoir politique, n'étant au fond que le premier parmi ses pairs.
Cette exigence de réciprocité qui se superpose à la relation hiérarchique et l'atténue, Fulbert de Chartres y est sensible : il rappelle que le contrat

qui a été conclu et qui fixe les termes de la relation féodo-vassalique a un caractère synallagmatique. Autrement dit, le seigneur doit impérativement, dans tous ces domaines, « *rendre la pareille à celui qui lui a juré fidélité* ». À défaut, il serait « *à bon droit taxé de mauvaise foi* ».
La notion d'aide, militaire ou pécuniaire, est également déterminante dans la société féodale qui est sans cesse travaillée par des tensions internes. La solidarité féodale est soumise à une logique militaire et les valeurs qui sont portées par la caste nobiliaire – la chevalerie – ont une forte connotation guerrière.
Dès lors, on ne s'étonnera pas que le vassal soit d'abord un combattant qui accompagne à cheval le seigneur qu'il s'est engagé à servir loyalement. Il est tenu à un devoir de chevauchée, qui consiste en l'obligation de monter à cheval pour défendre son seigneur féodal dans ses guerres particulières, ainsi qu'au devoir d'ost, qui s'en distingue légèrement puisqu'il s'agit surtout de défendre le pays qui est pour le profit commun et de s'obliger à monter à cheval pour accompagner son seigneur à la guerre publique. Quoi qu'il en soit, les fiefs sont concédés à des fins essentiellement militaires, même si l'évolution des relations féodo-vassaliques, marquée par la dégradation de l'élément personnel, entraîne un allégement de ces obligations attachées à la fonction guerrière.
En faisant de la concession du fief le principal vecteur des obligations positives qui pèsent à la fois sur le vassal et sur son seigneur, le prélat s'efforce de réduire l'insécurité juridique dans les pratiques sociales et d'imposer la médiation du droit. L'insistance sur le manquement à ses devoirs, sur la perfidie et le parjure en est le signe.
Ce n'est donc plus exclusivement le don de soi qui fonde la solidarité féodale, mais l'obtention d'un bénéfice. Le renforcement de l'élément réel bouleverse ainsi toute l'économie du contrat féodo-vassalique, ce dont témoigne cette mise au point de Fulbert de Chartres.

Conclusion

Cette dégradation de l'élément personnel est source d'anarchie et Fulbert de Chartres tente de clarifier les devoirs et obligations qui sont portés par le contrat féodo-vassalique. Le droit féodal n'est pas resté sans réponse : il tente de corriger les effets néfastes produits par le développement de la vassalité multiple. Il suffira ici d'évoquer la distinction entre l'hommage lige, hommage prioritaire qui libère le vassal de tout autre lien, et l'hommage plain qui est secondaire.
La lutte contre l'affaiblissement de la valeur de dévouement emprunte donc des voies diverses et variées. Pour canaliser la violence inhérente à la société féodale, l'élaboration d'un cadre normatif adapté aux mœurs de l'époque est requise.

Charles VI, Ordonnance d'avril 1403 relative au principe de continuité de la couronne

« *Charles* [...] *La disposition et introduction* [i.e. instruction] *de droit divin et naturel démontre que les pères doivent labourer et travailler à ce que leurs enfants, après leur décès, usent paisiblement de leur succession et pourvoir à leur sûreté, tellement qu'en cela, savoir faisons à tous présents et à venir que nous, à qui Dieu par sa grâce, a donné lignée, laquelle, espérons, succédera pour son plaisir à notre royaume, quand il lui aura plu de nous appeler devant lui, et voulant suivre et mettre à effet ladite introduction, considérant que sitôt qu'il plaît à Dieu d'envoyer sur terre au roi* [...] *un hoir* [i.e. un héritier] *mâle premier-né, le droit de la nature le fait héritier dudit royaume et, sitôt que son père est allé de vie à trépassement, même en supposant que ledit premier-né ne soit âgé que de quelques années et en quelque minorité qu'il soit, il est et doit être réputé pour roi et ledit royaume gouverné pour lui et en son nom par les plus proches de son sang et par les sages hommes de son conseil. Et, voulant pour cela pourvoir à la sûreté de notre très cher et très aimé fils aîné, il devra par droit d'aînesse succéder après nous à la couronne de France, afin que, sitôt qu'il aura plu à Dieu de nous prendre de ce monde et de nous appeler à lui, notre dit fils aîné, même en supposant qu'il ne soit âgé que de quelques années et en quelque minorité qu'il soit, puisse user pleinement de son droit déclaré ci-dessus qui lui sera alors acquis et ladite couronne advenue par décès.* »

Thèmes et notions essentielles : théorie statutaire, dévolution de la couronne et lois fondamentales du royaume.

Analyse du sujet

Le travers à éviter est de tirer prétexte d'une expression ou d'un mot-clef. pour développer des idées étrangères à la problématique à laquelle s'attache en substance cette ordonnance royale : il n'est pas question ici, à titre principal, du fondement religieux de la monarchie capétienne. La référence appuyée au droit divin pourrait donner lieu à un contresens, puisque précisément ce texte signifie l'affaiblissement de la valeur juridique du sacre dans le système de transmission de la couronne et qu'il participe donc d'un mouvement d'autonomisation relative de la raison politique, en rapport étroit avec le renforcement de l'État.
Le thème essentiel qui doit retenir toute l'attention, c'est l'affirmation du principe de continuité du pouvoir souverain : il serait en conséquence maladroit et fautif d'en faire le cœur de la première partie. De plus, sur quoi porterait alors la seconde partie ? L'équilibre du plan en serait inévitablement affecté et l'étudiant se condamnerait à élargir le propos jusqu'à négliger le texte lui-même. Par ailleurs, il importe de résister à la tentation de transformer l'épreuve en une dissertation sur les coutumes

constitutionnelles du royaume. L'intitulé des parties est stratégique : il se doit de marquer nettement la liaison avec le texte, afin de conférer aux développements la qualité d'un véritable commentaire.
Le plan qui sera suivi résulte d'une analyse de ce principe de continuité auquel se rapporte le texte. Il faut le décomposer et isoler ses éléments constitutifs.

Un bref rappel historique s'impose : le mérite des premiers Capétiens est d'avoir rétabli le principe dynastique du pouvoir royal. Le système électif, utilisé entre 888 et 987, est source de faiblesse et d'incertitude. Les grands en sont les bénéficiaires. Cependant, il garantit l'unité politique : en effet, ce roi qui est élu par ses pairs renonce à la pratique du partage du royaume entre ses fils. La fortune politique des Capétiens tient au fait qu'ils se sont progressivement arrachés au monde féodal en faisant valoir leur supériorité, au moins sur le plan théorique : à l'hérédité de la dignité royale, ils ont su habilement lier la conservation de l'unité du royaume.
La technique qu'ils ont utilisée est simple : c'est celle de l'association au trône, ou « sacre anticipé ». On fait élire et sacrer le fils du vivant du père, ce qui revient à considérer deux rois en même temps : le roi couronné (*rex coronatus*), c'est-à-dire le père, et le roi désigné (*rex designatus*), le fils. À la mort du père, son fils, roi associé, lui succède donc naturellement et entre en fonction à la faveur de son second sacre.
En prenant appui sur cette distinction, on parvient à dégager deux problèmes spécifiques : d'une part, celui de la désignation du successeur légitime et d'autre part, celui de la succession à la couronne proprement dite. L'essentiel du travail est fait : il suffit à présent de reprendre le contenu du texte de manière méthodique.

Plan rédigé

Introduction

Présentation du texte et de l'auteur

Dans cette ordonnance d'avril 1403, le roi Charles VI précise de manière solennelle les règles qui s'appliquent en matière de transmission de la couronne. L'importance de ce texte, à caractère « constitutionnel », ne saurait être sous-estimée : celui-ci jette les bases d'une véritable théorie statutaire, en consacrant cette idée d'une continuité dans l'exercice du pouvoir par-delà la vie et la mort du souverain en tant que personne physique.

Contexte historique

Charles VI monte sur le trône à l'âge de 11 ans, en 1380. Étant trop jeune pour exercer effectivement le pouvoir, ses trois oncles, les ducs d'Anjou, de Berri et de Bourgogne, s'en emparent. Ils gouvernent pendant toute la minorité du roi. Au bout de huit ans, celui-ci fait appel aux anciens conseillers de son père, les fameux « marmousets », qui sont presque tous issus de la petite noblesse ou de la roture. À partir de 1392, les crises de démence de Charles VI ne font plus de doute. Ses oncles, avides de recouvrer leur rang et de revenir aux affaires, sont-ils impliqués dans l'apparition fantomatique qui se produit en forêt du Mans ? Toujours est-il que le roi, psychologiquement fragile, en sera durablement affecté : les partis rivaux qui se disputent le pouvoir essaient d'en faire leur jouet.
Cependant, malgré ce contexte d'incertitude et de crises, engendré plus ou moins directement par la querelle dynastique entre les Valois et le roi d'Angleterre, le roi Charles VI formule les principes relatifs à la couronne et à son titulaire et officialise le principe de l'instantanéité de la succession né de la pratique.

Problématique

En quoi cette ordonnance, portant affirmation du principe de continuité, contribue-t-elle à définir un statut de la couronne ?

Annonce du plan

Ce document officiel, qui s'attache d'une part à régler la question du mode de désignation du successeur légitime (I) et confirme d'autre part le caractère instantané de la succession royale (II), marque une étape décisive dans le processus de dépersonnalisation du pouvoir, officialisant ainsi la qualité publique de la couronne.

Corps du devoir

I. La désignation coutumière du successeur au trône

Deux principes sont expressément évoqués, qui permettent d'identifier le successeur légitime et de fixer l'ordre normal de la dévolution du trône. L'hérédité de la couronne (A) et la règle de primogéniture mâle (B) seront successivement examinées.

A. Le droit de nature et le principe dynastique

Le droit de la nature renvoie à l'idée d'une dévolution héréditaire. Cependant, cette référence est trompeuse, ou pour le moins ambiguë :

certaines règles de droit privé sont écartées, notamment celle qui prévoit la possibilité de modifier par voie testamentaire l'ordre successoral. Le roi n'est donc pas, juridiquement parlant, assimilable à ces pères qui doivent « *labourer et travailler à ce que leurs enfants, après leur décès, usent paisiblement de leur succession et pourvoir à leur sûreté* », même si le référent patriarcal, producteur d'une intelligibilité de la relation de pouvoir, constitue le pivot d'un modèle d'organisation sociale et politique parfaitement conforme à l'imaginaire médiéval.

Il faut insister sur la notion de « *lignée* », mot qui apparaît dans l'ordonnance. Elle manifeste la solidité d'un lien intergénérationnel, cette mystique qui s'attache au sang royal : le pouvoir est continu, aussi sûrement que quelque chose du père, une sorte d'énergie hors du commun, survit dans le fils et qu'ils s'inscrivent tous deux dans une réalité supra-individuelle en vertu de laquelle ils ont qualité pour gouverner. Le triomphe du principe dynastique rend superfétatoire la technique de l'association au trône, qui cesse d'ailleurs dès 1180. Philippe-Auguste est donc le dernier roi à avoir été associé (1179). L'hérédité ayant pris la force d'une règle coutumière, il n'est plus nécessaire de procéder au sacre par anticipation.

B. La désignation du successeur par la primogéniture masculine

Deux aspects seront ici abordés :

• la primogéniture. Le droit de la nature fait le « *hoir mâle premier-né* » héritier du royaume. Le droit d'aînesse complète ainsi le principe héréditaire. Il fait obstacle à la pratique de la *divisio regni*, à laquelle les Mérovingiens et les Carolingiens avaient recours. Cette règle de primogéniture, selon laquelle le fils aîné du roi succède à son père, impose l'idée d'indivisibilité du royaume : celui-ci ne peut faire l'objet d'aucun partage et échappe donc à la logique du droit successoral privé ;

• la masculinité. Rappelons que la guerre de Cent Ans s'appuie officiellement sur une querelle dynastique dont l'objet est la place des descendants mâles dans l'ordre successoral. La fin du « miracle capétien » en 1316, date de la mort de Louis X le Hutin, oblige à des clarifications théoriques.

De son premier mariage avec Marguerite de Bourgogne, le roi a une fille, la princesse Jeanne de Navarre, qui est écartée de la couronne. Les autres fils de Philippe le Bel vont alors régner à leur tour. La question ressurgit en 1328, date à laquelle meurt le troisième fils de Philippe le Bel, Charles IV le Bel : qui doit lui succéder ?

Deux prétendants s'affrontent âprement : le cousin, Philippe de Valois, et le neveu, qui n'est autre que le fils de sa sœur Isabelle, mariée à Edouard II, roi d'Angleterre. Les partisans d'Edouard admettent que les filles de France ne peuvent régner personnellement, mais ils estiment qu'elles peuvent transmettre ce droit à leurs héritiers mâles. Ceux qui s'opposent au rattachement de la France à l'Angleterre, c'est-à-dire les partisans de Philippe,

tiennent pour acquis qu'une femme ne peut transmettre des droits qu'elle n'a pas. Il convient donc d'exclure de la succession non seulement les femmes – ce principe est officialisé dès 1316 –, mais aussi tous les parents qui en seraient issus. Cette thèse finit par triompher et Philippe de Valois devient roi de France en 1328.
L'ordonnance de Charles VI apporte une confirmation de ces principes de la dévolution héréditaire de la couronne. La loi des Francs saliens prévoyant la mise à l'écart de la succession des filles à la terre ancestrale n'est invoquée expressément que vers 1350, par un légiste du nom de Pierre Lescot : ce qui n'est à l'origine qu'une disposition de droit privé, périmée de surcroît, est alors étendu à la succession au trône. La « loi salique », selon laquelle la transmission de la couronne se fait de mâle en mâle dans la lignée d'Hugues Capet, par ordre de primogéniture et avec exclusion des femmes et de leurs descendants, n'est qu'un argument juridique dans les débats doctrinaux. Elle sera, par exemple, invoquée à la fin du XVIe siècle, à l'occasion d'un arrêt du Parlement de Paris, dit « *arrêt Lemaistre* ».

Transition

La continuité du pouvoir n'implique pas seulement la formulation des règles qui permettent de désigner l'héritier légitime. Encore faut-il que la succession à la couronne soit posée comme instantanée : en d'autres termes, dès que le roi va « *de vie à trépassement* », son fils aîné doit immédiatement prendre la relève, afin que l'exercice du pouvoir ne soit jamais interrompu.

II. Le caractère instantané de la succession à la couronne

Celui qui monte sur le trône a certes la qualité de fils aîné, mais c'est surtout en vertu d'une coutume constitutionnelle qu'il est appelé à exercer la charge royale. Celle-ci définit un ordre de succession intangible et supérieur à la volonté des gouvernants. Au plus proche héritier mâle, « *qui est et doit être réputé pour roi* » (A), il revient de recueillir la couronne, même s'il est encore mineur (B).

A. Le principe de continuité de la couronne et la dévalorisation du sacre

Le principe de continuité prévient toute vacance de l'autorité politique. La couronne royale, objet circulaire qui n'a ni fin ni commencement, symbolise cette double idée de permanence et de transcendance : quelque chose de mystérieux inscrit l'État dans le temps de l'éternel retour du même et le fait échapper en partie aux contingences terrestres. La question sous-jacente est celle de la portée juridique du sacre, qui imprime à la fonction royale un caractère religieux et constitue un instrument efficace de légitimation du pouvoir. Rappelons d'ailleurs que c'est Pépin le Bref qui introduit au

VIIIe siècle cette pratique du sacre : en associant ainsi plus étroitement l'Église à l'institution monarchique, il cesse d'apparaître comme un usurpateur et se pose en personnage supra-humain qui n'appartient pas tout à fait au monde des laïcs. Élevé au rang de ministre de Dieu, le roi de France est en quelque sorte un « évêque du dehors ».
Cette ordonnance traduit une évolution d'importance. En effet, sous les premiers Capétiens, le sacre « fait » le roi, ce qui justifie la pratique de l'association au trône. La dévolution héréditaire va s'imposer progressivement, altérant la valeur du sacre. Dès le début du XVe siècle, celui-ci n'est plus constitutif de royauté, mais déclaratif ou confirmatif. À la mort du roi, aucune interruption de la fonction royale n'est alors à redouter. Le fils aîné devient instantanément roi et le sacre est simplement l'occasion de le confirmer dans sa majesté souveraine. Un adage dit que « *le roi ne meurt pas en France* ». Le cérémonial funèbre est fixé sous François Ier : pour annoncer la mort du roi, on s'exclame : « *Le roi est mort... Vive le roi !* » Fait significatif, ni le chancelier ni le nouveau roi ne portent le deuil. Ils manifestent ainsi de manière évidente la continuité de l'État, inséparable au fond d'une dépersonnalisation du pouvoir souverain.
Il est important de nuancer quelque peu : cet affaiblissement juridique du sacre dans le système de dévolution n'entame en rien son prestige et force est de constater que la monarchie conservera toujours une solide assise théologico-politique. Le texte fait référence au droit divin, ce qui montre que la religion, si profondément ancrée dans les mentalités, reste l'un des ressorts essentiels de la relation de pouvoir (bien plus que l'appareil répressif). Un exemple suffit à le démontrer : en 1422, à la mort de Charles VI, il est impossible de sacrer son fils, la ville de Reims où se déroule habituellement la cérémonie étant aux mains des Anglais. La mission de Jeanne d'Arc, simple paysanne de Lorraine, sera de combattre l'occupant, d'ouvrir la route de Reims et de faire sacrer le roi, contesté dans son titre par sa propre mère Isabeau de Bavière. La conception traditionnelle est donc encore bien vivace : ce n'est qu'après la cérémonie que le dauphin accède véritablement à sa dignité royale et qu'il peut être appelé sans autre manière « Charles VII ».

B. La majorité du roi et la place dévalorisée du régent

L'ordonnance de Charles VI considère l'hypothèse de la minorité du roi. Elle complète un édit de Charles V, datant de 1374, qui précise que les rois sont majeurs dès qu'ils atteignent le 14e an de leur âge, c'est-à-dire 13 ans. Le principe de continuité, dans sa formulation la plus radicale, ne peut toutefois consentir à l'idée que le roi soit physiquement dans l'impossibilité d'exercer sa charge, par suite d'un défaut d'âge. L'institution de la régence se voit, aux termes de cette ordonnance, frappée de caducité puisque le roi de France est réputé être toujours majeur, c'est-à-dire qu'il continue

la personne royale de ses prédécesseurs et détient, sur la base de la règle d'instantanéité de la succession à la couronne, la plénitude d'autorité. Cependant, il ne s'agit là que de fiction, même si elle n'est pas sans conséquence sur le plan juridique : en quelque minorité qu'il soit, le roi est censé user pleinement de ses prérogatives souveraines, ce qui signifie que le régent n'agit pas en son nom propre, mais au nom du roi mineur dont il manifeste la volonté.
Incontestablement, le droit de la régence est le point faible de cette construction théorique qui s'articule autour du principe de continuité. De plus, des questions cruciales restent en suspens : qui est membre du Conseil ? Faut-il faire appel au plus proche parent mâle du roi, comme le recommande le droit féodal, ou s'en remettre à sa mère, conformément à la tutelle romaine ? Et surtout, la consécration du principe d'instantanéité, faisant demeurer la plénitude de puissance en la personne du roi mineur, ne dispense nullement de s'interroger sur la nature des pouvoirs exercés par le régent et sur les moyens effectifs de le contrôler et, le cas échéant, de le censurer.

Conclusion

Il faut insister sur l'idée que la continuité de la couronne s'inscrit dans un ordre statutaire, étranger par essence à la logique du droit successoral privé. Cela revient à dire que le roi est une personne duale : il est d'abord bien entendu personne physique, mais aussi le titulaire d'une fonction dont il n'est pas le propriétaire. Au-delà de ce roi en chair et en os, il y a donc une institution, une abstraction, la royauté, qui est immortelle : elle préfigure l'État au sens moderne du terme. *Dignitas non moritur*. La succession au trône étant statutaire et publique, elle se règle par la coutume qui a la valeur d'une norme constitutionnelle.
Le corollaire de la notion de continuité royale est le principe d'indisponibilité de la couronne selon lequel le roi ne détient pas un droit de son père ni de tout autre de ses prédécesseurs, mais d'un statut coutumier qui fixe un mécanisme successoral auquel personne ne peut porter atteinte. C'est à la faveur d'une crise politique terrible que la règle d'indisponibilité sera clairement confirmée : en 1420, Charles VI, soumis à l'emprise de son épouse Isabeau de Bavière qui fait le jeu du parti anglo-bourguignon, signe le « honteux traité de Troyes ». Celui-ci prévoit non seulement que le roi d'Angleterre Henri V épousera la fille de Charles VI, qu'il sera régent du royaume et qu'à la mort du roi de France le dauphin sera écarté de la succession au profit de son neveu (le futur Henri VI). En somme, le dauphin est déshérité (exhérédé) et l'ordre successoral modifié arbitrairement. L'argumentaire du légiste Jean de Terrevermeille mettant en exergue l'indisponibilité de la couronne conduit à considérer le traité de Troyes comme nul. Le roi n'est pas fondé à priver son fils de ses droits, pour cette

raison que ce dernier les tient d'une coutume sur laquelle la volonté royale n'a aucune prise.

Necker, Les administrations provinciales

Voici un extrait du *Mémoire au roi sur l'établissement des administrations provinciales*, présenté en 1778 par Jacques Necker, alors directeur général des Finances.

« *Une multitude de plaintes se sont élevées de tous les temps contre la forme d'administration employée dans les provinces : elles se renouvellent plus que jamais, et l'on ne pourrait continuer à s'y montrer indifférent, sans avoir peut-être de justes reproches à se faire. À peine, en effet, peut-on donner le nom d'administration à cette volonté arbitraire d'un seul homme qui, tantôt présent, tantôt absent, tantôt instruit, tantôt incapable, doit régir les parties les plus importantes de l'ordre public, et qui doit s'y trouver inhabile après ne s'être occupé toute sa vie que de requêtes en cassation ; qui souvent ne mesurant même pas la grandeur de la commission qui lui est confiée, ne considère sa place que comme un échelon à son ambition ; et si, comme il est raisonnable, on ne lui donne à gouverner en débutant qu'une généralité d'une médiocre étendue, il la voit comme un lieu de passage et n'est point excité à préparer des établissements dont le succès ne lui sera point attribué, et dont l'éclat ne paraîtra pas lui appartenir. Enfin, présumant toujours, et peut-être avec raison, qu'on avance encore plus par l'effet de l'intrigue ou des affectations que par le travail et l'étude, ces commissaires sont impatients de venir à Paris, et laissent à leurs secrétaires ou à leurs subdélégués le soin de les remplacer dans leur devoir public.* [...] *Tous ces inconvénients, qui seraient sensibles dans le temps le plus heureux, deviennent plus aggravants quand les peuples gémissent sous le poids d'impôts accumulés, et quand il est alors si nécessaire d'adoucir, par une attention paternelle, la rigueur de leur sort : de là cette fermentation générale, et sur la répartition des impositions, et sur les corvées, et sur l'arbitraire absolu, et sur la difficulté d'obtenir justice, et sur le défaut d'encouragement : de là peut-être l'indifférence générale pour le bien de l'État qui gagne tous les jours. Le gouvernement, témoin de toutes ces plaintes, ne trouvera jamais que des moyens insuffisants pour y remédier, tant que la forme actuelle d'administrer les provinces n'éprouvera aucune modification. En effet, il est à remarquer qu'il n'y a dans le pays d'élection aucun contradicteur légitime du commissaire départi, et il ne peut même exister dans l'ordre actuel, sans déranger la subordination et contrarier la marche des affaires. Ainsi, à moins qu'on ne soit averti par des injustices éclatantes, ou par quelques scandales publics, on est obligé de voir par les yeux de l'homme même qu'on aurait besoin de juger. Votre Majesté peut aisément se faire une idée de l'abus et presque du ridicule de cette prétendue administration.* [...] *En même temps, je sens plus que personne la convenance de n'employer que des moyens lents, doux et sages : il faut désirer le bien, y marcher ; mais c'est y renoncer que de vouloir y atteindre par un mouvement précipité qui presque toujours augmente les obstacles et les résistances. D'ailleurs, il n'est rien qui ne soit soumis à quelques inconvénients ; il n'est rien où l'expérience n'ajoute encore à l'instruction et à la confiance. Ainsi, ce n'est que dans une seule généralité que je proposerai à Votre Majesté d'introduire un changement qui consisterait essentiellement dans l'essai d'une administration provinciale ou municipale. Il est sans doute des parties d'administration qui, tenant uniquement à la police, à l'ordre public, à l'exécution des volontés de Votre Majesté, ne peuvent jamais être partagées et doivent constamment reposer sur l'intendant seul ; mais il en est aussi, telles que la répartition de la levée des impositions, l'entretien et la construction des chemins, le choix des encouragements favorables au commerce, au travail en général, et au débouché de la province en particulier, qui, soumises à une marche plus lente et plus constante, peuvent être confiées préférablement à une commission composée de propriétaires, en réservant au commissaire départi l'importante fonction d'éclairer le gouvernement sur différents règlements qui seraient proposés : de cette manière, Votre Majesté aurait des garants multipliés du bonheur de ses peuples ; et sans déranger en rien l'ordre public, elle serait sûre que les tributs nécessaires au besoin de l'État seraient adoucis par la répartition et plus encore par la confiance. »*

Thèmes et notions essentielles : administration, réforme et intendant.

Analyse du sujet

Ce texte offre un aperçu saisissant de l'état de l'administration dans les provinces du royaume à la fin de l'Ancien Régime. Pour en apprécier tout l'intérêt, il faut impérativement tirer au clair certaines notions auxquelles l'auteur fait référence, tout en ayant soin de ne pas multiplier dans le corps du commentaire d'inutiles digressions.
De ce point de vue, il est judicieux de rappeler qu'une telle épreuve, bien que différente d'une simple question de cours, ne dispense nullement de posséder celui-ci parfaitement. Trois idées-forces doivent être relevées : nous les examinerons brièvement en raison de leur teneur problématique. Elles constituent l'arrière-plan sur lequel se détache la volonté réformatrice de Necker, mais aussi des jalons indispensables pour l'étude du phénomène administratif en rapport avec cette logique stato-nationale dont les institutions françaises portent indiscutablement l'empreinte.

L'hétérogénéité du corps des agents de l'État

Le personnel administratif de la monarchie de l'Ancien Régime ne forme pas une catégorie homogène, loin s'en faut. Il est possible de distinguer trois types d'agent, selon les garanties statutaires dont ils disposent.

Les officiers

Ce sont les plus nombreux, ayant été de véritables points d'appui dans la construction de l'État royal. Leur principale caractéristique est, on le conçoit sans peine, de détenir un office, c'est-à-dire d'exercer une charge publique constituée en titre d'office.
Précisons quelque peu, en consultant l'édition de 1771 de la *Collection de décisions nouvelles et de notions relatives à la jurisprudence actuelle par Me J. B. Denisart, Procureur au Châtelet de Paris* : « *On nomme office, un titre donné par lettres du Prince, qu'on appelle* "provisions, qui confèrent le pouvoir, et imposent le devoir d'exercer quelques fonctions publiques ; et les officiers sont ceux qui sont pourvus des offices". *Telle est la définition que Domat donne des offices et des officiers. Loyseau, qui a fait un traité sur cette matière, définit l'office comme une dignité avec fonctions publiques. On donne communément et indistinctement le nom de charge à toutes sortes d'offices, parce qu'en effet tout office est une charge ; néanmoins, il ne faut pas confondre le sens de ces mots, parce que toutes les charges ne sont pas des offices. Par exemple, les charges d'échevins, de consuls, et autres charges municipales, ne sont pas des offices, parce que ceux qui y sont appelés ne les exercent que pendant un temps, sans aucun titre que celui de leur nomination.* »
Le point essentiel est que cette part de la fonction publique déléguée par le roi au travers d'un titre public fait, sous l'Ancien Régime, l'objet d'un commerce organisé et que la monarchie elle-même, au XVIe siècle, a facilité le développement de la vénalité des offices afin de profiter du produit des opérations qui s'y rattachent. Cet expédient financier est un piège, car le roi perd peu à peu le contrôle du recrutement de ses agents et de leur carrière. Ceux-ci se comportent comme s'ils étaient les propriétaires de leur charge – ce qu'ils ne sont pas en droit d'obtenir, précisons-le – et font preuve d'une indépendance d'esprit, voire d'une indiscipline frondeuse, dont la monarchie, en mal de réformes, subira le contrecoup.

Les commissaires

Pour contrebalancer cette faible propension à l'obéissance de certains officiers, le roi s'appuie sur un corps d'agents généralement compétents et surtout plus enclins au respect de ses directives gouvernementales : ce sont les commissaires, chargés selon l'expression de Loyseau, d'une « *fonction publique extraordinaire* ». Contrairement à l'officier (inamovible et irrévocable), le commissaire agit dans le cadre d'un mandat qui fixe le détail de sa mission, ainsi que les pouvoirs dont il dispose à titre temporaire. Il est révocable *ad nutum*. Cette technique juridique de la commission est parfaitement adaptée aux exigences de la centralisation étatique.

Les commis et ingénieurs

Une troisième catégorie d'agents apparaît dans la seconde moitié du XVIIIe siècle : les commis et ingénieurs, qui témoignent de la montée d'un pouvoir bureaucratique, ainsi que d'une technicisation et d'une complexification des tâches administratives. Qualifiés, dévoués, soumis à des obligations professionnelles, ces gens reçoivent un traitement et ont de réelles perspectives de carrière. Ce sont presque des fonctionnaires, bien que le terme soit impropre pour la période correspondant à l'Ancien Régime finissant.

La tendance à la rationalisation et à la centralisation administratives

Certains auteurs ont pu considérer que le trait dominant de notre histoire administrative se situait dans la tendance à la monopolisation par le centre étatique du pouvoir de décision. Force est de constater que, face à l'indiscipline rebelle des officiers, la monarchie absolue a dû se résigner à utiliser des commissaires dont la figure de l'intendant est la plus connue ; ces derniers ont été de précieux relais pour mettre en œuvre et imposer dans les généralités la politique centralisatrice de la monarchie.
De cette logique de rationalisation des moyens coercitifs et des formes de l'autorité souveraine qui s'emploie à redéfinir le rapport entre le centre et la périphérie pour accroître son efficacité normative, il résulte une certaine uniformisation du territoire national, ainsi qu'un gonflement de la sphère des attentes et des besoins sociaux, déjà nettement sensible sous l'Ancien Régime si l'on en croit Tocqueville : « *Dans presque tout le royaume, la vie particulière des provinces était depuis longtemps éteinte ; cela avait beaucoup contribué à rendre tous les Français fort semblables entre eux. À travers les diversités qui existent encore, l'unité de la nation est déjà transparente ; l'uniformité de la législation la découvre. À mesure qu'on descend le cours du XVIIIE siècle, on voit s'accroître le nombre des édits, déclaration du roi, arrêts du conseil, qui appliquent les mêmes règles, de la même manière, dans toutes les parties de l'empire. Ce ne sont pas seulement les gouvernants, mais les gouvernés, qui conçoivent l'idée d'une législation et si uniforme, partout la même, la même pour tous ; cette idée se montre dans tous les projets de réforme qui se succèdent pendant 30 ans avant que la Révolution n'éclate*[44]. »

Il convient cependant de nuancer très fortement le tableau établi par Tocqueville ; ce dernier a forcé le trait pour accréditer sa thèse de la continuité selon laquelle « *la Révolution est sortie d'elle-même de ce qui précède* ». En effet, le domaine d'intervention de la législation royale ne

44. TOCQUEVILLE C. A. (de), *L'Ancien Régime et la Révolution* [1856], Paris, Flammarion, 1988, p. 170.

concerne que le droit public, le droit pénal et la procédure ; le droit privé continue à être essentiellement régi par les coutumes.

La persistance des particularismes et contre-pouvoirs locaux

L'État monarchique, quoique porté par des forces centralisatrices, ne parvient pas, et n'aspire nullement au fond, à éradiquer la variété des privilèges, des franchises et des libertés, qui sont autant de marques de la personnalité et de la vitalité administrative des provinces françaises.
Le roi absolu est conçu d'abord comme un justicier, le gardien d'un ordre immuable qui, rivé à des pratiques et des usages ancestraux, préexiste par définition à sa volonté souveraine.
La légitimité politique dont il se prévaut est d'essence traditionnelle : « *Son pouvoir, considérable parce qu'il est personnel et qu'il n'en doit de compte à personne, est pourtant surtout en quelque sorte un pouvoir négatif. Expression suprême de sa modération de principe, ce pouvoir est essentiellement conservatoire : il protège, il venge, il punit, il rétablit l'ordre troublé par le méchant. Le Prince est un recours et son action consiste presque exclusivement à maintenir*[45]. »

Il incarne la continuité d'une lignée dynastique, et, à travers sa personne physique, la permanence d'un corps mystique regroupant les vivants et les morts prend l'accent d'une réalité vécue. C'est pourquoi les anciennes institutions et les privilèges des pays sont plutôt regardés avec bienveillance. Ils inspirent spontanément quelque respect, disposition mentale qui fait inévitablement obstacle au changement, *a fortiori* à l'achèvement du processus de monopolisation étatique qui requière un affaiblissement des particularismes régionaux, une déprise de l'autorité de la tradition et également des moyens techniques appropriés.
Cette fidélité relative de la monarchie au legs des siècles passés heurte frontalement les exigences d'une raison qui entend arracher l'existence collective aux sédimentations laissées par l'histoire et la conformer à un schéma administratif plus cohérent et lisible. Il convient cependant de préciser ce point : cette revendication peut fort bien se combiner avec une volonté décentralisatrice.

Observons enfin que la palette de ces contre-pouvoirs locaux qui tempèrent les effets de la centralisation étatique est constituée d'une multitude de contrastes. Il n'y a pas uniformité du territoire du point de vue administratif et les survivances féodales sont innombrables.
Sous l'Ancien Régime, trois types de « pays » doivent ainsi être considérés :

---

45. POLIN C., « De la suzeraineté à la souveraineté », *Cahiers Louis XVI. De la souveraineté*, 5, 1991, p. 55.

• les pays d'État. La pénétration du pouvoir royal y est moindre, car ces provinces du royaume ont maintenu leurs États, entendons leurs assemblées : « *La raison pour laquelle on les nomme ainsi, c'est qu'elles ont conservé le droit d'asseoir des impositions par l'ordre des députés des notables de la province ; en conséquence dans certains temps les états de ces provinces s'y assemblent, à l'effet de poser les sommes payables au roi par chacun.*[46] » ;
• les pays d'élection. Au XVIIIe siècle, ils couvrent les deux tiers du royaume. Leur caractéristique est de ne plus avoir d'État particulier. C'est donc l'intendant qui dirige toute l'administration, en intelligence avec des officiers royaux, les élus. Ces derniers, chargés de répartir la taille, ont pour circonscription l'élection et composent le bureau des finances. Tocqueville note que « *dans les pays d'élection, toute l'administration de la généralité était livrée à un seul homme, l'intendant, lequel agissait non seulement sans contrôle, mais sans conseil*[47] » ;
• les pays d'imposition. Ce sont les provinces qui ont été conquises depuis 1648. Les impôts sont à l'entière disposition du roi. En clair, l'intendant et ses collaborateurs directs ont la haute main sur l'administration.

Malgré la montée du mécontentement, le gouvernement monarchique est tenu dans un certain immobilisme, en raison de l'efficience de ces contre-pouvoirs locaux générateurs d'un enchevêtrement administratif qu'il ne peut réduire. Cependant, la volonté réformatrice est bien réelle à la fin de l'Ancien Régime, comme le montre le *Mémoire* de Necker dans lequel la critique aristocratique de l'absolutisme royal rejoint certaines intuitions des physiocrates qui préconisent, par souci d'efficacité administrative et économique, la mise en place d'un système décentralisé s'appuyant sur les délibérations des assemblées et non plus sur l'« arbitraire » de commissaires départis.

Le plan suivi doit mettre en lumière les articulations du texte, rendre fidèlement le mouvement d'une pensée. Il est donc judicieux de rependre dans les intitulés des parties les propres mots de l'auteur. Ce procédé permet en outre d'écarter le risque du hors-sujet. Assurément, le texte pourrait faire l'objet d'un long commentaire, mais seuls quelques thèmes ou idées particulièrement stimulants seront signalés à l'attention de l'étudiant : nous ne prétendons pas aller au-delà d'une simple ébauche.

46. DENISART Maître J.-B., *Collection de décisions nouvelles et de notions relatives à la jurisprudence actuelle*, 1771, t. III, p. 637.

47. TOCQUEVILLE, C. A. de, *op. cit.*, p. 283.

Plan rédigé

Introduction

Présentation du texte et de l'auteur

Né en 1732, Jacques Necker commence à 18 ans une carrière bancaire, en tant qu'associé de la maison Thélusson. Ses liens privilégiés avec le duc de Choiseul le font connaître avantageusement. Il se tourne alors vers la politique, espérant occuper un haut rang dans l'administration des Finances. Il est appelé en 1776, au moment où le crédit public est fortement ébranlé par l'appréhension de la guerre d'indépendance américaine. D'abord conseiller des Finances, puis directeur général du Trésor royal, il devient en 1777 directeur général des Finances. Protestant, il ne peut siéger au Conseil et doit donc renoncer au titre de contrôleur général des Finances. Dans ce *Mémoire* qu'il adresse au roi en 1778, Necker porte un jugement sans complaisance sur l'administration des intendants et esquisse les grandes lignes d'une réforme à caractère décentralisateur.

Contexte historique

L'Ancien Régime finissant souffre d'une inadaptation de ses structures aux besoins des populations. Les « *abus* » – le mot est employé par Necker – dont il se rend coupable en matière de finances ou de justice notamment sont de plus en plus mal tolérés. Cet état de crise larvée suscite une importante réflexion sur le sens de l'obligation politique, sur la manière de prévenir l'arbitraire monarchique et sur les modalités de l'action administrative : elle fait écho aux idées nouvelles dont le siècle éclairé se fait le promoteur.
Cette posture critique débouche sur une puissante aspiration au changement, dans le sillage d'une philosophie qui adhère aux présupposés rationalistes de l'économie politique, discipline à laquelle les physiocrates, souvent proches du pouvoir, confèrent le statut de science. Successeur de Turgot qui appartient à ce courant de pensée, Necker perçoit à son tour la nécessité d'engager une réforme. Il propose ainsi dans son *Mémoire* un plan d'action, tout en manifestant le souci de surmonter les résistances. Le consensus est recherché, dans l'intérêt même de l'État dont Necker se veut le serviteur zélé.

Problématique

Telle est finalement la question : en matière administrative, sur quelle base redéfinir le rapport entre le centre et la périphérie pour répondre de manière satisfaisante aux besoins des populations sans affaiblir dangereusement l'autorité de l'État ?

Annonce du plan

Necker opte pour la mise en place d'un système décentralisé : constatant en effet que « *la forme d'administration employée dans les provinces* » produit de graves inconvénients (I), il recommande d'introduire un changement qui « *consisterait essentiellement dans l'essai d'une administration provinciale ou municipale* » (II).

Corps du devoir

I. Le constat : les « inconvénients » *de l'*« administration employée dans les provinces »

Necker concentre ses attaques sur l'intendant décrit comme tout-puissant (A), dont l'action serait attentatoire au bien de l'État (B).

A. La toute-puissance de l' ntendant

À l'origine, l'intendant est le principal relais de la volonté royale dans les provinces. Il participe activement à l'œuvre de centralisation, étant intendant de justice, de police et des finances, commissaire départi dans une généralité pour l'exécution des ordres du roi.
C'est dire à quel point l'intendant dépend de l'autorité centrale : le roi le choisit et peut surtout le révoquer à sa guise. En principe, le commissaire se voit confier une mission précise et ses attributions sont détaillées dans une lettre close, dite « de commission ». L'intendant a cependant une compétence générale : c'est un plénipotentiaire et il doit « *régir les parties les plus importantes de l'ordre public* ».
Necker estime que la fonction d'intendant est dévoyée : il craint que l'arbitraire (désormais conçu de façon péjorative) d'un seul homme ne l'emporte sur les libertés locales et qu'aucun contrôle ne soit exercé. Une telle manière de faire ne peut que compromettre la bonne marche de l'administration.

B. La menace pour le bien de l'État

L'intendant est présenté sous un jour peu flatteur. C'est un agent ambitieux qui ne songe qu'à sa carrière et méconnaît la grandeur de la commission dont il a la charge. Ce tableau sévère est cependant à nuancer. À la vérité, les mécontentements dont Necker fait état traduisent cette crise de l'Ancien Régime finissant dont l'intendant ne saurait être tenu pour seul responsable. Il n est au fond qu'un bouc émissaire, subissant le contrecoup des dysfonctionnements de la justice et de la fiscalité et plus généralement, d'un système de privilèges qui, dans le système du droit attribué en fonction des mérites, permet de réaliser la justice distributive

mais qui, au XVIIIe siècle, semble bloqué et permet plus la rotation des élites.
Le pouvoir central, affaibli et hésitant, peine à définir une ligne politique claire : il n'ose même plus soutenir ses agents, surexposés à la critique. Isolé dans sa généralité, l'intendant tend alors à se comporter en potentat, suscitant la réprobation de populations. Il en résulte une dégradation inexorable du climat politique : l'indifférence générale pour le bien de l'État progresse, au point qu'il n'est plus possible de l'ignorer.

Transition

Dans ces conditions, quel remède adopter ?

II. Le remède : l'établissement d'une « administration provinciale ou municipale »

Le pragmatisme de Necker est remarquable : il propose une réforme de type expérimental (A), la fin poursuivie étant de garantir à la fois le bonheur des peuples et l'autorité du monarque (B).

A. Une réforme de type expérimental

Necker entend agir de manière mesurée et prudente. Son plan sera exécuté à titre expérimental dans le cadre d'une seule généralité. Toute précipitation dans la mise en œuvre de ses directives serait de nature à produire des effets pervers. Les obstacles et les résistances rencontrés seraient tels qu'il faudrait certainement renoncer à cette rénovation des modalités de l'action administrative dont il perçoit la nécessité.
La démarche à suivre est donc pragmatique et tient compte des rigidités de la société de l'Ancien Régime. Les entraves à la réforme ne manquent pas : vénalité des charges, conservatisme des cours souveraines, respect des privilèges et des autonomies locales sont autant de facteurs de paralysie du pouvoir central qui ne saurait pourtant méconnaître les aspirations, souvent contradictoires, du corps social et abandonner toute volonté d'assainir l'administration des provinces. Ministre éclairé, Necker esquisse une sorte de méthode à l'usage du gouvernement réformateur, dont la modernité est à souligner.

B. La convergence du bonheur des peuples et de l'autorité du monarque

Cette réforme est envisagée dans une double perspective : elle vise d'une part à garantir le bonheur des peuples et d'autre part à préserver ou renforcer l'autorité du monarque. Il convient donc de procéder à une nouvelle répartition des tâches administratives, dans un souci d'efficacité et de cohérence. Cet appel à la décentralisation n'est donc pas dirigé contre l'institution monarchique qui doit être en mesure de pourvoir aux besoins de l'État.

Ce qui compte, c'est d'associer plus étroitement les élites provinciales aux affaires de l'administration et de rétablir ainsi la confiance. Necker plaide donc en faveur du maintien de l'intendant dont la vocation est d'exercer une fonction de police, de veiller à l'ordre public, d'exécuter la volonté royale et d'éclairer le gouvernement. Ces tâches de première importance ne sauraient être partagées et reposent donc sur sa personne seule. Cependant, la mise en place d'un organe collégial regroupant des propriétaires nobles ou membres du tiers état est indispensable pour le traitement des questions relatives à la fiscalité, à l'aménagement du territoire et au commerce.

La formule de Necker, qui vaut pour l'organisation de l'administration provinciale, rejoint en réalité une réflexion plus générale sur le thème de la répartition et de la séparation des pouvoirs.

Conclusion

Des réformes ambitieuses sont mises sur pied au cours des dernières années du règne de Louis XVI. Cette volonté de changement manque cependant de fermeté et la monarchie ne parvient pas à contenir les énergies frondeuses, en particulier celle des Parlements. La crise est certainement trop profonde : elle est celle d'un régime, et non simplement l'effet d'une politique trop attentiste ou d'une conjoncture défavorable. L'enchaînement des faits suit une logique implacable : si les changements sont impossibles à conduire dans le cadre existant, il ne reste alors plus que la Révolution, sauf dans un avenir délesté du poids des héritages mais aussi dans l'inconnu...

Sieyès, « Qu'est-ce que le tiers état ? »

« *Qu'est-ce que le tiers état ? Tout. Qu'a-t-il été jusqu'à présent dans l'ordre politique ? Rien. Que demande-t-il ? À y devenir quelque chose* [...] *Qui donc oserait dire que le tiers état n'a pas en lui tout ce qu'il faut pour former une nation*[48] *complète ? Il est l'homme fort et robuste dont un bras est encore enchaîné. Si l'on ôtait l'ordre privilégié, la nation ne serait pas quelque chose de moins, mais quelque chose de plus. Ainsi, qu'est-ce que le tiers état ? Tout, mais un tout entravé et opprimé. Que serait-il dans l'ordre privilégié ? Tout, mais un tout libre et florissant. Rien ne peut aller sans lui, tout irait infiniment mieux sans les autres* [...] *Qu'est-ce qu'une nation ? Un corps d'associés vivant sous une loi commune et représentés*

48. Sur la question de la définition de la nation et du nationalisme, *cf.* l'article novateur de J.-P. DESCHODT, « Le nationalisme, Aux origines d'un mot », *Commentaire*, 2006, 115, pp. 767-775.

par la même législature. N'est-il pas trop certain que l'ordre noble a des privilèges, des dispenses, même des droits séparés des droits du grand corps des citoyens ? Il sort par-là de l'ordre commun, de la loi commune [...] [Le tiers] *ne peut venir voter aux États généraux, s'il ne doit pas y avoir une influence au moins égale à celle des privilégiés, et il demande un nombre de représentants égal à celui des deux ordres ensemble. Enfin, cette égalité de représentation deviendrait parfaitement illusoire, si chaque Chambre avait sa voix séparée. Le tiers demande donc que les votes y soient pris par tête et non par ordre.* »

Thèmes et notions essentielles : tiers état, nation et représentation.

Analyse du sujet

Une lecture attentive du texte permet d'isoler assez naturellement deux aspects essentiels. Ce que Sieyès dresse ici, sous le couvert de l'anonymat, c'est un constat sur la base duquel il formule une revendication, au nom du tiers état. Constat et revendication peuvent donc servir de repères commodes pour l'élaboration du plan. Il importe cependant de relever les idées directrices, afin de fixer plus précisément le contenu de chacune des parties. Les mots ou expressions-clefs doivent être mis en exergue. Reprenons sous une forme semi-développée les différents points qu'il convient d'aborder dans le cadre d'un commentaire.

Plan rédigé

Introduction

Présentation du texte et de l'auteur

Homme politique français (1748-1836) et fervent lecteur des philosophes du XVIIIe siècle, Sieyès entre sans vocation dans les ordres et est nommé vicaire général de Chartres en 1787. Il fait paraître un *Essai sur les privilèges* en 1788 puis, aux premiers jours de 1789, sa brochure intitulée *Qu'est-ce que le tiers état ?* dans laquelle il défend avec conviction et passion les idées nouvelles.

Contexte historique

• Montée du mécontentement. Contestation idéologique des fondements théoriques de la monarchie absolue de droit divin, réaction nobiliaire et égalisation progressive des conditions qui témoignent à leur manière d'une désintégration de la société d'ordres traditionnelle, crise financière et difficulté à engager les réformes institutionnelles pourtant jugées nécessaires ;

• affaiblissement patent du pouvoir royal. Aveu d'impuissance, Louis XVI consent à réunir les États généraux, qui sont l'assemblée des trois ordres chargés de conseiller le roi. Le Parlement de Paris précise que la forme sera celle observée en 1614, date de la dernière réunion extraordinaire. Est-il opportun de revenir à cette pratique quelque 175 ans plus tard ? Il n'est pas inutile de rappeler que les États généraux avaient été convoqués deux fois par Louis XIV, mais qu'ils ne purent être réunis à cause de la Fronde parlementaire et nobiliaire !

Problématique

Au XVIIIe siècle, la notion d'opinion publique et l'importance de la littérature pamphlétaire attestent l'usure des structures sociales et politiques traditionnelles. La brochure de Sieyès frappe d'emblée par sa radicalité : elle énonce un véritable programme de refondation, de « régénération » du système monarchique, aux accents prophétiques. Quels sont donc les nouveaux principes dont Sieyès se fait le héraut, à l'occasion de l'annonce de la tenue prochaine des États généraux ?

Annonce du plan

Sieyès observe que l'ordre politique n'est pas adapté à la réalité sociologique, qui se caractérise par la prévalence du tiers état qu'il identifie à la nation (I). Ce constat l'amène à formuler une revendication : lors de la session des États généraux, le principe de l'égalité de représentation doit impérativement l'emporter (II).

Corps du devoir

I. Un constat : la complétude politique du tiers état

Sieyès propose une définition polémique du tiers état (A), qui s'insère dans une entreprise de délégitimation des privilèges dont il donne une définition faussée car liée à la naissance (B).

A. La définition du tiers état

Sous l'Ancien Régime, le tiers état désigne la partie de la population qui n'appartient ni au clergé ni à la noblesse, ceux-ci formant les deux premiers ordres. 98 % des habitants du royaume sont membres du tiers état, qui n'a apparemment pas d'unité sociologique. Cette définition par défaut est révélatrice de sa marginalisation dans l'ordre politique.
En fait, Sieyès passe sur le fondement organiciste de la société classique ; les trois ordres correspondent aux trois fonctions qui sont nécessaires à

l'existence d'un corps social (prier et instruire, combattre et rendre justice, produire et enrichir) ; il s'agit d'une tripartition fonctionnelle.
Sieyès renverse la perspective : ce tiers, en raison de son nombre, devrait être tout dans l'ordre politique ; il est tout. Il l'assimile ainsi à une nation complète, concept à forte connotation critique, car la nation se suffit à elle-même : elle détient en quelque sorte le pouvoir de se constituer politiquement elle-même. Il s'ensuit que la nation ne peut tolérer le maintien des privilèges qui en sont la négation pure et simple.

B. L'illégitimité des privilèges

La définition du tiers que retient Sieyès repose sur un principe d'exclusion : la noblesse a des privilèges, en matière fiscale notamment, puisqu'elle est exemptée de la taille, qui est l'impôt roturier par excellence. Sieyès oublie de relever que le clergé paye lui aussi l'impôt sous forme de « dons gratuits » et que la noblesse paye les impôts indirects (sur la consommation) comme tout le monde...
Pour Sieyès, l'ordre noble ne peut donc prétendre rejoindre la nation, corps d'égaux, sans souscrire à sa propre destruction. Son existence est en soi une atteinte à la dignité du tiers : entravé et opprimé, il aspire à être un « *tout libre et florissant* ». Cette dénonciation virulente de la caste privilégiée s'ordonne donc à l'exigence d'un changement profond. Ce « *tout* » qui n'est « *rien* » dans l'ordre politique demande à y devenir « *quelque chose* ». Sieyès, qui en est le porte-parole autoproclamé, reprend à son compte cette revendication égalitaire.
Remarquons au passage qu'il conteste les privilèges de la naissance et non pas ceux fondés sur la richesse : la bourgeoisie triomphe. Surtout, la manipulation intellectuelle de Sieyès est assez brillante : il feint d'ignorer que toutes les personnes du royaume (en raison des différents rôles qu'elles jouent), et donc y compris les membres du tiers état, participent d'une manière ou d'une autre à des corps sociaux (famille, métier, etc.) ou géographiques (paroisse, détroit coutumier, etc.) qui sont privilégiés, c'est-à-dire qui ont des droits particuliers !

II. Une revendication : l'égalité de représentation

L'égalité de représentation dont Sieyès est le chantre implique de reconsidérer la question du vote au sein des États généraux d'une part (A), et de reconnaître à la nation unitaire un véritable pouvoir de représentation, d'autre part (B).

A. Les modalités du vote

Rappelons qu'en 1614, date de la précédente réunion des États généraux, chaque ordre avait le même nombre de députés et possédait chacun une voix.
En 1789, Sieyès plaide en faveur d'un doublement des députés du tiers : ainsi, le tiers serait à l'égal des deux ordres privilégiés réunis. De même, il faudrait voter non par ordre séparé, mais par tête : dans le premier cas, le tiers serait seul contre deux, tandis que le vote par tête tous ordres réunis lui ouvrirait des perspectives politiques sans précédent.
Le débat sur les modalités de la participation des députés est lié à une stratégie visant non seulement à soutenir l'affirmation politique du tiers, mais aussi à détruire la constitution sociale du royaume et la philosophie du droit qui la sous-tend : face au droit attribué à la *persona* (personne jouant un rôle social) en fonction de sa *dignitas* (mérites) s'affirme un droit attribut de l'humanité, c'est-à-dire tiré de la nature humaine (tous les hommes ayant la même nature, ils devraient donc avoir les mêmes droits).

B. La représentation de la nation

L'égalité de représentation que Sieyès appelle de ses vœux suppose de renoncer à l'ancienne formule de la procuration de droit judiciaire (dite mandat impératif) : en effet, dans le cadre des États généraux, le député est étroitement lié à ses électeurs et n'est au fond qu'un simple procureur devant suivre scrupuleusement leurs instructions (sous peine de se voir démis et de se voir refuser le remboursement de ses frais de mission).
Il est maintenant question de « *représentants* », mot capital : Sieyès engage la représentation dans une voie nouvelle, en l'associant à la nation. Elle est générale et bientôt peut-être souveraine, et non plus particulière et consultative. Sieyès marque ainsi ses distances avec la théorie rousseauiste qui débouche sur la souveraineté du peuple et la démocratie directe.
En filigrane, il est admis que cette représentation nationale aspire à l'exercice du pouvoir constituant. Tel est l'essentiel du propos : le tiers, conscient d'être non pas un ordre parmi d'autres, mais l'avant-garde de la nation souveraine, est appelé à terme à se constituer en « Assemblée nationale » et à remodeler intégralement l'ordre politique, sur un fondement individualiste et égalitaire.

Conclusion

Les idées qui sont avancées par Sieyès sont une remise en cause expresse des principes de la royauté traditionnelle. Un nouveau rapport entre le roi et la nation, porteuse d'une rationalité juridique égalitaire, doit être défini, ce qui revient en somme à exiger un changement de régime, car

la conception traditionnelle affirme que la nation ne constitue pas un corps, c'est-à-dire une entité séparée ayant une volonté et des intérêts spécifiques susceptibles d'être opposés à ceux du roi. Bossuet le dit ainsi : « *Tout l'État est en lui, la volonté de tout le peuple est renfermée dans la sienne.* » L'aigle de Meaux se faisait le défenseur de la théorie de la tête représentant (et dirigeant) le corps.
La conception polémique de la nation que défend Sieyès dans son célèbre pamphlet et l'identification du tiers à la nation à laquelle il procède ne sont pas un simple jeu de l'esprit. Elles forment l'ossature idéologique d'un discours de contestation radicale de la sociabilité naturelle et de la tripartition sociale (fondées sur la justice distributive aristotélicienne), qui s'appuie sur la philosophie du contrat social et annonce les bouleversements révolutionnaires.

PARTIE II

LE DROIT CONSTITUTIONNEL

Le droit constitutionnel fait partie des enseignements fondamentaux dispensés en première année de droit. Cette matière s'intègre dans la branche plus générale du droit public, qui régit l'État, à la différence du droit privé qui encadre les relations entre les particuliers.

Le droit constitutionnel est destiné à garantir l'encadrement juridique des phénomènes politiques et détermine à cette fin les règles qui s'appliquent au pouvoir. Il permet à la fois de déterminer l'organisation et le fonctionnement de l'État et de garantir les libertés fondamentales des citoyens.
La conquête et l'exercice du pouvoir sont ainsi réglementés par le droit.
Le pouvoir de l'État est limité par un certain nombre de dispositions juridiques ; bien qu'il produise le droit, il est lui-même soumis au droit.
Pendant longtemps, le droit constitutionnel a fait l'objet d'un certain nombre de critiques fondées sur l'absence de sanctions en cas de violation d'une règle constitutionnelle. Cependant, l'apparition d'un contrôle de constitutionnalité a donné une plus grande effectivité au droit constitutionnel. Désormais, la sanction des violations des règles constitutionnelles a permis de transformer la Constitution en véritable norme juridique suprême de l'ordre juridique interne.
La spécificité du droit constitutionnel est de situer au carrefour du droit et de la politique. Aussi, l'étude du droit constitutionnel ne se limite pas à la connaissance des différents textes constitutionnels, mais oblige à s'intéresser également à la fois à la jurisprudence constitutionnelle et aux pratiques et usages politiques qui peuvent s'éloigner de la lettre de la Constitution. C'est pourquoi, il est aussi important de connaître le régime politique d'un État que son système politique. Le premier renvoie à l'organisation du pouvoir prévu par la Constitution alors que le deuxième renseigne sur la mise en œuvre (la pratique) du régime politique.

Le programme de droit constitutionnel se décline en principe en trois parties :
• la première est relative à la théorie générale et permet d'étudier les bases et les notions fondamentales du droit constitutionnel. L'État fait tout d'abord l'objet de développements : qu'est-ce qu'un État ? Quelles sont ses différentes formes ? Puis l'accent est mis sur l'organisation du pouvoir de l'État et le principe de la séparation des pouvoirs, qui fonde la distinction entre régime parlementaire, régime présidentiel ou régime d'assemblée. La notion de Constitution est à son tour étudiée (son contenu, ses modes d'élaboration et de révision, sa suprématie sur les autres normes juridiques, garantie en particulier par le système de contrôle de constitutionnalité des lois). Enfin, le citoyen et la démocratie sont abordés, avec l'évocation du droit de suffrage, des différents modes de scrutin et de la démocratie directe ou représentative ;
• les régimes étrangers font l'objet de la deuxième partie du cours de droit constitutionnel. Ils permettent d'illustrer les différents systèmes institu-

tionnels : ainsi sont étudiés le régime présidentiel américain, les régimes parlementaires britannique et allemand (parfois également italien ou japonais). Souvent, les principaux traits des régimes autoritaires sont également décrits, ainsi que ceux des totalitaires (en particuliers marxistes) ;
• enfin, la troisième et dernière partie porte sur les institutions françaises. Des développements sont consacrés à l'histoire constitutionnelle, qu'il est important de connaître car elle est à l'origine d'un certain nombre de traditions politiques et a laissé une empreinte sur les institutions actuelles. Après l'étude de la grande instabilité constitutionnelle française de 1789 à 1875, la IIIe République (1875-1940) et la IVe République (1946-1958), marquées par l'instabilité gouvernementale et la domination du Parlement, font l'objet de développements. Pour finir, la Ve République, régime actuel instauré en 1958 lors du retour au pouvoir de Charles De Gaulle, est étudiée de manière approfondie. Les différentes institutions et leurs prérogatives respectives sont analysées (le président et le Premier ministre, l'Assemblée nationale et le Sénat) et l'accent est mis sur le pouvoir du Président de la République, qualifié par Michel Debré de « *clef de voûte des institutions* ».

Les développements qui vont suivre dans cette partie consacrée au droit constitutionnel sont regroupés en trois thèmes : le premier est consacré à la théorie générale, le second à la méthodologie et le troisième aux exercices pratiques.
L'objectif de cet ouvrage n'est pas d'aborder l'ensemble des notions du programme de droit constitutionnel ni de se substituer à un manuel ou à un traité. Il est seulement nécessaire d'évoquer les éléments qui apparaissent essentiels et qui doivent retenir toute l'attention des étudiants. Le choix opéré peut présenter un caractère subjectif, mais il a été fait dans un but pédagogique et l'approche qui le sous-tend met l'accent sur les notions fondamentales du droit constitutionnel. Ainsi, l'étudiant entrant en faculté de droit commencera l'année avec les notions fondamentales en tête et pourra progresser beaucoup plus rapidement.

Dans le cadre de la théorie générale, l'accent sera donc mis sur les notions d'État et de Constitution. L'ambition est de fournir à l'étudiant toute une série de conseils pratiques et méthodologiques destinés à lui faire réussir son année en droit constitutionnel. Le fonctionnement des travaux dirigés et les exercices à préparer seront étudiés et des consignes seront données pour aider le lecteur à surmonter les épreuves de l'examen. Des exemples types de dissertation, de commentaire de texte et de cas pratique permettront d'illustrer les conseils donnés.

1. L'essentiel du programme

Il est nécessaire de mettre l'accent sur les trois notions-clefs que sont la séparation des pouvoirs, l'État et la Constitution. L'État est la forme d'organisation du pouvoir qui prédomine dans les sociétés modernes. Et la notion de Constitution doit être parfaitement cernée pour maîtriser l'ensemble des développements relatifs au droit constitutionnel. Il paraît également indispensable d'insister sur le rôle majeur des Cours constitutionnelles et en particuliers le rôle du Conseil constitutionnel dans le dispositif institutionnel français.

La séparation des pouvoirs

L'article 16 de la Déclaration des Droits de l'Homme et du citoyen énonce que « Toute société dans laquelle la garantie des droits n'est pas assurée ni la séparation des pouvoirs déterminée, n'a point de Constitution ». La séparation des pouvoirs, que l'on attribue à tort à Montesquieu, est une technique constitutionnelle dont l'objectif est d'éviter l'arbitraire et garantir la liberté. Pour y parvenir, il est nécessaire qu'aucun organe de l'État ne détienne la totalité de l'autorité de l'État. La séparation des pouvoir apparaît donc comme un principe négatif sans qu'il y ait de véritable accord sur sa mise en œuvre. Plusieurs distributions des pouvoirs (exécutif, législatif et judiciaire) ont été proposées. Il est possible en effet de distribuer la même fonction (exécutive ou législative) entre plusieurs organes ou partager les trois fonctions entre trois organes.

L'État

Selon la très célèbre définition due à Carré de Malberg, un État suppose trois éléments constitutifs :
- un territoire ;
- une population ;
- un gouvernement.

À ces trois éléments s'ajoute la souveraineté qui caractérise l'État.
En utilisant la séparation verticale des pouvoirs c'est-à-dire la répartition de l'autorité de l'État entre l'État central et les collectivités, deux formes principales d'État peuvent être distinguées : l'État unitaire et l'État fédéral[1], qui se distinguent par leur degré d'unification juridique.

1. Sur les questions de droit administratif, voir FRAISSEIX P., *Institutions administratives*, Levallois-Perret, Studyrama, 2006, coll. « Panorama du droit » ; SAYAH J., *Droit administratif*, Studyrama, Levallois-Perret, 2004, coll. « Panorama du droit » ; ROMAN D., *L'Indispensable du droit administratif*, 2e éd., Levallois-Perret, Studyrama, 2004, coll. « Principes ».

L'État unitaire

L'État unitaire, qui est la forme la plus répandue d'État, se caractérise par l'existence d'un pouvoir unique (une seule Constitution, un seul Gouvernement un seul Parlement et un seul système judiciaire), auquel sont soumis tous les citoyens. Toutefois, il existe différentes modalités d'organisation de l'État unitaire, qui s'avèrent dans la plupart des cas complémentaires : la déconcentration et la décentralisation.

La déconcentration

L'État est alors organisé en plusieurs niveaux de décision qui n'ont pas la personnalité juridique. Différentes autorités administratives[2] sont instituées sur le plan local, afin de rapprocher la décision (de l'État) de l'administré. Ce système repose sur une base hiérarchique : l'État est en mesure de donner des instructions qui doivent être respectées par les échelons inférieurs. Dès lors, le pouvoir central exerce un contrôle qui s'étend jusqu'à l'opportunité même de la décision.

En France, l'exemple le plus topique est celui du préfet de département, qui dispose d'une partie des attributions de l'État, mais qui est soumis à la hiérarchie du pouvoir central. Odilon Barrot a ainsi parfaitement résumé l'esprit de la déconcentration : « *C'est le même marteau qui frappe, mais on a raccourci le manche.* »

La décentralisation

La décentralisation consiste à confier certaines attributions de l'État à des autorités locales élues par les citoyens (par exemple, en France, les communes, les départements et les régions). Ce type d'organisation permet aux collectivités ainsi instituées de s'administrer librement et d'associer plus directement les administrés à la prise des décisions les concernant. Cependant, l'existence, l'organisation et les pouvoirs de ces autorités sont déterminés par des lois votées par le Parlement, et non par la Constitution. L'État demeure compétent pour contrôler la légalité des décisions prises par les autorités décentralisées, mais pas leur opportunité : il ne dispose pas d'un pouvoir hiérarchique à leur égard.

Ces deux types d'organisation de l'État unitaire coexistent fréquemment, comme c'est le cas en France. Malgré des modalités d'application

2. Sur les questions de droit administratif, voir FRAISSEIX P., *Institutions administratives*, Levallois-Perret, Studyrama, 2006, coll. « Panorama du droit » ; SAYAH J., *Droit administratif*, Studyrama, Levallois-Perret, 2004, coll. « Panorama du droit » ; ROMAN D., *L'Indispensable du droit administratif*, 2e éd., Levallois-Perret, Studyrama, 2004, coll. « Principes ».

différentes, elles visent le même objectif : rapprocher la décision du citoyen. Depuis la révision constitutionnelle de 2003, la France est officiellement un État unitaire décentralisé.

Les spécificités de l'État unitaire apparaissent plus flagrantes dès lors qu'on le compare à l'État fédéral.

L'État fédéral

Le fédéralisme est un mode d'organisation étatique très répandu (il a été adopté par des pays comme les États-Unis, l'Allemagne, le Canada, la Suisse, le Mexique, l'Inde, etc.). Il paraît particulièrement adapté à des pays très vastes ou à des États multiethniques, car il permet de concilier l'unité d'un pays et l'autonomie de ses composantes.
L'État fédéral est composé de différentes entités (les cantons en Suisse, les *Länder* en Allemagne) qui disposent de leurs propres institutions, mais qui sont privées de souveraineté extérieure (elles ne peuvent pas établir de relations diplomatiques avec d'autres États), et dont les compétences s'exercent dans le cadre des règles fixées par la Constitution de l'État fédéral. Deux ordres juridiques sont donc superposés : celui de l'État fédéral et celui des entités fédérées.

Le fédéralisme se distingue par deux caractéristiques principales, qui ont été identifiées par Georges Scelles : l'autonomie et la participation.

L'autonomie

C'est la Constitution, et non la loi, qui établit le partage des compétences entre l'État fédéral et les entités fédérées. Cela constitue l'une des différences avec le système de la décentralisation mis en place dans l'État unitaire.
Les entités fédérées disposent donc d'attributions propres et jouissent en particulier de l'autonomie institutionnelle, en vertu de laquelle elles possèdent leur propre Constitution et leurs propres institutions (elles se dotent d'un Gouvernement, d'un Parlement et d'un système judiciaire spécifiques[3]). Dans leur domaine de compétences, les entités fédérées agissent librement, sans que l'État fédéral ne contrôle leurs mesures. Mais un organe juridictionnel est chargé de trancher les inévitables conflits de répartition des compétences entre l'État fédéral et les entités fédérées. C'est par exemple l'une des missions dévolues à la Cour suprême des États-Unis.

3. Les entités fédérées doivent cependant respecter un nombre limité de principes établis par la Constitution fédérale. Ainsi, aux États-Unis, les États fédérés sont contraints de se conformer à la forme républicaine de Gouvernement.

Afin de préserver leur autonomie, les entités fédérées doivent également être associées à toute révision constitutionnelle, pour éviter que leurs compétences ne soient modifiées contre leur gré.

Cette règle de l'autonomie va de pair avec le principe de participation.

La participation

Les entités fédérées participent à la rédaction de la Constitution et, comme il a été rappelé précédemment, à toute modification de celle-ci. Mais elles sont également impliquées dans le processus d'élaboration de la législation fédérale, ce qui constitue la seconde différence essentielle avec le système de la décentralisation. En effet, le fédéralisme nécessite la création d'un Parlement bicaméral, divisé en deux assemblées : la première Chambre est l'émanation de la population du pays dans son ensemble et la seconde Chambre est destinée à représenter les entités fédérées. Chacune d'entre elles désigne un certain nombre de délégués appelés à siéger dans cette assemblée. Très souvent, ces entités fédérées bénéficient du même nombre de représentants, quelles que soient leur taille et leur population (ainsi, aux États-Unis, chaque État fédéré dispose de deux élus au Sénat).

Deux conceptions du fédéralisme doivent être distinguées :
• dans la première, les compétences de droit commun appartiennent aux unités fédérées, tandis que le niveau fédéral dispose de compétences d'attribution : c'est le cas des États-Unis par exemple ;
• dans la seconde, les compétences de droit commun appartiennent à l'État fédéral, tandis que les compétences d'attribution sont exercées au niveau des unités fédérées : c'est le cas du Canada par exemple.

Exemples de sujets de préparation à l'examen

• Le fédéralisme.
• Le fédéralisme aux États-Unis.
• Le rôle des Chambres hautes dans les systèmes fédéraux.

La Constitution

La quasi-totalité des Constitutions des États modernes (à l'exception notable de la Grande-Bretagne) prend la forme d'un document écrit. L'adoption d'une Constitution écrite ne supprime pas pour autant l'existence de pratiques constitutionnelles. Mais la question se pose alors de savoir si ce type de pratique peut acquérir la valeur de véritables coutumes constitutionnelles. Le débat n'est pas entièrement tranché et continue d'opposer les constitutionnalistes[4].

La distinction établie entre Constitution théorique et Constitution réelle mérite également quelques précisions. En effet, l'usage fait progressivement apparaître une Constitution réelle (comprenant des règles qui ne figurent pas dans la Constitution écrite), qui peut être en décalage avec la Constitution officielle. C'est pourquoi le droit constitutionnel ne peut se contenter d'étudier le seul contenu des textes constitutionnels. Il lui est également indispensable d'appréhender les usages et les pratiques qui se sont établis au fil du temps, pour obtenir une vision plus conforme à la réalité institutionnelle et politique d'un pays. À cet égard, Charles De Gaulle déclarait : « *Une Constitution, c'est un esprit, des institutions et une pratique.* »

Il convient à présent d'insister sur deux points essentiels relatifs à la notion de Constitution : d'une part, son élaboration et sa révision et, d'autre part, son autorité.

L'élaboration et la révision de la Constitution

Les organes ou les individus compétents pour élaborer une Constitution sont les titulaires du pouvoir constituant. On distingue cependant le pouvoir constituant originaire et le pouvoir constituant dérivé ou institué. Le premier est compétent lorsqu'un pays ne dispose pas de Constitution, par exemple dans le cas de la création d'un État ou à la suite d'un changement de régime politique. Ce pouvoir est considéré comme inconditionné et souverain : il dispose d'une totale liberté pour établir la Constitution. Le pouvoir constituant dérivé est, quant à lui, créé par la Constitution et compétent pour modifier le texte constitutionnel. Ce pouvoir est conditionné et limité, car il doit respecter les règles juridiques, en particulier de procédures, qui ont été déterminées par la Constitution en vigueur. Il n'intervient en principe que pour modifier la Constitution et non changer de Constitution.

L'élaboration de la Constitution

Il existe différents modes d'élaboration de la Constitution : les modes autoritaires et les modes démocratiques.

4. Sur ce sujet comme sur beaucoup d'autres pour lesquels il y a des disputes doctrinales, bien que cela ne soit pas intellectuellement satisfaisant, il est plus prudent pour l'étudiant d'adopter, comme principe de départ dans une copie, la position du titulaire du cours magistral dans son université. Cela n'empêche nullement de discuter ce point de vue en gardant à l'esprit que la critique suppose de présenter des arguments…

Les modes autoritaires

Lorsque la Constitution est élaborée selon un mode autoritaire, le pouvoir constituant originaire se trouve dans les mains d'un seul homme.
On distingue en premier lieu la Charte octroyée : le monarque établit lui-même une Constitution, sans faire appel au peuple et il s'engage à la respecter. Son pouvoir n'est plus en principe absolu, car il organise et limite ses pouvoirs. Ainsi en fut-il de la Charte octroyée en 1814 par Louis XVIII.
Il existe un second mode autoritaire d'élaboration de la Constitution : le plébiscite constituant. La Constitution est également l'œuvre d'un seul homme, mais elle doit être adoptée par le peuple lors d'un référendum. Cependant, cette approbation se transforme le plus souvent en vote en faveur de l'auteur de la Constitution, ce qui lui confère son aspect plébiscitaire. En France, le Premier et le second Empire ont eu recours à ce mode d'élaboration.

L'élaboration démocratique

Le titulaire du pouvoir constituant est alors le peuple souverain, qui décide directement à l'occasion d'un référendum, ou indirectement par le biais de ses représentants élus.
Ainsi, une Assemblée constituante est parfois désignée par les citoyens en vue de l'élaboration d'une Constitution. Elle peut être souveraine ou non souveraine, selon que le projet qu'elle adopte est définitif (ce fut le cas en France en 1875 pour les lois constitutionnelles de la IIIe République) ou qu'il doive être soumis au peuple pour approbation (comme en 1946, lors de l'instauration de la IVe République[5]).

La révision de la Constitution

Constitution souple et Constitution rigide

Une Constitution est qualifiée de « souple » lorsqu'il n'existe aucune condition spécifique pour la réviser, et que, par conséquent, une simple loi suffit pour procéder à la modification envisagée. À l'inverse, une Constitution rigide prévoit une procédure particulière et des restrictions (conditions de délai, exigence d'une majorité qualifiée, etc.) destinées à encadrer la procédure de révision. Le degré de rigidité dépend précisément de l'importance des restrictions prévues.
La plupart des Constitutions sont rigides : en effet, elles ont pour vocation d'être durables, et il convient d'éviter des révisions précipitées, votées

5. Le premier projet (communiste) élaboré en avril 1946 est d'ailleurs rejeté par le peuple. Une nouvelle Assemblée constituante est élue et son projet (issu d'un compromis entre la SFIO et le MRP) est cette fois approuvé par référendum en septembre 1946.

par des majorités passagères. Enfin, cette rigidité est la condition *sine qua non* pour garantir la suprématie de la Constitution sur la loi. En effet, si la Constitution peut être modifiée par une simple loi, ces deux catégories de textes occupent le même rang dans la hiérarchie des normes, et, partant, la loi ne doit pas se conformer aux exigences constitutionnelles : c'est le texte le plus récent qui l'emportera sur le texte ancien.

L'initiative de la révision

Il est nécessaire de déterminer quelles sont les autorités compétentes pour proposer une révision de la Constitution.
Dans les faits, les solutions sont très variables. L'initiative peut être réservée à l'exécutif, comme c'est le cas dans la quasi-totalité des régimes autoritaires. Dans certains cas, elle appartient également au Parlement (aux États-Unis, par exemple). Enfin, c'est parfois le peuple qui dispose de cette initiative (ce fut le cas en France avec la Constitution de 1793). Il est également possible de combiner ces différents pouvoirs d'initiative, en les accordant par exemple à la fois au Gouvernement et au Parlement (hypothèse prévue par la Constitution de 1958).

La procédure de révision

Dans la plupart des cas, des conditions doivent être respectées pour pouvoir procéder à une révision de la Constitution, qui ont trait à l'organe compétent, aux règles de forme et au contenu de la révision.

En premier lieu, il convient de déterminer l'organe compétent, qui n'est pas nécessairement l'initiateur de la révision. Il peut s'agir du Parlement (c'est le cas en France), d'une assemblée spécialement constituée à cet effet (aux États-Unis, une convention *ad hoc* est élue à cette fin) ou du peuple, qui adopte alors la révision par référendum.

En second lieu, un certain nombre de règles de forme doivent être respectées pour pouvoir réviser la Constitution.
Lorsque le Parlement est l'organe compétent pour procéder à la révision, il est possible d'exiger un vote de la révision en termes identiques par les deux assemblées. Une des deux chambres est donc en mesure de provoquer l'échec de la tentative de révision (c'est le cas en France, où l'Assemblée nationale et le Sénat doivent s'accorder sur la réforme). Les deux chambres du Parlement sont également souvent appelées à siéger en commun dans une seule Assemblée réunie pour la circonstance et à s'exprimer par un vote. En France, l'Assemblée nationale et le Sénat se réunissent ainsi en congrès à Versailles.
Certaines conditions de majorité sont parfois requises (exigence d'une majorité qualifiée) : la majorité absolue des membres du Parlement, ou

des 2/3 ou encore des 3/5 est alors nécessaire pour que la révision soit adoptée. Ainsi, en France, le projet est approuvé s'il obtient les 3/5 des suffrages exprimés.

Enfin, il est possible d'établir des limites à la révision de la Constitution. Il existe tout d'abord des limites de temps, lorsque la Constitution prévoit que les révisions sont impossibles pendant un certain délai après sa promulgation ou dans certaines circonstances (par exemple, en cas d'occupation du territoire par une armée étrangère).
Certaines dispositions constitutionnelles peuvent être exclues des révisions. Ainsi, en France, en vertu de l'article 89 de la Constitution, il n'est pas possible de remettre en cause la forme républicaine du Gouvernement. En Allemagne, il n'est pas envisageable de mettre fin au fédéralisme.
Mais, ce type de limitation pose problème et soulève la question de la supra-constitutionnalité : certaines dispositions n'étant pas susceptibles de révision, elles bénéficieraient d'une autorité supérieure à la Constitution. La doctrine s'est divisée à ce sujet, mais elle semble majoritairement estimer que le pouvoir constituant est souverain et donc libre de modifier toutes les dispositions constitutionnelles (à condition simplement de respecter les règles de procédure).

L'autorité de la Constitution

La Constitution est le plus souvent l'acte juridique le plus élevé par rapport à l'ensemble des normes (lois, règlements, arrêtés, etc.) existantes dans un pays[6]. Toutes ces normes doivent en principe être conformes à la Constitution. Mais pour que cela soit effectif, il est nécessaire de prévoir un véritable contrôle de constitutionnalité.

Plusieurs types de contrôle sont alors possibles :
• le contrôle par un organe politique ou par un organe juridictionnel ;
• le contrôle par un organe unique ou par l'ensemble des juges ;
• le contrôle intervenant avant (*a priori*) ou après (*a posteriori*) la publication de la loi ;
• le contrôle abstrait (protection des droits de l'homme dans la généralité de la loi) ou concret (protection des droits fondamentaux dans une situation précise) ;
• le contrôle par voie d'exception (saisine par un justiciable) ou par voie d'action (saisine par le personnel politique).

6. Voir dans les manuels les développements consacrés à la hiérarchie des normes.

Les organes de contrôle

Le contrôle par un organe politique spécialisé

Le contrôle de constitutionnalité peut incomber à un organe spécifiquement prévu à cet effet. La plupart du temps, les membres de cet organe sont nommés par des autorités politiques. Les parlementaires, et parfois aussi le Gouvernement, sont ainsi appelés à jouer un rôle prédominant dans la désignation de ces membres. Dans ce cas, se pose souvent le problème de l'indépendance de l'organe de contrôle, car les autorités politiques peuvent conserver une certaine influence sur ce dernier en restant maître de sa composition. Le risque est que le contrôle porte plus sur l'opportunité de loi que sur sa conformité à la Constitution. En France, les Sénats napoléoniens et le Comité constitutionnel de la IVe République constituent des illustrations du contrôle par un organe politique.

Le contrôle par un organe juridictionnel

Dans cette hypothèse, le contrôle est confié à une juridiction composée de magistrats : elle se prononce sur la base d'une procédure juridictionnelle et ses décisions sont revêtues de l'autorité de la chose jugée. Ce type de contrôle permet en principe de garantir une certaine indépendance.
Il peut s'agir d'un tribunal ordinaire inséré dans le système judiciaire (comme dans le système américain) ou d'une institution spécialement créée en vue de ce contrôle et à laquelle on confère le statut d'une juridiction (comme dans le système autrichien de 1920 ou allemand de 1949).

Le contrôle par un organe juridictionnel a cependant suscité un certain nombre de critiques et a en particulier été accusé de « *Gouvernement des juges* ». D'aucuns considèrent qu'il est anormal de confier à des juges le pouvoir de s'opposer à une loi votée par les représentants du peuple, élus au suffrage universel. Ces critiques mettent donc l'accent sur l'absence de légitimité des juges pour censurer un texte législatif, expression de la volonté du Parlement. Le terme de « *Gouvernement des juges* » est toutefois impropre, car ce contrôle ne donne pas à l'organe juridictionnel la possibilité de gouverner, mais simplement de décider qu'une loi est inconstitutionnelle (pouvoir d'inflexion et non de décision politique). Et, du moins en principe, les juges ne fondent pas leurs décisions sur des considérations politiques ou partisanes, mais sur des critères techniques et juridiques. Enfin, une décision du juge peut toujours être contournée par le biais d'une révision constitutionnelle : s'il déclare une loi inconstitutionnelle, il suffit de réviser la Constitution pour permettre d'adopter la loi. Le pouvoir constituant conserve donc le dernier mot.

Les mécanismes du contrôle

La saisine

Il s'agit de déterminer qui est en mesure de déclencher le processus de contrôle :
• les citoyens. Il est en principe logique que le citoyen puisse exiger le respect de ses droits fondamentaux et qu'il puisse demander qu'une loi inconstitutionnelle soit censurée, ou du moins écartée. Dans le même temps, on risque d'assister à une multiplication des recours risquant de provoquer l'encombrement de l'organe chargé du contrôle. Pour éviter ce travers, il est toujours possible de mettre en place des mécanismes de filtrage destinés à éviter les saisines abusives ;
• les autorités politiques. Le droit de saisine peut être confié aux seules autorités politiques. Ainsi, en France, il est accordé au Président de la République, au Premier ministre, au président de l'Assemblée nationale et du Sénat, et, depuis 1974, à 60 députés et 60 sénateurs. Ce système ne garantit pas nécessairement un contrôle totalement efficace : il est parfaitement envisageable que ces autorités s'entendent dans certains cas pour ne pas saisir l'organe chargé du contrôle, laissant ainsi subsister une loi en tout ou partie inconstitutionnelle ;
• les juges ordinaires. Au cours d'une procédure judiciaire, il arrive que le juge ordinaire ait un doute sur la constitutionnalité d'une loi. Il peut alors avoir le droit de surseoir à statuer et de demander à l'organe chargé du contrôle de se prononcer sur la conformité du texte à la Constitution (c'est le cas en Allemagne).

À noter : ces différentes formes de saisine peuvent être combinées.

Il convient également de déterminer à quel moment la saisine peut être effectuée.

Le moment de la saisine

Selon que le contrôle s'exerce avant ou après l'entrée de la loi en vigueur, il s'agit d'un contrôle :
• *a priori*. Ayant lieu avant la promulgation de la loi, ce contrôle tend à empêcher qu'une loi inconstitutionnelle entre en vigueur. Ce contrôle est abstrait, c'est-à-dire qu'il est organisé en dehors de tout litige et avant d'avoir pu constater les effets concrets de la loi. Il va généralement de pair avec une saisine limitée, réservée en particulier aux seules autorités politiques ;
• *a posteriori*. Il s'exerce alors que la loi est déjà en vigueur et donc déjà appliquée. Il permet de ne pas appliquer la loi dans un cas précis ou d'empêcher qu'elle soit appliquée dans l'avenir. Ce contrôle est susceptible

de poser des problèmes juridiques car il remet en question une loi qui a déjà produit ses effets dans le passé. Il est souvent associé à une saisine large, ouverte aux citoyens, et à un mode de contrôle par voie d'exception.

Les modes de contrôle

Le requérant a le droit de demander soit l'annulation de la loi (contrôle par voie d'action) soit sa non-application dans un cas précis (contrôle par voie d'exception).

Le contrôle par voie d'action

Dans le cadre de ce contrôle, une loi jugée inconstitutionnelle n'a pas de validité juridique. Si le contrôle s'exerce *a priori*, la loi ne peut pas être promulguée et, dans l'hypothèse d'un contrôle *a posteriori*, la loi est annulée et supposée n'avoir jamais existé. Son effet étant radical, le contrôle par voie d'action est strictement encadré : la saisine est limitée et le contrôle attribué à un organe spécialisé.

Le contrôle par voie d'exception

La question de constitutionnalité n'est posée qu'indirectement au cours d'un litige entre des parties. C'est un incident qui se greffe sur une procédure principale au cours de laquelle le requérant demande que l'application de la loi soit écartée dans un cas précis. Si la loi est effectivement inconstitutionnelle, elle n'est pas nécessairement annulée, mais elle peut être déclarée inapplicable au litige.

L'exemple du Conseil constitutionnel français

Initialement institué pour jouer le rôle de gardien des compétences respectives du Gouvernement et du Parlement telles qu'elles sont définies par les articles 34 et 37 de la Constitution, le Conseil constitutionnel a élargi ses compétences en matière de contrôle de constitutionnalité des lois avec sa décision du 26 juillet 1971 sur la liberté d'association : ce faisant, il s'est érigé en défenseur des droits fondamentaux garantis par la Constitution.

L'organisation du Conseil constitutionnel

La nature du Conseil constitutionnel a fait l'objet de nombreux débats et a profondément divisé la doctrine : s'agit-il d'un organe juridictionnel ou d'un organe politique ? Un certain nombre d'arguments plaident en faveur de la première hypothèse. Les décisions du Conseil constitutionnel sont fondées sur des analyses juridiques et non sur des considérations

politiques, et elles jouissent de l'autorité de la chose jugée. De plus, le Conseil a su faire preuve de son indépendance, tant à l'égard du Gouvernement que du Parlement.
Mais d'autres éléments peuvent rapprocher cette institution d'un organe politique. En effet, sa composition fait intervenir des autorités politiques, qui peuvent avoir à l'esprit des considérations partisanes lors de la nomination de ses membres. Par ailleurs, le Conseil constitutionnel n'est pas saisi d'un véritable contentieux opposant des parties, mais d'un contrôle d'un texte, et d'aucuns considèrent qu'il ne se prononce pas sur la base d'une véritable procédure contradictoire. Enfin, son intervention *a priori* donne à son intervention une connotation législative.
Toutefois, le Conseil constitutionnel a procédé à un effort de juridictionnalisation (en s'efforçant de se rapprocher du droit commun de la procédure juridictionnelle), et désormais la majorité de la doctrine lui accorde le statut d'organe juridictionnel.

La composition du Conseil constitutionnel

Il existe deux catégories de membres :
• les membres de droit, qui sont les anciens présidents de la République appelés à siéger à vie au Conseil constitutionnel. Leur présence peut se justifier dans la mesure où ils ont été conduits au cours de leur mandat à veiller au respect de la Constitution (en vertu de l'article 5 de la Constitution). Les deux présidents de la IVe République ont siégé dans le cadre du Conseil constitutionnel, mais des présidents de la Ve République, seul M. Valéry Giscard d'Estaing a, jusqu'à présent, fait valoir son droit d'y siéger (non pas en 1981, après sa défaite à l'élection présidentielle, mais plus de 20 ans après, à partir de 2004) ;
• les neuf membres nommés, qui sont désignés pour une période de neuf ans non renouvelable[7] et sont irrévocables. Trois sont nommés par le Président de la République, dont le président du Conseil constitutionnel (qui a voix prépondérante en cas de partage des voix), trois par le président de l'Assemblée nationale et trois par le président du Sénat. Les membres du Conseil constitutionnel sont renouvelés par tiers tous les trois ans : les trois autorités titulaires du pouvoir de nomination désignent alors chacune un nouveau membre.

Les membres du Conseil constitutionnel sont soumis à un statut particulier. Certes, ils n'ont pas l'obligation d'être juristes, mais ils doivent respecter un système d'incompatibilités : il leur est interdit d'être membres du Gouvernement ou du Conseil économique et social,

7. Cela permet de garantir leur indépendance, le renouvellement pouvant donner l'occasion aux autorités qui les ont nommés d'exercer des pressions et de leur adresser des consignes, qu'ils seraient tentés de respecter s'ils souhaitent être reconduits dans leur fonction.

d'être parlementaires ou d'occuper des responsabilités dans un parti politique. Les membres du Conseil peuvent en revanche conserver des activités professionnelles publiques ou privées, à condition qu'elles ne compromettent pas leur indépendance.
Ils doivent respecter un certain nombre d'obligations, en particulier l'obligation d'impartialité, le secret des délibérations et l'obligation de réserve[8].

Le fonctionnement du Conseil constitutionnel

La saisine

Les conditions de saisine varient en fonction des questions examinées par le Conseil constitutionnel.
Le contrôle des lois ordinaires : en vertu de l'article 61 alinéa 2 de la Constitution, le Conseil peut être saisi avant la promulgation d'une loi par le Président de la République, le Premier ministre, le président de l'Assemblée nationale, le président du Sénat et, depuis une révision constitutionnelle de 1974, par 60 députés et 60 sénateurs. Cette modification donne la possibilité à l'opposition parlementaire de saisir le Conseil constitutionnel, car celle-ci n'aura aucun mal à réunir les 60 députés ou les 60 sénateurs nécessaires. En revanche, et bien que plusieurs fois envisagée, notamment en 1990 et 1993, la saisine du Conseil constitutionnel par le simple citoyen n'est pas autorisée.

Introduit dans la Constitution par la loi constitutionnelle n° 2008-724 du 23 juillet 2008, précisé par la loi organique n° 2009-1523 du 10 décembre 2009 et par le décret n° 2010-148 du 16 février 2010, l'article 61-1 ajoute au contrôle de constitutionnalité des lois *a priori*, un contrôle de constitutionnalité *a posteriri* des lois en vigueur ; la question prioritaire de constitutionnalité. Celle-ci permet à un justiciable d'invoquer le moyen selon lequel une disposition législative porte atteinte aux droits et libertés que la Constitution garantit.

Saisi d'une question de constitutionnalité sur renvoi du Conseil d'État ou de la Cour de cassation (à condition que la disposition contestée soit applicable au litige ou à la procédure, ou constitue le fondement des poursuites, qu'elle n'ait pas déjà été déclarée conforme à la Constitution dans les motifs et le dispositif d'une décision du Conseil constitutionnel, sauf changement des circonstances et qu'elle ne soit pas dépourvue de caractère sérieux), le Conseil constitutionnel peut déclarer une disposition législative inconstitutionnelle entraînant par là-même son abrogation.

8. Ils ne peuvent pas se prononcer publiquement sur des questions relevant de leur compétence.

Le contrôle de constitutionnalité français reste toutefois un contrôle concentré car seul le juge constitutionnel et non le juge ordinaire peut déclarer l'inconstitutionnalité d'une disposition législative.
L'introduction du contrôle *a posteriori* met un terme au légicentrisme français en permettant aux citoyens de se prévaloir de leurs droits fondamentaux contre des dispositions législatives. Outre que ce contrôle permet de purger l'ordre constitutionnel de toute disposition législative inconstitutionnelle, il marque la supériorité de la Constitution dans l'ordre interne.

L'auto-saisine est en revanche impossible : le Conseil constitutionnel n'est pas autorisé à se saisir lui-même[9].

Le Conseil constitutionnel ne peut pas non plus être saisi d'une loi adoptée par le biais d'un référendum prévu par l'article 11. Cela résulte non pas de la Constitution, mais d'une décision du Conseil du 8 novembre 1962, à propos de la loi instaurant l'élection du président au suffrage universel. Le peuple est considéré comme souverain et le Conseil constitutionnel estime que lorsqu'il adopte une loi par référendum, aucun contrôle de constitutionnalité n'est possible.

Enfin, il existe une saisine obligatoire, en vertu de l'article 61 alinéa 1 de la Constitution, pour les lois organiques (ce sont des lois qui complètent la Constitution) et les règlements de l'Assemblée nationale et du Sénat.

La procédure

Le contrôle doit intervenir avant la promulgation de la loi ou la ratification du traité. En matière de contrôle de constitutionnalité des lois, le Conseil dispose d'un mois pour se prononcer, mais ce délai est ramené à huit jours en cas d'urgence. Il n'existe en revanche aucun délai pour l'examen des traités. La procédure est écrite, secrète, et dispensée du ministère d'avocat.

La décision

Les décisions du Conseil constitutionnel bénéficient de l'autorité de la chose jugée. Lorsqu'une disposition d'une loi est déclarée inconstitutionnelle, le Conseil constitutionnel ne prononce pas son annulation : il indique qu'elle est non conforme à la Constitution et qu'elle ne peut donc pas être promulguée. Dans le cadre du contrôle de constitutionnalité

9. Dans un premier temps, la révision constitutionnelle de 1974 a envisagé d'accorder au Conseil constitutionnel ce pouvoir d'auto-saisine. Mais le Parlement s'y est opposé, en particulier par crainte d'un Gouvernement des juges.

selon la procédure de la question préjudicielle, le Conseil se prononce après le vote et la promulgation de la loi. Par conséquent, s'il déclare la loi inconstitutionnelle, cette dernière est abrogée. Enfin, lorsqu'un traité est jugé inconstitutionnel, la Constitution doit être modifiée avant sa ratification ou l'accord renégocié.

Les attributions du Conseil constitutionnel

Le contrôle du domaine de la loi et du règlement

Dans l'esprit des constituants, c'était la raison d'être initiale du Conseil constitutionnel. L'objectif était d'empêcher le Parlement d'empiéter sur le domaine de compétence du Gouvernement et c'est pourquoi on a pu parler du Conseil comme d'« *un canon braqué contre le Parlement* ».

Deux procédures sont prévues :
• celle de l'article 41 de la Constitution qui permet au Gouvernement de rejeter un amendement ou une proposition de loi au cours des débats parlementaires au motif qu'il ou elle n'entre pas dans le domaine de la loi tel qu'il est défini par l'article 34 de la Constitution. En cas de désaccord avec le président de l'assemblée concernée, le Conseil constitutionnel est saisi et doit trancher ;
• celle de l'article 37 alinéa 2 qui permet au Gouvernement de demander au Conseil constitutionnel de déclarer qu'une loi est en réalité intervenue dans un domaine réglementaire. Si c'est effectivement le cas, le Gouvernement est autorisé à modifier cette loi par un décret.

Le contrôle de la constitutionnalité des lois

Comme cela a été évoqué précédemment, les lois organiques sont obligatoirement contrôlées par le Conseil constitutionnel.
Les lois ordinaires sont contrôlées à partir du moment où le Conseil constitutionnel est saisi par les autorités politiques compétentes. Depuis sa décision du 26 juillet 1971, le Conseil ne se contente pas de contrôler la conformité de la loi par rapport à la Constitution *stricto sensu*, mais par rapport à un ensemble de normes qui ont valeur constitutionnelle.

Le Conseil constitutionnel a ainsi défini ce qu'il est convenu d'appeler le « bloc de constitutionnalité », qui comprend :
• la Constitution de 1958 à laquelle a été adossée la charte de l'environnement en 2004 ;
• la Déclaration des droits de l'homme et du citoyen du 26 août 1789 ;
• le préambule de la Constitution de 1946 (contenant les principes politiques, économiques et sociaux particulièrement nécessaires à notre temps) :

• les principes fondamentaux reconnus par les lois de la République (les grands principes républicains identifiés comme tels par le Conseil constitutionnel parce qu'ils sont issus d'une législation républicaine stable) ;
• les principes et objectifs à valeur constitutionnelle (les principes dégagés par le Conseil constitutionnel de façon quelque peu prétorienne).

Toute disposition d'une loi jugée contraire à l'un des éléments du bloc de constitutionnalité sera déclarée inconstitutionnelle. Le Conseil constitutionnel peut également donner des directives interprétatives : la loi est déclarée constitutionnelle à condition de s'appliquer dans le sens indiqué par le Conseil.
Ce contrôle de constitutionalité des lois a permis au Conseil constitutionnel de devenir le gardien des libertés fondamentales d'autant plus avec l'introduction de l'article 61-1.

Les autres compétences

Le Conseil constitutionnel dispose de certaines compétences dans le contentieux des opérations électorales : il contrôle les élections législatives, présidentielle, et les référendums. Mais attention, il contrôle la régularité des opérations référendaires et non la constitutionnalité d'une loi adoptée par référendum[10]. Le Conseil constitutionnel joue donc un rôle primordial en matière de protection des droits fondamentaux.

Mais il a pu être accusé d'exercer une sorte de « *Gouvernement des juges* ». Pourtant, l'accusation paraît en grande partie infondée. Le Conseil constitutionnel ne contrôle pas l'opportunité d'une loi, il se contente de veiller à sa conformité par rapport à la Constitution. Il a lui-même rappelé qu'il ne disposait pas d'un pouvoir général d'appréciation et de décision comparable à celui du Parlement. De plus, une décision du Conseil peut toujours être « contournée » en modifiant la Constitution, ce qui implique que le dernier mot appartient toujours au pouvoir constituant.
Les décisions du Conseil constitutionnel donnent souvent lieu à des polémiques, la majorité parlementaire dont le projet de loi a été censuré accusant parfois le Conseil d'avoir exercé un contrôle politique. Mais dans les faits, le Conseil a essentiellement joué un rôle de régulateur et de modérateur, sans jamais empêcher les grandes réformes entreprises par les différentes majorités politiques.

10. Il a été rappelé précédemment que le Conseil contrôle de manière obligatoire le règlement des assemblées et qu'il vérifie également la conformité des traités internationaux.

Exemples de sujets de préparation à l'examen

- Le principe de suprématie de la Constitution.
- Rigidité et souplesse de la Constitution.
- À quoi sert une Constitution ?
- Le Conseil constitutionnel est-il une juridiction ?
- Faut-il réformer le Conseil constitutionnel ?
- Comparer la Cour suprême américaine et le Conseil constitutionnel français.
- Le contrôle de constitutionnalité est-il bien assuré en France ?

2. Les règles de méthode

Cette partie est destinée à donner aux étudiants une série de conseils pratiques afin qu'ils réussissent leur année en droit constitutionnel. Un certain nombre de consignes d'ordre général seront tout d'abord fournies, avant que l'accent ne soit mis sur l'organisation et la préparation des travaux dirigés. Enfin, la méthodologie permettant de réaliser les différents exercices proposés lors de l'examen sera exposée et illustrée par des sujets corrigés.

Conseils d'ordre général

Les conseils qui sont donnés dans ce chapitre sont valables pour la totalité des enseignements dispensés dans les universités de droit. Nous insisterons plus particulièrement sur cinq principes qui nous paraissent essentiels pour réussir sa première année :
• assister aux cours d'amphithéâtre ;
• bien préparer ses séances de travaux dirigés ;
• se familiariser avec les bibliothèques et y effectuer des recherches ;
• lire la presse ;
• travailler régulièrement.

Assister aux cours d'amphithéâtre

Le passage de l'enseignement secondaire à l'Université constitue une réelle rupture qui déroute bon nombre d'élèves. La philosophie de l'enseignement supérieur est très différente de celle qui prévaut dans le secondaire : elle tend à valoriser l'autonomie et la responsabilité des étudiants. La liberté laissée à chacun d'assister ou non aux cours d'amphithéâtre, également appelés cours magistraux, constitue l'une des premières manifestations concrètes de cet état d'esprit. La tentation est grande de ne pas suivre les enseignements des professeurs, mais il est vivement conseillé de ne pas y céder.

L'assiduité aux cours d'amphithéâtre

Les statistiques démontrent que les élèves qui vont régulièrement en cours obtiennent de meilleures notes aux examens écrits que les autres. La présence en amphithéâtre permet de bénéficier d'une première imprégnation de la matière et de mieux l'appréhender, et facilite par la suite son apprentissage. La lecture du cours dans un manuel ou sur le polycopié d'un enseignant s'avère beaucoup plus difficile et fastidieuse.

L'utilisation des notes d'autres étudiants se révèle encore plus délicate : rien ne garantit que le camarade qui prête son cours en a retenu les éléments essentiels, et son écriture et ses abréviations peuvent en rendre la lecture passablement compliquée. C'est évidemment parfois inévitable lorsque l'étudiant a été absent pour des raisons justifiées (maladie, grève des transports, etc.), mais il convient de limiter au maximum ce type d'emprunt.
La présence en cours a également pour avantage de compenser la froideur apparente de l'Université, en offrant la possibilité d'établir des liens avec d'autres étudiants. Cela peut paraître anecdotique, mais beaucoup d'entre eux sont rebutés par cette impression d'isolement et d'anonymat propre à la Faculté, qui peut contribuer à en décourager certains. Une présence assidue en cours permet de retrouver des visages familiers et d'établir des premiers contacts.
Enfin, la prestation des professeurs à l'oral permet très souvent de prendre goût à la matière enseignée et peut s'avérer déterminante dans l'orientation future des étudiants, lorsqu'ils choisiront de se spécialiser dans le droit public ou dans le droit privé.

Les conseils pour la prise de notes personnelles

Il est indispensable de prendre des notes durant les cours magistraux, et non de se contenter d'écouter le professeur, car celles-ci se révéleront bien évidemment nécessaires lors des révisions. La prise de notes permet de mieux retenir le contenu du cours et constitue donc une première imprégnation, synonyme de gain de temps dans la perspective des révisions. Mais il est vrai que cet exercice est parfois difficile. Il est en particulier nécessaire d'acquérir ou de développer un esprit d'analyse et de synthèse afin de ne retenir que les éléments essentiels du cours. Il convient de mettre l'accent sur les étapes du raisonnement des professeurs, en notant avec le plus grand soin le plan adopté par ces derniers.

Afin de pouvoir suivre le rythme d'élocution des enseignants, il est impératif de recourir à des abréviations. Chaque étudiant adopte en principe son propre système, qu'il est indispensable de mettre au point ou d'améliorer assez rapidement.
On citera simplement quelques exemples pour guider les étudiants : « pr » pour « président » ; « pm » pour « Premier ministre » ; « gvt » pour « Gouvernement » et « CC » pour « Conseil constitutionnel ».
S'agissant des noms propres, il est commode d'utiliser les initiales : « CDG » pour « Charles De Gaulle » ; « VGE » pour « Valéry Giscard d'Estaing » et « FM » pour « François Mitterrand ». Enfin, il convient de trouver des abréviations pour les noms, les adjectifs, les adverbes et les verbes qui reviennent le plus fréquemment : « svt » pour « souvent » ;

« tjrs » pour « toujours » ; « constit » pour « constitutionnel » ; « C » pour « Constitution » ; « E » pour « État » ; « gver » pour « gouverner » etc.

À noter : il est impératif de ne pas employer d'abréviations dans une copie d'examen. Chacun dispose de son propre système d'abréviations, que le correcteur n'est pas censé connaître. De plus, l'examen exige un style et une orthographe irréprochables, distincts de ceux de la prise de notes. Tous les termes doivent donc être correctement orthographiés.

Il apparaît également essentiel de bien soigner la présentation de ses notes, afin de pouvoir les relire sans difficulté. Pour cela, il ne faut pas hésiter à aérer, à sauter des lignes, à souligner les titres, etc.

Bien préparer ses séances de travaux dirigés

La préparation des travaux dirigés (TD) fera l'objet de développements ultérieurs, mais il convient dès à présent de préciser que l'assiduité aux TD est obligatoire. De plus, il faut insister sur la nécessité de préparer soigneusement chaque séance, en lisant la fiche de TD avec la plus grande attention, en effectuant des recherches complémentaires, et en réalisant les exercices donnés par l'enseignant.

Se familiariser avec les bibliothèques

Les bibliothèques universitaires s'avèrent rapidement indispensables pour y effectuer des recherches et préparer notamment les séances de travaux dirigés. Il est particulièrement important pour les étudiants de se familiariser rapidement avec leur fonctionnement car la fréquentation des bibliothèques, très utile dès la première année de droit, se révélera de plus en plus indispensable à mesure que l'étudiant progressera dans le cursus universitaire. Or les modalités d'organisation des bibliothèques sont parfois délicates à cerner.
Il faut apprendre à se servir des bases de données, à consulter les catalogues, à identifier les ouvrages ou les revues en accès libre et à maîtriser les techniques de consultation ou d'emprunt des ouvrages. Parfois, les chargés de TD organisent une visite destinée à découvrir le fonctionnement des bibliothèques, ou ces dernières proposent elles-mêmes des séances de formation.
Les occasions d'aller en bibliothèque sont multiples : d'une manière générale, certains préfèrent travailler en ce lieu d'études plutôt que chez eux. Il est également possible de s'y rendre lorsque l'emploi du temps présente un « trou » d'une ou deux heures entre deux cours. Enfin, un certain nombre d'étudiants s'y retrouvent pour travailler en équipe.

Lire la presse

La presse quotidienne et hebdomadaire ainsi que la télévision (en particulier les chaînes étrangères) représentent un outil précieux pour les étudiants. Il est nécessaire de bien connaître l'actualité, de se familiariser avec un certain nombre de notions-clefs et de suivre ce qui fait débat. Cela s'avère indispensable pour toutes les matières de première année de droit (y compris pour l'histoire du droit, puisque la recherche ne cesse d'évoluer), et permet à l'étudiant d'étoffer à la fois ses connaissances techniques et sa culture générale.
En droit constitutionnel, l'actualité est marquée par des événements mettant en cause des règles d'organisation et de fonctionnement du pouvoir, qu'il s'agisse de débats et du vote d'une proposition ou d'un projet de loi, d'élections ou de consultations électorales en France (référendums du 24 septembre 2000 sur le quinquennat et du 29 mai 2005 sur le traité de Constitution européenne) comme à l'étranger (élection et réélection aux États-Unis de George W. Bush en 2000 et 2004), ou d'une décision du Conseil constitutionnel soulevant des critiques, telle celle du 22 janvier 1999 sur la responsabilité pénale du chef de l'État (le débat a abouti à la révision des articles 67 et 68 de la Constitution en février 2007). Tous ces exemples illustrent la nécessité de suivre attentivement l'actualité politique et institutionnelle.
Les chargés de travaux dirigés de droit constitutionnel donnent parfois comme exercices des revues de presse. Mais il est conseillé de suivre l'actualité régulièrement et de sa propre initiative. En effet, les manuels ne peuvent pas être totalement à jour : il convient de les compléter en prenant connaissance des nouveaux éléments liés à l'actualité, comme :
• les résultats des dernières élections présidentielle et législatives en 2007, municipales et cantonales en 2008 ;
• la (scandaleuse) modification du corps électoral en Nouvelle-Calédonie en février 2007 ;
• la signature du traité de Lisbonne en 2007 qui reprend, sous une autre forme, les dispositions du traité de Rome de 2004 (traité établissant une constitution pour l'Europe) pourtant rejeté par référendum en 2005 en France et aux Pays-Bas ;
• etc.
Certes, la presse française se caractérise par son prix élevé, mais cet obstacle peut être très facilement contourné en se procurant les journaux en bibliothèque.

Travailler régulièrement

Ce conseil s'applique pour la préparation des travaux dirigés, mais il a aussi une portée plus générale. Il est vivement conseillé de relire fréquemment ses cours, de rédiger des fiches personnalisées et condensées (mettant

l'accent sur les aspects essentiels du programme), qui s'avèrent très utiles pour comprendre et mémoriser les cours, et enfin de préparer soigneusement les partiels et les examens.
Une fois de plus, l'enseignement supérieur laisse l'étudiant libre de s'organiser comme il l'entend : à lui de mettre à l'épreuve son sens de l'organisation et de ne pas attendre l'échéance des partiels ou des examens pour s'y préparer, sous peine d'être très rapidement découragé par la masse de travail à accomplir et de ne pas pouvoir y faire face.

Le respect de ces conseils simples devrait aider les étudiants à mettre toutes les chances de leur côté pour franchir avec succès le cap de la première année de droit. À présent, il est nécessaire de prendre connaissance des consignes plus techniques concernant les TD et les exercices qui sont donnés le jour de l'examen.

Les travaux dirigés

Dans un premier temps, le principe et le fonctionnement des travaux dirigés doivent être précisés, en insistant plus particulièrement sur le contenu de la fiche de TD et sur les recherches complémentaires à effectuer. Puis les différents types d'exercices donnés aux étudiants au cours de ces séances seront recensés et des conseils destinés à les traiter seront fournis.

Principe et organisation

L'objectif des travaux dirigés

Les séances de travaux dirigés sont à la fois destinées à approfondir le cours et à acquérir une méthodologie en préparant des dissertations, des cas pratiques, des commentaires de textes ou de décisions du Conseil constitutionnel.
Elles permettent de travailler régulièrement sur le programme qui doit être assimilé en vue de l'examen. Une vingtaine de séances sont prévues tout au long de l'année et chacune d'entre elles porte sur un thème qui développe et complète le cours dispensé en amphithéâtre : la séparation des pouvoirs, la Constitution, le régime présidentiel américain, le Président de la République, le Premier ministre, etc.

Un enseignant encadre les séances de TD, qui sont nettement moins anonymes que les cours magistraux, dans la mesure où elles réunissent en général une quarantaine d'étudiants. Les TD fournissent ainsi l'occasion de nouer des contacts avec d'autres personnes, et donc de rompre l'impression d'isolement que ressentent un certain nombre d'étudiants à l'Université. Enfin, les TD permettent aux étudiants de poser des ques-

tions pour mieux comprendre tel ou tel point du programme qui paraîtrait peu clair ou confus.
À la différence des cours d'amphithéâtre, l'assiduité est obligatoire. Les absences doivent être justifiées (en cas de maladie par exemple) et il est conseillé, dans la mesure du possible, d'en avertir le chargé de TD, en particulier si l'étudiant est chargé de faire l'exposé prévu au cours de la séance !

Les notes obtenues au cours des travaux dirigés servent de contrôle continu et comptent en général pour 50 % de la note finale obtenue dans la matière (le résultat obtenu à l'examen comptant pour l'autre moitié). Un travail sérieux et régulier tout au long de l'année permet en principe de dépasser la moyenne et, par conséquent, de disposer de points d'avance en prévision de l'examen écrit. À l'inverse, une note de contrôle continu inférieure à 10 contraint l'étudiant à rattraper ses points de retard le jour de l'examen. Ainsi, un étudiant disposant d'une moyenne de 13/20 en contrôle continu se présente à l'examen avec trois points d'avance et doit obtenir au minimum une note de 7/20. En revanche, un élève dont la moyenne en TD s'élève à 6/20 est contraint d'avoir au moins 14/20 à l'écrit.

À noter : il arrive souvent que le régime des examens au second semestre soit différent de celui du premier semestre, car la note de TD et la note d'examen ne se compensent plus. Les étudiants n'ayant pas obtenu la moyenne aux TD ou à l'examen doivent alors repasser l'épreuve l'année suivante, même s'ils sont inscrits en deuxième année dérogatoire.

Il est donc essentiel de mesurer l'importance des séances de TD et de les préparer avec rigueur. Certains étudiants commettent l'erreur de se présenter aux TD sans avoir rien préparé et ils ne sont alors pas en mesure de mettre à profit la séance pour approfondir le cours. La préparation des TD nécessite une bonne organisation et il est conseillé de prévoir, selon le rythme de travail de chacun, entre une demi-journée et une journée entière de travail (si possible toujours la même).

Cette préparation passe tout d'abord par la lecture de la fiche de TD.

La fiche de TD

Considérations générales

Chaque séance repose sur une fiche de TD qui contient un certain nombre de documents relatifs au thème étudié. Il peut s'agir de textes de doctrine, de diverses contributions d'acteurs de la vie politique (par exemple un article, un discours, une conférence de presse ou un extrait d'ouvrage), de textes ou de projets de loi (articles de la Constitution, extraits du règlement du Sénat ou de l'Assemblée nationale), de débats parlementaires, de décisions du Conseil constitutionnel, d'extraits de rapport (comme le rapport Vedel[11]), d'articles de presse, d'arrêts ou d'avis du Conseil d'État, et même parfois d'arrêts de la Cour de cassation. L'ensemble des éléments qui constituent la fiche de TD permet de se forger une première vision d'ensemble sur la question abordée.

Afin de bien préparer la séance, il est tout d'abord nécessaire de lire et de s'imprégner du cours magistral qui traite du thème de la séance. Ensuite, il convient d'analyser les différents documents contenus dans la fiche, en n'hésitant pas à en faire de brefs résumés, à les annoter et à surligner les passages les plus importants. L'étudiant doit être capable de les utiliser pendant la séance et donc de retrouver rapidement les éléments pertinents, par exemple pour répondre à une question du chargé de TD. Il est également conseillé de noter le(s) passage(s) qui pose(nt) des difficultés de compréhension, pour demander des précisions à l'enseignant.

Les recherches personnelles

Il est essentiel de retenir que la fiche de TD ne contient qu'une partie des éléments nécessaires à l'appréhension du thème abordé au cours de la séance. Il est indispensable de la compléter en utilisant les indications bibliographiques qu'elle fournit et en effectuant des recherches personnelles. En effet, il existe de nombreux ouvrages de droit constitutionnel (très souvent réédités) qui seront les précieux alliés des étudiants tout au long de leur cursus universitaire (**voir le chapitre 8 de la partie IV pour des références bibliographiques précises**).

Initialement, et conformément à l'esprit de l'enseignement supérieur (qui tend, rappelons-le, à développer l'autonomie des étudiants), seul le thème abordé en TD était précisé et les élèves devaient chercher par eux-mêmes les références pertinentes permettant de le traiter. Cette démarche a été abandonnée, en partie pour des raisons techniques. Il est en effet difficile, voire impossible, de laisser le soin aux très nombreux étudiants de première année de rechercher en bibliothèque les documents nécessaires à l'étude du thème abordé, car ceux-ci sont en nombre limité. Toutefois, l'esprit initial demeure : une certaine latitude est laissée à l'étudiant pour compléter la fiche de TD, malgré l'indication d'un certain nombre de références qui facilitent ses recherches.

---

11. Des extraits de ce rapport figurent fréquemment dans les fiches de TD en raison de la qualité des travaux effectués par la commission présidée par le doyen Vedel. En 1993, cette commission a proposé une réforme d'ensemble de la Constitution, destinée à améliorer le fonctionnement global des institutions de la Ve République.

Les élèves semblent souvent déroutés par ces ressources complémentaires et ne comprennent pas toujours l'usage qu'il convient d'en faire. En réalité, il ne s'agit pas nécessairement de compiler l'ensemble des documents figurant dans la bibliographie. L'étudiant doit progressivement apprendre à établir une hiérarchie parmi les différentes indications et à ne retenir que celles qui lui paraissent les plus pertinentes ou les plus intéressantes.

Enfin, en dehors des références bibliographiques fournies dans la fiche, l'étudiant peut compléter de lui-même les apports du TD en effectuant des recherches personnelles, initiative qui sera forcément appréciée par le chargé de TD.
Il est par exemple vivement conseillé de comparer les points de vue des professeurs en consultant la partie de leurs manuels qui traite le thème abordé en TD.
La recherche des commentaires de décisions du Conseil constitutionnel est également très utile car elle permet de mieux comprendre le sens et la portée de celles-ci. Mais il convient de se montrer prudent à l'égard de ces commentaires : il est indispensable de lire d'abord la décision, puis, dans un second temps seulement, de se reporter aux commentaires, en conservant toujours à leur égard un esprit critique. En effet, ces derniers peuvent traduire une interprétation personnelle de l'auteur, ou sont même erronés – dans de très rares cas, il est vrai.
En dépit de ces difficultés, la lecture des commentaires de décisions permet également de se faire une idée de ce qui est attendu d'un étudiant lors de l'exercice du commentaire d'arrêt. Évidemment, les examinateurs n'exigent pas des étudiants une analyse aussi pointue et détaillée que celle d'un juriste confirmé. Mais ces articles illustrent bien la technique du commentaire de jurisprudence : la décision doit tout d'abord être expliquée (quelle règle est posée ? Quelle interprétation est faite d'une disposition constitutionnelle ? S'agit-il d'un revirement de jurisprudence ?), puis éventuellement critiquée (la solution retenue est-elle la plus appropriée ? Quelles autres solutions étaient possibles ?).
La fiche de TD et les recherches complémentaires effectuées par les étudiants constituent les matériaux nécessaires à la préparation des travaux dirigés. Parmi les documents que les étudiants seront amenés à consulter figurent les décisions du Conseil constitutionnel qui présentent un certain nombre de difficultés.

Après avoir décrit l'organisation et le fonctionnement des travaux dirigés, il est à présent nécessaire de recenser les différents types d'exercices que les étudiants sont amenés à réaliser au cours de ces séances et de donner un certain nombre d'indications permettant de les préparer convenablement.

Les exercices donnés en travaux dirigés

Les universités et les professeurs ont chacun leurs exigences et leurs préférences pour tout ce qui relève des travaux dirigés. Et le chargé de TD dispose lui-même d'une certaine latitude pour choisir le type d'exercice qu'il souhaite donner à ses étudiants. C'est donc la diversité qui prévaut en la matière. Mais les enseignants recourent souvent au même type d'exercice, qu'il s'agisse d'exposés, de devoirs rendus, d'interrogations écrites ou encore de revues de presse. Il convient enfin d'apporter quelques précisions sur la participation orale des étudiants lors des séances de TD, qui est fréquemment prise en compte dans la note de contrôle continu.

Les exposés

Les chargés de TD de droit constitutionnel ne donnent pas nécessairement des exposés à préparer à chaque séance. Certains préfèrent apporter des précisions sur le thème abordé et interroger les différents étudiants sur les documents figurant dans la fiche de TD. Mais d'autres sont attachés à ce type d'exercice. Le chargé de TD peut donc décider de faire préparer un exposé portant sur un sujet se rattachant au thème de la séance. Lors de l'étude du régime présidentiel américain, le sujet portera par exemple sur les relations entre le Président et le Congrès (le Parlement) aux États-Unis.

La pratique diffère selon les enseignants, qui peuvent demander à l'ensemble des étudiants de préparer l'exposé et désigner un élève le jour de la séance, ou bien décider par avance quel étudiant sera chargé de présenter son travail.
Dans la première hypothèse, chacun doit préparer l'exposé. Il peut s'agir d'une dissertation, d'un commentaire de texte ou d'une décision du Conseil constitutionnel. Les règles pour traiter ces sujets, qui sont également donnés lors de l'examen écrit, seront étudiées ultérieurement, mais un certain nombre de consignes peuvent déjà être indiquées.

L'étudiant doit s'efforcer d'être le plus clair possible, en insistant sur les éléments essentiels du sujet, sans se perdre dans les détails.
En général, l'enseignant impose un temps limité, le plus souvent entre un quart d'heure et une demi-heure. Il est nécessaire de respecter ce délai car il oblige en réalité à aller à l'essentiel, l'objectif d'un exposé n'étant pas d'être exhaustif, mais plutôt de faire preuve de ses capacités de synthèse. De plus, un exposé d'une heure ne sera pas écouté par les autres étudiants et il se révélera quelque peu « indigeste » pour le chargé de TD lui-même. L'étudiant doit également prendre soin de parler d'une voix audible. Il n'est pas rare de voir des étudiants qui, par timidité, « marmonnent », rendant ainsi leur exposé peu intelligible.

Enfin, il faut éviter de lire son exposé, même si cela peut présenter un aspect rassurant, car l'expérience montre qu'il est alors difficile de retenir l'attention de l'auditoire. Certes, l'étudiant peut s'appuyer sur ses notes, mais sans en être prisonnier.

Les devoirs à rendre, préparés à la maison

Le chargé de TD peut désigner un étudiant pour effectuer un exposé et ramasser dans le même temps les copies de quelques autres élèves. Il les rendra par la suite corrigées et notées. Lorsqu'un étudiant n'a pas eu (ou pris) le temps de préparer le devoir prévu pour la séance de TD, il est toujours plus diplomatique qu'il prévienne son chargé de TD en début de séance, plutôt qu'il avoue sa défaillance quand celui-ci lui demande sa copie.
Les préparations à la maison de dissertations constituent un excellent moyen de s'entraîner dans la perspective de l'examen de fin d'année. Les différentes notes obtenues sont comptabilisées dans la moyenne finale du contrôle continu. Certains enseignants acceptent également que des élèves leur rendent volontairement leurs copies. Il ne faut alors pas hésiter à saisir cette opportunité de se rattraper ou d'améliorer sa moyenne.

Les interrogations écrites

Les chargés de TD recourent souvent (à deux ou trois reprises) à ce type d'exercice. Il peut s'agir d'interrogations prévues à date fixe ou d'interrogations surprises (ces dernières impliquent donc que l'étudiant apprenne régulièrement ses cours).
Ces interrogations peuvent porter sur des questions à choix multiples (QCM), sur des questions de cours (quatre ou cinq petites questions sont alors données) ou sur un exercice de type dissertation (entièrement rédigée ou sous forme de plan détaillé), cas pratique ou commentaire d'arrêt. Leur durée est également variable (un quart d'heure, une demi-heure ou l'intégralité de la séance) et il convient de ne pas se laisser surprendre. Si l'interrogation porte sur des questions de cours, il faut éviter de consacrer trop de temps aux premières questions et de bâcler les réponses suivantes. Compte tenu de la durée de l'interrogation écrite, l'étudiant ne peut pas se lancer dans de longs développements théoriques sur les questions posées. Il doit tenter d'être exhaustif, tout en proposant des réponses concises et synthétiques.

Les revues de presse

L'importance de suivre l'actualité en droit constitutionnel a précédemment été évoquée car celle-ci est rythmée par des événements qui

mettent en cause l'application de règles constitutionnelles. Il est donc nécessaire de suivre de près l'actualité.
La réalisation d'une revue de presse constitue souvent l'un des exercices donnés par les chargés de travaux dirigés. Elle s'avère très importante et particulièrement formatrice, car, en fournissant des exemples concrets, elle permet de mieux comprendre les mécanismes du droit constitutionnel. Par la suite, ces exemples pourront être cités dans une dissertation ou un commentaire de texte, ce qui sera apprécié par les correcteurs.

Enfin, il n'est pas inutile de retenir que les examinateurs ont une certaine tendance à s'inspirer de l'actualité pour choisir les sujets d'examens. Il convient cependant de demeurer prudent : seuls des indices peuvent être ainsi fournis par l'actualité. Quelles que soient les intuitions des étudiants, il est nécessaire de connaître l'ensemble du cours et de ne pas faire d'impasses.

Pour effectuer une revue de presse, quelques indications pratiques doivent être fournies, car comme son nom l'indique, celle-ci nécessite la lecture d'un ou de plusieurs journaux quotidiens et/ou hebdomadaires.

Quel(s) quotidien(s) ou hebdomadaire(s) choisir ?

En principe, une grande latitude est laissée aux étudiants pour réaliser leur revue de presse. Ils peuvent s'appuyer, le cas échéant, sur le journal qu'ils ont l'habitude de lire.
Il est tout à fait envisageable d'avoir recours à la presse d'opinion, à condition de toujours garder à l'esprit que ses analyses portant sur tel ou tel problème constitutionnel seront plus souvent dictées par des considérations partisanes (qui ne sont pas d'ailleurs forcément fausses) que par des données techniques[12].

Dans la mesure du possible, il est intéressant de comparer les articles de différents journaux : cela permet d'être le plus complet possible sur une question précise et de constater que les prises de position et les arguments, même en matière constitutionnelle, peuvent différer selon les tendances politiques des journaux.
Évidemment, les étudiants sont alors confrontés à un problème de coût, les quotidiens français se caractérisant par un prix assez élevé. Dans ce cas, il convient de se procurer les journaux en bibliothèque.
La lecture des quotidiens est utile car ceux-ci offrent très souvent des tribunes à des constitutionnalistes. Les hommes politiques publient

12. Pour déterminer de façon ludique sa propre opinion politique, il est possible de consulter l'ouvrage suivant : Eustache DANGER, *Testez votre opinion politique, 100 questions pour se définir (ou se redéfinir)*, Levallois-Perret, Studyrama, 2007, coll. « Poche ».

également dans les journaux des articles abordant des thèmes constitutionnels : l'initiative du quinquennat revient à l'ancien président de la République, Valéry Giscard d'Estaing, qui s'est exprimé le 11 mai 2000 à ce sujet dans les colonnes du *Monde*. Le 18 novembre 2000, dans ce même quotidien, Raymond Barre et Michel Rocard, tous deux anciens Premiers ministres, ont plaidé en faveur de l'inversion du calendrier électoral de 2002 initialement prévu, en demandant que l'élection présidentielle soit organisée avant les législatives.

Il est également utile de se rendre sur les sites Internet des quotidiens, qui comprennent des dossiers souvent très détaillés sur telle ou telle question se rattachant au droit constitutionnel. Le grave inconvénient d'Internet réside dans le fait que les références (dates de parution des articles, pagination), qui sont indispensables pour indiquer l'origine de l'information utilisée, sont généralement très imprécises.

Comment sélectionner les informations pertinentes ?

Même si cela peut paraître évident, soulignons que seules les informations ayant un rapport direct avec le droit constitutionnel doivent être retenues. Il convient donc de sélectionner les articles qui évoquent des questions relatives à l'organisation et au fonctionnement du pouvoir (élections, formation d'un Gouvernement, adoption d'une proposition ou d'un projet de loi, décisions du Conseil constitutionnel, débat sur les institutions, etc.).
Mais il ne s'agit pas pour autant d'effectuer une revue de presse couvrant toutes les branches du droit, en évoquant par exemple le dernier arrêt de la Cour de cassation.

Il ne faut pas se limiter aux informations concernant les grandes démocraties occidentales (États-Unis, Grande-Bretagne, Allemagne, Italie, Espagne, etc.) Ainsi, il est intéressant d'étudier l'organisation et le fonctionnement des pouvoirs politiques d'autres pays : la destitution d'un président aux Philippines, un coup d'État en Côte d'Ivoire, ou l'élection présidentielle en Iran relèvent également du droit constitutionnel.

La participation orale

La note de contrôle continu ne s'appuie pas uniquement sur les exercices qui viennent d'être détaillés : la participation orale entre également très souvent en considération.
Le chargé de TD peut décider d'attribuer une note de participation orale, qu'il comptabilisera dans la moyenne finale, ou prendre en compte les interventions des étudiants pour arrondir ou remonter leur note de contrôle continu. C'est pourquoi il est très important de prendre la parole

durant les séances de TD, pour répondre aux questions de l'enseignant ou pour lui demander d'apporter des explications sur un point du cours qui pose des difficultés.
Dans bien des cas, les étudiants appréhendent ces situations et n'osent pas toujours franchir le pas. La timidité ou la peur de se tromper motivent généralement cette attitude. Mais il est indispensable de surmonter ces craintes : la prise de parole constitue, avec les exposés, un très bon moyen de s'exercer dans la perspective des examens oraux qui se dérouleront lors des partiels et en fin d'année. Et à plus long terme, quel que soit leur futur métier, les étudiants seront amenés à intervenir devant un auditoire pour présenter un dossier, faire état de l'avancée de leurs travaux, et, pour bon nombre d'entre eux qui deviendront avocats, pour effectuer une plaidoirie.
Quant à la peur de se tromper, parfaitement légitime, elle ne doit en rien constituer un frein : personne n'est à l'abri d'une erreur, pas même les professeurs. Il est cependant déconseillé de tomber dans l'excès inverse : certains élèves prennent systématiquement la parole et multiplient les interventions intempestives. Cela a souvent le don d'irriter l'enseignant, surtout si l'objectif plus ou moins avoué est de chercher à le déstabiliser. Mais un usage raisonnable de la prise de parole est toujours bien considéré par le chargé de TD. Il suffit simplement d'être rigoureux et de respecter le caractère technique de la matière. Une lecture attentive et précise de la fiche de TD permet en principe d'intervenir à bon escient.

Les examens

Ce chapitre est destiné à fournir un certain nombre de conseils pour réussir les exercices proposés à l'examen lors de l'épreuve de droit constitutionnel. Quelques consignes d'ordre général seront données avant de détailler les différents types de sujets, théoriques ou pratiques.

Considérations générales

Le choix du sujet

Il s'agit d'une étape cruciale de l'examen. Bon nombre d'étudiants ont tendance à se précipiter sur un sujet, sans en avoir bien analysé les termes ni cerné les difficultés.
Un conseil s'avère donc essentiel : il faut savoir prendre son temps et s'accorder une dizaine de minutes avant d'effectuer son choix. L'étudiant doit commencer par réfléchir aux deux sujets, noter les premiers éléments qui lui permettront de les traiter, et penser éventuellement à une ébauche de plan. Ensuite, il lui faut déceler le sujet qui l'inspire le plus ou qui lui paraît le moins difficile à traiter, puis, seulement après ce temps de réflexion, opter pour l'une des deux épreuves.

Faute de procéder ainsi, il n'est pas rare de voir des étudiants changer de sujet en catastrophe au bout d'une heure ou une heure et demie d'épreuve. Cette erreur est à éviter, sous peine de ne pas pouvoir rendre un devoir complet et de qualité.
Il est également important de retenir qu'un sujet pratique n'est pas nécessairement plus facile qu'un sujet théorique. Le sujet pratique a tendance à rassurer les étudiants, alors qu'il s'avère aussi complexe que la dissertation.

La gestion du temps

Il est nécessaire de bien savoir gérer les trois heures accordées lors de l'épreuve écrite. La première consigne que l'on peut donner est de profiter de la totalité du temps imparti pour se consacrer à sa copie. Il est très fréquent de voir des étudiants quitter la salle d'examen au bout d'une heure et demie ou deux heures. Même s'ils pensent avoir effectivement terminé, il leur est fortement déconseillé d'agir ainsi.
D'une part, l'étudiant peut consacrer le temps restant à améliorer sa copie : il lui est conseillé de procéder à une relecture attentive, qui permet de corriger les fautes d'orthographe, d'éliminer des erreurs et de compenser d'éventuels oublis. Grâce à ces corrections, il peut augmenter sa note d'un, voire de plusieurs points.
D'autre part, le fait de terminer très en avance signifie souvent que l'étudiant n'a pas bien su utiliser le temps dont il disposait pour traiter convenablement le sujet (réfléchir avant de choisir son sujet, rédiger au brouillon son introduction, recenser les différents points que le sujet nécessite d'aborder, etc.). L'excès inverse consiste à se laisser déborder par le temps et à rendre, par conséquent, une copie inachevée.

Il n'existe évidemment pas de règle universelle, la gestion du temps dépendant de chaque étudiant et de chaque sujet, mais il est conseillé de respecter les délais suivants :
• 10 minutes pour le choix du sujet ;
• 50 minutes pour l'élaboration du plan ;
• 15 à 20 minutes pour le brouillon de l'introduction ;
• 10 minutes de relecture à la fin du devoir ;
• le reste du temps pour rédiger soit 90 minutes (1 h 30).

Si la gestion du temps s'avère primordiale lors de l'examen, il convient d'aborder un autre point tout aussi fondamental : l'écriture et l'orthographe.

L'écriture et l'orthographe

Il est nécessaire de s'appliquer pour rendre son écriture la plus lisible possible. Les étudiants doivent en effet garder à l'esprit le fait que le correcteur est appelé à corriger de très nombreuses copies traitant du même sujet. L'exercice de correction des copies présente donc un caractère répétitif et se révèle souvent fastidieux. Une copie difficilement lisible mettra l'examinateur dans de mauvaises dispositions et risque d'avoir des conséquences négatives sur la note obtenue par l'étudiant.
Il faut donc soigner la qualité de son écriture, mais également la présentation, en n'hésitant pas à aérer et à sauter des lignes entre les parties et les sous-parties.
Il est également impératif de ne pas utiliser d'abréviations dans une copie d'examen. Celles-ci sont utiles pour la prise de notes, mais les correcteurs attendent des étudiants qu'ils apportent un soin tout particulier à leur style et à leur orthographe le jour de l'examen. Les abréviations ne sont autorisées que pour quelques institutions, comme par exemple le « CSA »[13]. Mais il est proscrit d'utiliser « CC » pour désigner le « Conseil constitutionnel ».

Le candidat doit donc veiller à la qualité de son écriture, mais également prendre soin de l'orthographe et de la grammaire. Une copie contenant un trop grand nombre de fautes risque d'irriter le correcteur et d'être sanctionnée. Il est nécessaire de veiller tout particulièrement au respect de l'orthographe des noms propres, qu'il s'agisse de philosophes, d'acteurs de la vie politique ou d'auteurs de droit constitutionnel.

Exemples : « François Mitterrand » (ne pas oublier les deux « t » et les deux « r » ; « Valéry Giscard d'Estaing » ; « Charles De Gaulle » (ne pas oublier les deux « l » et le « D » majuscule bien que la faute soit extrêmement répandue) ; « Rousseau » ; « Montesquieu » ; « Locke », etc.

De même, il faut éviter de commettre certaines fautes qui apparaissent régulièrement dans les copies. Il n'est guère possible de toutes les recenser, mais il convient d'attirer l'attention des étudiants sur certaines d'entre elles :
• les termes « voix » et « voie » sont souvent confondus. Un député obtient un certain nombre de « voix » aux élections, tandis que le Conseil constitutionnel opère un contrôle de constitutionalité par « voie d'action » ;

13. L'usage veut que la première occurrence de ces institutions mentionnée dans une copie soit rédigée en toutes lettres, suivie de l'abréviation précisée entre parenthèses. Par la suite, l'abréviation suffira. Exemple : on écrira une première fois « Conseil supérieur de l'audiovisuel (CSA) » et dans les développements ultérieurs, l'abréviation « CSA » sera suffisante.

• l'Assemblée nationale n'est pas « dissolue » mais dissoute » ;
• la « rationalisation » ne prend qu'un seul « n ».

Même si elles ne font pas l'unanimité, il existe également des règles concernant l'orthographe de certaines autorités de l'État ou de certaines notions de droit constitutionnel. Pour notre part, nous conseillons de respecter les orthographes suivantes : « Constitution », « État » et « République ».

L'orthographe du mot « président » varie lorsqu'il est employé au sens de chef de l'État. Il s'écrit « Président de la République » (majuscule initiale aux deux termes) quand il s'agit de l'institution. En revanche, lorsque c'est la personnalité qui est évoquée, on l'orthographie « président de la République » (minuscule à « président »).

Exemples : « le Président de la République est le chef des armées » et « le président de la République a réformé le service national ».

On écrira :
• « président de l'Assemblée nationale » (dans ce cas, pas de majuscule pour le mot « président ») ;
• « président du Sénat » (*idem*) ;
• « président du Conseil constitutionnel » (*idem*) ;
• « Premier ministre » (majuscule uniquement sur l'adjectif « Premier ») ;
• « Gouvernement » ;
• « ministre » (sans majuscule) ;
• « député » et « sénateur » (*idem*) ;
• « Garde des Sceaux » (majuscule initiale sur les deux termes et attention également à l'orthographe du mot « Sceaux ») ;
• « Parlement » ;
• « Assemblée nationale » (majuscule uniquement sur le premier mot) ;
• « Sénat » ;
• « Conseil constitutionnel » (majuscule uniquement sur le premier mot) ;
• « Conseil des ministres » (*idem*) ;
• « Conseil d'État ».

Enfin, il convient d'éviter au maximum dans les copies les répétitions. Pour cela, il est utile de connaître quelques synonymes (ou expressions équivalentes) des principales institutions :
• « Président de la République » ou « chef de l'État » ;
• « Premier ministre » ou « chef du Gouvernement » ;
• « Constitution » ou « loi fondamentale » ;

- « Conseil constitutionnel » ou « juges de la rue Montpensier[14] » ;
- « Assemblée nationale » ou « Chambre basse » ;
- « Sénat » ou « Chambre haute » ;
- « Conseil d'État » ou « Haute Assemblée » ;
- « Cour de cassation » ou « Haute Juridiction ».

Après avoir donné ces consignes d'ordre général, il convient d'étudier les différents types d'exercices susceptibles d'être donnés le jour de l'examen.

Le sujet théorique : la dissertation

Dans une dissertation, l'écueil à éviter est de se contenter de réciter son cours, sans apporter d'éléments de réflexion ni faire preuve d'une analyse critique. L'objectif de cet exercice est en effet de tester les capacités de l'étudiant à organiser ses connaissances et à argumenter.

Les termes du sujet et la problématique

Lors d'une dissertation, la première étape consiste à analyser les termes du sujet. Bon nombre d'étudiants se précipitent dans l'élaboration d'un plan sans avoir véritablement pris le temps de bien étudier l'intitulé du sujet. Chaque terme compte et a son importance : par commodité, certains élèves éludent ceux qui leur posent problème et encourent alors le risque de rédiger une copie hors sujet. Dès lors, même avec une bonne connaissance de la question, l'étudiant n'obtiendra pas la moyenne.
Il est donc impératif de bien cerner les notions en jeu (la séparation des pouvoirs, la démocratie directe, le régime présidentiel, etc.), la période et le régime (la IIIe, la IVe et/ou la Ve République, l'ensemble de l'histoire, etc.), et les pays concernés (États-Unis, Grande-Bretagne, France, les grandes démocraties occidentales, etc.).
Un autre aspect de la dissertation que les étudiants ont parfois du mal à appréhender concerne la problématique, qui peut se définir comme le ou les problème(s) sous-tendu(s) par le sujet et au(x)quel(s) il convient d'apporter une solution. Il est possible de distinguer quatre types de sujets présentant une problématique spécifique.

L'intitulé ne mentionne qu'une notion ou une institution

Exemple : « Le Président de la République ».

Dans ce cas, il ne s'agit pas de faire simplement état de ses connaissances sur ce thème même si elles doivent être particulièrement à jour étant donné la révision constitutionnelle de 2008 (deux mandats successifs,

14. Le Conseil constitutionnel siège dans l'aile Montpensier du Palais Royal.

droit de message, etc.). Il est nécessaire de trouver le(s) problème(s) que le sujet soulève et d'orienter son devoir par rapport à ce(s) dernier(s).
Il faut en réalité choisir une question à laquelle on se propose de répondre. Mais en général, si le cours est bien maîtrisé, la question est tacitement posée. Ainsi, le sujet sur le Président de la République sous-tend le problème de son rôle au sein des institutions françaises (en particulier dans le pouvoir exécutif) et plus généralement de sa prééminence : quel est le véritable chef de l'exécutif : le chef de l'État ou le chef du Gouvernement ?
Le devoir doit donc être surtout axé sur les prérogatives du Président. Il joue à la fois le rôle d'arbitre (en vertu de l'article 5 de la Constitution) et celui de chef (en raison de ses responsabilités en matière de politique étrangère et de défense). Le Président de la République domine l'exécutif (il nomme et révoque le Premier ministre) et dispose de pouvoirs importants à l'égard du Parlement.
Il est également nécessaire de préciser la répartition des compétences qui s'effectue en période de cohabitation et qui rééquilibre les pouvoirs au sein de l'exécutif en faveur du Premier ministre. C'est ce dernier qui détermine avec son Gouvernement la politique de la nation. Le Président de la République conserve ses pouvoirs, mais il joue un rôle plus effacé qu'en période de concordance des majorités.

Le sujet se présente sous la forme d'une question

Exemples

- Sujet 1 : « Faut-il réformer le Conseil constitutionnel ? »
- Sujet 2 : « Les pouvoirs du Président américain sont-ils illimités ? »

Cette fois, la problématique est imposée, ce qui facilite le travail des étudiants. Ces derniers doivent simplement répondre à la question (par oui, non, ou dans une certaine mesure, etc.) en adoptant un plan qui se rapproche du modèle classique thèse / antithèse de la dissertation.

Ainsi, pour traiter le sujet 1, il convient de dresser un bilan du fonctionnement du Conseil constitutionnel. S'agit-il d'une institution efficace et quelles améliorations sont envisageables ? Le bilan du Conseil constitutionnel est satisfaisant. Il a fait preuve de son efficacité et de son indépendance, en permettant de garantir la supériorité de la Constitution sur la loi et en protégeant les droits fondamentaux des citoyens.
Cependant, le Conseil constitutionnel est critiqué et son contrôle présente encore des lacunes. Il faut alors rappeler ces critiques (son mode de désignation, qui fait appel à des autorités politiques, a parfois été contesté et l'on a pu lui reprocher d'évoluer vers un Gouvernement des juges), puis envisager les améliorations possibles (en instituant par exemple un

contrôle par voie d'exception permettant à tout citoyen d'invoquer lors d'un procès l'inconstitutionnalité d'une loi).

S'agissant du sujet 2, il convient d'expliquer en quoi le Président américain dispose de prérogatives très importantes (pouvoir réglementaire, pouvoir de nomination des fonctionnaires, chef des armées, maître de la politique étrangère, etc.) qui font de lui une institution particulièrement puissante. Cependant, le Congrès lui sert de contre-pouvoir : il a seul (en tout cas officiellement) l'initiative des lois et il peut lui refuser les crédits de sa politique, contrôler l'action de l'exécutif en créant des commissions d'enquête. De plus, le Sénat doit donner son accord pour la nomination des fonctionnaires et pour la ratification des traités. Enfin, le Congrès peut déclencher une procédure d'*impeachment*, tendant à destituer le Président en cas de trahison, concussion ou autre crime ou délit grave. Dès lors, les prérogatives du Président américain sont très importantes, mais en aucun cas illimitées.

L'intitulé contient des restrictions indispensables à prendre en compte

Exemple : « Le rôle du Conseil constitutionnel ».

Il n'est alors pas nécessaire de s'étendre sur les conditions de désignation des membres du Conseil ni sur leur statut. Il faut mettre l'accent sur la fonction et les attributions du Conseil constitutionnel, et non pas évoquer l'institution en général. Le candidat devra rappeler que le Conseil constitutionnel, créé initialement pour veiller à la répartition des compétences entre le Gouvernement et le Parlement, s'est érigé en gardien de la Constitution et en défenseur des droits fondamentaux. En outre, la révision constitutionnelle de 2008, en introduisant une nouvelle forme de contrôle de constitutionnalité, conduit les enseignants à proposer de plus en plus de sujets où le Conseil constitutionnel doit être comparé avec la Cour suprême des États-Unis. Il est donc nécessaire de bien maîtriser les mécanismes et procédures, connaissances trop souvent négligées alors qu'elles incarnent bien souvent la réalité du droit.

Le sujet nécessite un effort de comparaison

Exemple : « Le bicamérisme en France et en Grande-Bretagne ».

Face à ce genre de sujet, la réaction de nombreux étudiants consiste à étudier les deux termes de la comparaison l'un après l'autre. En l'espèce, leur première partie porterait sur le bicamérisme en France, et leur seconde sur le bicamérisme en Grande-Bretagne. Mais les correcteurs attendent évidemment que les étudiants procèdent à une réelle comparaison, du type points communs et différences.

Les deux bicamérismes en question sont ainsi de type inégalitaire (les deux Chambres basses possèdent des prérogatives plus importantes que les Chambres hautes : elles seules peuvent mettre en cause la responsabilité du Gouvernement et elles peuvent obtenir le dernier mot en matière législative), mais le déséquilibre est plus prononcé en Grande-Bretagne qu'en France.
Cela tient en grande partie au fait que la Chambre des Lords a encore essentiellement une composition aristocratique. Suivre l'actualité sur ce sujet est essentiel, car il est possible que la Chambre des Lords soit, dans un proche avenir, désormais élue (réforme envisagée en 2007).

Après avoir cerné avec précision les termes du sujet et défini la problématique, l'étudiant doit procéder au recensement des matériaux.

Le recensement des matériaux

Les candidats doivent réunir les différents éléments qui vont leur permettre de traiter le sujet. Il faut noter au brouillon toutes les idées qui viennent à l'esprit lorsque l'on réfléchit au sujet. Certains éléments apparaîtront comme incontournables et d'autres comme manifestement hors sujet : il ne sera alors pas difficile de séparer le bon grain de l'ivraie. En revanche, certains points peuvent susciter des hésitations quant à leur pertinence à l'égard du sujet. Il faut cependant les noter dans un premier temps et, au fil de la réflexion, prendre soin de déterminer s'ils ont ou non leur place dans le devoir.
Afin d'avoir tous les éléments sous les yeux lors de l'élaboration du plan, il est conseillé de n'écrire qu'au recto des feuilles de brouillon.
Une fois les matériaux nécessaires réunis, l'étudiant doit élaborer un plan.

L'élaboration du plan

Les divers éléments recensés doivent être regroupés en deux, voire en trois grands ensembles qui constitueront les deux (ou trois) parties du devoir. Les pratiques varient selon les universités, mais la tradition la plus répandue dans les facultés de droit est celle du plan en deux parties.
En principe, il n'y a pas qu'un seul plan possible. Le plus important est de veiller à la cohérence et surtout à l'équilibre des parties adoptées. Si, lors de l'élaboration, le plan paraît déséquilibré, il doit être repensé.

Mais le travail de l'étudiant ne s'arrête pas là : chaque partie doit elle-même être divisée en deux sous-parties. Il faut que l'ensemble constitue les étapes d'un raisonnement et d'une démonstration. Il n'est pas nécessaire de trouver un plan original pour se distinguer des autres candidats, mais les « plans bateaux » sont à proscrire, chaque sujet exigeant un plan spécifique. Les étudiants ne peuvent donc pas se contenter d'une présentation sous la forme « statut et pouvoir », « principe et exception », « avantages et inconvénients », etc.

Enfin, il faut rédiger quelques lignes au début de chaque partie (couramment appelées « le chapeau »), pour annoncer les développements qui vont suivre dans le corps du devoir et présenter les deux sous-parties. Une transition doit également être trouvée pour faire le lien entre la première et la deuxième partie.

La rédaction du devoir

Introduction

L'introduction constitue un passage fondamental du devoir et doit être particulièrement soignée. C'est le seul élément (avec les « chapeaux » et la transition) qu'il est conseillé de rédiger d'abord au brouillon, puis, après avoir effectué les modifications qui s'imposent, au propre.

Dans la pratique, l'introduction est trop souvent négligée par les étudiants, alors qu'elle s'avère fondamentale aux yeux du correcteur, car elle lui permet de se faire une première idée des connaissances, du style et de l'orthographe de l'étudiant. Une bonne introduction retiendra son attention et fera ressortir la copie parmi des centaines de devoirs semblables. Elle doit souligner l'importance du sujet et expliquer en quoi il a pu susciter des débats et faire naître des polémiques entre les auteurs de droit constitutionnel et les acteurs du monde politique. L'idéal est de trouver une première phrase accrocheuse. Mais il faut bannir les formules plates du type « de tout temps... » ou « tel sujet a toujours interpellé les constitutionnalistes... »
Il est possible d'évoquer les périodes historiques précédentes (mais il faut alors s'en tenir à quelques lignes et non pas effectuer un rappel historique complet) ou un exemple d'actualité. Par exemple, si le sujet porte sur le référendum en France depuis 1958, l'introduction peut rappeler que la tradition politique française est hostile au référendum en raison de l'usage plébiscitaire qui en a été fait par Napoléon III et / ou évoquer les derniers référendums (celui constitutionnel de 2000 sur le quinquennat ou celui législatif de 2005 sur le traité de Constitution européenne).

L'introduction permet aussi de préciser que telles ou telles questions, considérées comme mineures, ne seront pas abordées dans le corps du devoir. Le fait de recourir à cette technique permet de montrer au correcteur que les éléments ainsi signalés sont connus, mais qu'ils ont été écartés délibérément. Pour le sujet précédemment évoqué sur le référendum, cela permet de mentionner sans plus de détails les référendums territoriaux prévus par l'article 53 alinéa 3 de la Constitution, et de se concentrer sur les référendums des articles 11 et 89, qui méritent des développements substantiels.

Enfin, l'introduction doit préciser la problématique retenue par l'étudiant et annoncer le plan, en indiquant les deux parties (mais pas les sous-parties) qui vont permettre de répondre à la problématique posée.

Corps du devoir

Les étudiants ne disposent pas du temps nécessaire pour rédiger le corps du texte au brouillon. Il leur faut donc se lancer directement au propre. Les consignes rappelées précédemment relatives au soin apporté à l'écriture et à l'orthographe sont à respecter scrupuleusement. Nous insistons donc une fois de plus sur la nécessité de se relire une dizaine de minutes avant de rendre sa copie.

Conclusion

Les traditions varient d'une faculté à l'autre, mais la pratique dominante consiste à ne pas rédiger de conclusion. Dans le cas contraire, il est en tout cas certain qu'il ne s'agit pas de faire un résumé de ce qui a été dit précédemment dans la copie, ce qui ne présente aucun intérêt. La conclusion n'a de sens que si elle apporte des éléments nouveaux, en proposant par exemple un prolongement du sujet ou une ouverture sur l'avenir.

Après avoir donné des consignes relatives à la dissertation, il convient d'aborder maintenant les sujets pratiques.

Les sujets pratiques : le cas pratique et le commentaire de texte

Il existe deux sortes de sujets pratiques : le commentaire, qui peut porter sur un texte ou une décision du Conseil constitutionnel, et le cas pratique. Traditionnellement, lors de l'examen, les étudiants sont plutôt enclins à opter pour le sujet pratique. Ils ont tendance à penser que l'épreuve pratique est plus simple et sont rassurés par la présence d'un texte ou d'une décision, estimant qu'ils disposent ainsi d'un minimum d'éléments pour traiter le sujet, alors que la dissertation les laisse face à une notion ou à une phrase sans aucune autre indication particulière.
Pourtant, il est nécessaire de mettre en garde les étudiants : les sujets pratiques ne sont pas nécessairement plus simples que les sujets théoriques. L'objectif poursuivi est différent : il s'agit de tester la capacité des étudiants à élaborer des raisonnements juridiques. Ce type d'exercice se révèle à l'épreuve des faits tout aussi complexe que la dissertation. Les sujets pratiques présentent des dangers spécifiques, surtout lorsqu'il

s'agit d'un commentaire de texte. Il faut absolument éviter l'écueil de la paraphrase : en effet, pourquoi réécrire, et probablement moins bien, ce qui a déjà été formulé par un auteur ?

À présent, précisons les spécificités des différents exercices pratiques.

Le cas pratique

L'objectif de cet exercice est de tester la capacité des étudiants à mettre au point une argumentation et à élaborer des raisonnements juridiques. Un certain nombre de faits sont exposés (un scénario est bâti, impliquant des données de fait et de droit) et des questions sont posées.
Les étudiants sont souvent rassurés par cet exercice qui les dispense de rechercher un plan, dans la mesure où il leur suffit de répondre aux questions les unes après les autres. Mais la difficulté réside dans l'interprétation des faits, leur rapprochement avec la règle de droit, et la démonstration juridique.

Il est tout d'abord nécessaire de retenir les éléments pertinents parmi les faits et de déterminer les règles de droit applicables. Chacune des indications fournies doit être analysée pour vérifier si elle a de l'importance par rapport à la question posée. Ainsi, il est plus particulièrement nécessaire de prêter attention aux dates (pour vérifier d'éventuelles conditions de délai), aux chiffres (rappelons par exemple qu'il est obligatoire de réunir un certain nombre de députés ou de sénateurs pour constituer un groupe, pour déposer une motion de censure, pour saisir le Conseil constitutionnel, etc.), et aux autorités concernées (le Président de la République, le Premier ministre, etc.).
Il faut ensuite se remémorer les éléments du cours qui ont trait aux faits (le référendum, la dissolution, la révision constitutionnelle, etc.) et se rappeler les règles applicables : quelle autorité dispose de ce pouvoir et dans quelles conditions peut-elle y recourir ?
Enfin, il faut apporter une réponse à la question posée en indiquant les étapes du raisonnement qui ont permis d'y parvenir. Quelques mots d'explication sur le bien-fondé de la règle sont également utiles.

Il est conseillé de respecter l'ordre des questions posées, qui correspond le plus souvent à une certaine logique facilitant le raisonnement de l'étudiant. De plus, il est indispensable d'apporter une réponse distincte à chacune des questions : il faut se garder de mélanger les réponses, par exemple en anticipant sur l'une des questions suivantes.

À noter : il ne s'agit pas de réciter son cours sur la ou les notions juridiques en cause (le référendum, la dissolution, etc.), mais d'utiliser ses connaissances pour répondre à la question précise qui est posée. L'objectif n'est donc pas de procéder à des développements théoriques, en donnant une vision d'ensemble des concepts juridiques en cause. Il convient d'argumenter, en utilisant les éléments de fait et en les rapprochant de la règle de droit, puis de donner la solution particulière. Il faut bien comprendre que les examinateurs attendent avant tout que l'étudiant soit capable de motiver la solution qu'il préconise. Les correcteurs jugeront plus sa capacité à raisonner que la validité de sa réponse.

Il peut arriver que le cas pratique se présente sous la forme d'une seule question. Il est alors nécessaire de respecter les règles de présentation formelle de la dissertation : élaborer une introduction rappelant les faits et le(s) problème(s) juridique(s) posé(s), et annoncer le plan. Ce dernier doit comprendre deux ou trois parties, basées le plus souvent sur les questions juridiques en jeu dans le cas pratique.

Après avoir rappelé les règles relatives au cas pratique, il convient d'apporter des précisions relatives au commentaire de texte.

Le commentaire de texte

Cet exercice peut porter sur un texte de loi (en particulier un article de la Constitution), un texte d'un auteur ou d'un acteur du monde politique (extrait d'ouvrage, discours politique, conférence de presse, débats parlementaires, etc.), ou une décision du Conseil constitutionnel[15].
Le commentaire et la dissertation obéissent à certaines règles communes[16] : il est nécessaire de construire un plan en deux ou trois parties et de rédiger une introduction et une conclusion (uniquement si celle-ci apporte des éléments nouveaux par rapport au corps du texte).

Il est absolument indispensable d'établir un plan. L'étudiant ne peut pas se contenter de commenter le texte paragraphe par paragraphe : il doit construire ses développements autour de deux ou trois grands axes. À cet égard, la construction interne du texte et les étapes du raisonnement de l'auteur permettent souvent de dégager un plan.
Dans certains cas, le texte à commenter est suivi de questions, ce qui permet d'éluder le problème du plan. Il convient alors de rédiger une brève introduction, puis de répondre point par point aux questions posées.
En dehors de ces points communs, le commentaire de texte obéit à des règles spécifiques.

15. Les commentaires de textes d'auteurs en droit constitutionnel et en histoire du droit sont en réalité assez proches. Nous renvoyons donc les étudiants au chapitre 3 de la partie I de cet ouvrage pour trouver des commentaires corrigés.

16. Voir les développements précédents qui concernent la dissertation.

Introduction

Lorsque le texte à commenter est celui d'un auteur, il convient de situer celui-ci (ses fonctions, le courant politique ou idéologique auquel il appartient, éventuellement les circonstances dans lesquelles il a été conduit à écrire ce texte) et d'évoquer la ou les questions qu'il aborde. Cela permet de poser la problématique, puis d'annoncer le plan.
Pour une décision du Conseil constitutionnel, il faut préciser les conditions de la saisine (quelle autorité a saisi le Conseil ? En vertu de quel article ? Quelle norme est contestée ?) et déterminer les points de droits litigieux.

L'esprit du commentaire

De nombreux étudiants commettent l'erreur de s'appuyer sur le point de droit évoqué par l'auteur pour établir des développements théoriques généraux sur ce dernier. Ce n'est bien évidemment pas l'esprit de cet exercice : il faut rester le plus près possible du texte.
Il convient d'abord d'étudier la position de l'auteur. L'objectif est d'analyser et de porter un regard critique sur son point de vue. Il faut donc expliquer ses prises de position et rappeler les arguments sur lesquels il les fonde, puis porter un jugement sur ceux-ci, en les comparant avec ceux exprimés par d'autres auteurs.
Le danger consiste à se contenter de paraphraser le texte, ce qui sera évidemment sanctionné par le correcteur. Certes, il est possible et même conseillé de s'appuyer sur une ou deux citations des passages les plus importants du texte, mais il ne faut pas réécrire le texte avec des mots différents, ce qui ne présente manifestement qu'un intérêt limité.

L'exercice du commentaire de jurisprudence du Conseil constitutionnel correspond aux règles classiques du commentaire d'arrêt[17]. Il faut donc établir les faits litigieux, analyser les arguments des requérants (lorsque la saisine a été motivée, ce qui n'est pas toujours le cas), déterminer les principes juridiques qui sont en cause et préciser la solution retenue (quelle règle est posée ? Quelle interprétation est faite d'une disposition constitutionnelle ?). Enfin, la décision doit faire l'objet d'une appréciation critique, en évoquant son bien fondé et les autres solutions qui étaient envisageables.

17. Voir la partie III de cet ouvrage, consacrée au droit civil.

3. La méthode par l'exemple

Dissertation : « Le Sénat de la Ve République »

Notions essentielles : pouvoir législatif, Parlement, Chambre haute, monocaméralisme et bicaméralisme, bicaméralisme inégalitaire.

Analyse du sujet

Ce sujet peut paraître à première vue original et complexe. En réalité, il ne soulève pas de difficultés particulières et présente l'intérêt d'être au cœur de l'actualité. En effet, une polémique est née en 1998, lorsque le Premier ministre, Lionel Jospin, a tenu des propos très critiques à l'égard du Sénat : « *une chambre comme le Sénat c'est une anomalie parmi les démocraties* [...], *je la perçois comme une survivance des chambres hautes conservatrices.* » Cette déclaration a provoqué une vive réaction de la part du président du Sénat de l'époque, René Monory, et d'une partie de la droite, majoritaire dans cette Chambre.

Nous avons retenu ce sujet car son intitulé ne mentionne qu'une institution, le Sénat. C'est ce type de sujet qui pose le plus de problèmes aux étudiants, car il les contraint à dégager par eux-mêmes la problématique. Les candidats ne doivent pas se contenter de réciter leur cours, en décrivant le mode de désignation des sénateurs et leurs différentes attributions. Il est donc bien évidemment déconseillé de s'appuyer sur ces deux points pour bâtir un plan qui se résumerait à :
I. L'élection des sénateurs
II. Les pouvoirs du Sénat

En effet, un tel plan est manifestement déséquilibré. Certes, le mode de désignation des sénateurs appelle une analyse critique, mais les développements seront nécessairement beaucoup plus courts que ceux consacrés aux pouvoirs dont dispose le Sénat. L'inconvénient d'un tel plan réside surtout dans le fait qu'il ne s'articule pas autour d'une question qui pose problème et qu'il reste avant tout descriptif.

Il convient plutôt d'identifier le problème qui se rattache à l'institution du Sénat. En réalité, ce sujet sous-tend comme problématique l'utilité d'une seconde Chambre et pose donc la question du bicaméralisme, débat ancien mais toujours d'actualité. Cette problématique implique elle-même un certain nombre de questions : à quoi sert le Sénat ? Est-il vraiment indispensable ? Faut-il le réformer ?

Parmi les éléments qui devront impérativement figurer dans le devoir, il convient de citer :
• le mode de désignation des sénateurs ;
• les différents pouvoirs des sénateurs. Les prérogatives du Sénat sont certes de moindre importance que celles de l'Assemblée nationale (en matière législative, il est possible de donner le dernier mot à l'Assemblée nationale, le Sénat ne peut pas engager la responsabilité du Gouvernement, etc.), mais cette institution dispose quand même d'un pouvoir de blocage dans certains domaines (en particulier pour réviser la Constitution) ;
• l'intérêt et l'utilité du bicaméralisme. L'existence d'une seconde Chambre permet de faire contrepoids à l'Assemblée nationale. L'utilité du Sénat est donc de jouer un rôle de contre-pouvoir ;
• le rôle d'opposition joué par le Sénat. Le Sénat s'est ainsi retrouvé dans l'opposition face à Charles De Gaulle ou face à François Mitterrand de 1981 à 1986 ;
• les tentatives de réforme du Sénat. Celle de 1969, initiée par Charles De Gaulle et repoussée par référendum, tendait dans les faits à le supprimer purement et simplement.

Plan rédigé

Introduction

Il est nécessaire de préciser dans l'introduction que le Sénat est une institution controversée. Cette seconde Chambre du Parlement français est souvent accusée de faire preuve de conservatisme et différentes voix, de droite comme de gauche, se sont élevées pour appeler à la réformer. Dès le début de la Ve République, de vives polémiques ont éclaté et un conflit a durablement opposé Charles De Gaulle et la seconde Chambre, présidée par Gaston Monnerville.
Très rapidement, les débats se sont focalisés sur l'existence même du Sénat et la question a ressurgi en 1998, lorsque le Premier ministre, Lionel Jospin, a qualifié cette institution « *d'anomalie parmi les démocraties* ».

Si une Chambre haute est nécessaire dans un État fédéral pour représenter les unités fédérées, tandis que la Chambre basse représente la population, la question se pose de savoir si la Chambre haute présente une utilité dans un État unitaire décentralisé.

En réalité, le Sénat, représentant des collectivités locales, sert de contre-pouvoir à l'Assemblée nationale (Ire partie). Malgré les nombreuses critiques qu'il a subies, liées en particulier à son mode de recrutement, le Sénat a su faire la preuve de son indispensable caractère (IIe partie).

Corps du devoir

I. Le Sénat : un contre-pouvoir à l'égard de l'Assemblée nationale

A. L'originalité du mode de désignation des sénateurs

L'existence d'une institution comme le Sénat ne se justifie que si sa composition est distincte de celle la Chambre basse. Sinon l'utilité d'une deuxième Chambre, reproduction à l'identique de la première, peut être remise en question. Historiquement, la seconde Chambre est traditionnellement une Chambre aristocratique ou de notables, destinée à faire contrepoids à l'Assemblée élue directement au suffrage universel.

Tout d'abord, les sénateurs sont élus au suffrage universel indirect par un collège électoral qui surreprésente les petites communes. Ce mode de désignation est d'ailleurs à l'origine de nombreuses critiques, car d'aucuns considèrent qu'il favorise avant tout la France rurale et conservatrice. Le Sénat assure, en vertu de l'article 24 alinéa 3 de la Constitution, la représentation des collectivités locales (comme sous la IIIe et la IVe Républiques).
Le mandat des sénateurs est plus long que celui des députés : pendant longtemps, il a été de neuf ans et a récemment été ramené à six ans (réforme de juillet 2003). Cette durée de mandat plus longue que celle des députés devait permettre de garantir une certaine stabilité et de faire des sénateurs les gardiens des intérêts essentiels et, à long terme, de la nation. Auparavant, les sénateurs étaient renouvelables par tiers tous les trois ans, ils le sont désormais par moitié tous les trois ans.
L'âge pour accéder au rang de sénateur est également plus élevé que celui des députés : pendant longtemps, il a été de 35 ans et est désormais de 30 ans (contre 23 ans à l'Assemblée nationale). Il s'agit de l'héritage d'une certaine tradition, remontant pratiquement à l'Antiquité, qui veut que des parlementaires plus âgés sauront faire preuve d'une plus grande sagesse.

En réalité, ces modalités de désignation sont destinées à garantir un recrutement distinct de celui de l'Assemblée nationale, dont les membres sont élus directement par le peuple. Les constituants ont souhaité mettre le Sénat à l'abri des brusques revirements – réels ou supposés – de l'opinion. En effet, l'objectif poursuivi est de corriger les risques d'excès liés à la loi du nombre et au suffrage universel. Les rédacteurs de la Constitution ont en quelque sorte craint les passions populaires et les majorités passagères. Ils n'ont pas souhaité qu'une seule Chambre concentre tous les pouvoirs législatifs, ce qui la rendrait extrêmement puissante et comporterait le risque de sombrer dans un régime d'assemblée. Outre ce risque, en partie hypothétique, la seconde Chambre peut servir de contre-pouvoir lorsque

l'Assemblée nationale et le Gouvernement sont dominés par le même parti.
C'est pourquoi, le Sénat dispose de prérogatives destinées à lui faire jouer un rôle modérateur par rapport à l'Assemblée nationale.

B. Des pouvoirs de blocage limités : le bicaméralisme inégalitaire

Le Sénat dispose de prérogatives importantes qui lui permettent de jouer le rôle de contre-pouvoir. Mais ses compétences sont de moindre importance que celles de l'Assemblée nationale. Le Sénat de la Ve République n'a pas autant de pouvoirs que celui de la IIIe République (qui était placé sur pied d'égalité avec la Chambre des députés), mais il en a nettement plus que le Conseil de la République de la IVe République qui jouait alors essentiellement un rôle consultatif : il n'avait pas la possibilité de renverser le Gouvernement et il donnait un avis sur la loi votée par l'Assemblée nationale. Si cet avis était voté à la majorité absolue, l'Assemblée ne pouvait l'écarter qu'à la même majorité.

Le Sénat de la Ve République bénéficie d'un certain pouvoir de blocage. En vertu de l'article 89 de la Constitution, il peut s'opposer à une révision constitutionnelle : en effet, le projet ou la proposition de révision doit être voté(e) par les deux assemblées en termes identiques. Ce fut le cas en 1984 pour le projet de révision constitutionnelle portant sur l'extension du référendum et, en 1990, sur l'instauration d'un contrôle de constitutionnalité par voie d'exception. Cela fait du Sénat le gardien de la Constitution. C'est d'ailleurs également la raison pour laquelle le président du Sénat, et, depuis 1974, 60 sénateurs peuvent saisir le Conseil constitutionnel pour contrôler la constitutionnalité d'une loi ou d'un traité. L'objectif recherché par les constituants est de ne pas laisser l'Assemblée nationale décider seule en la matière.
Une loi organique concernant le Sénat ne peut être votée qu'avec son accord (afin d'éviter qu'on change son statut contre son gré) et, depuis 1992, il en va de même pour une loi organique aménageant le droit de vote des étrangers citoyens des États membres de l'Union européenne.

Mais ce pouvoir de blocage est limité.
En vertu de l'article 45 de la Constitution, le Gouvernement peut donner le dernier mot à l'Assemblée nationale dans la procédure législative. Le Sénat ne dispose donc pas d'un pouvoir de blocage à l'égard des lois. Certes, il peut tenter de les modifier et voter contre certains projets, s'il est dans l'opposition, mais le Sénat n'a pas intérêt à pratiquer une opposition systématique et doit plutôt savoir faire preuve de compromis. Dans les faits, de nombreuses lois sont adoptées dans les mêmes termes par les deux Chambres. (voir, à cet égard, la procédure de la commission mixte paritaire).

D'un point de vue purement technique, le Sénat peut contribuer à l'amélioration des textes de loi et jouer le rôle d'organe de réflexion. Dans les faits, il s'est fréquemment posé en garant d'un certain libéralisme politique (en particulier face à Charles De Gaulle) et en défenseur des grands principes républicains. La qualité de ses travaux est fréquemment reconnue, en particulier par de nombreux constitutionnalistes.
À la différence du Sénat de la IIIe République, le Sénat actuel ne peut pas engager la responsabilité du Gouvernement (article 49 de la Constitution). En contrepartie, il ne peut pas être dissous par le Gouvernement. Mais il dispose des autres moyens de contrôle de l'exécutif (questions orales et écrites, création de commissions d'enquête), qu'il utilise en particulier quand il est dans l'opposition.
Enfin, ses pouvoirs budgétaires sont moindres que ceux de l'Assemblée nationale. Il dispose d'un délai plus bref pour examiner le projet de loi de finances (voir l'ordonnance du 2 janvier 1959 modifiée par la loi organique du 22 juin 1971).

Malgré cet aspect de contre-pouvoir, le Sénat a été et demeure toujours très critiqué par des personnalités de droite comme de gauche. La question de sa nécessité a été posée.

II. Le Sénat : une Chambre nécessaire

En 1969, Charles De Gaulle a tenté en vain de supprimer le Sénat. Cette institution a fait preuve de sa nécessité et les Français semblent désormais attachés à son existence. En revanche, des réformes de moindre ampleur ont été envisagées, concernant le mode de désignation des sénateurs et la durée de leur mandat.

A. Une tentative infructueuse de suppression

Le Sénat s'est durement opposé à Charles De Gaulle, en particulier en 1962, lorsque le chef de l'État a révisé la Constitution par la voie de l'article 11 de la Constitution et non par celle de l'article 89. Gaston Monnerville, à l'époque président de la Chambre haute, n'a dès lors pas hésité à qualifier cet acte de « *forfaiture* ».
En 1969, Charles De Gaulle soumet au référendum un projet sur la régionalisation et sur la rénovation du Sénat. En réalité, il s'agit alors de supprimer le Sénat en tant que seconde Chambre. En effet, la réforme prévoit de réunir le Sénat et le Conseil économique et social en une seule assemblée, composée de membres élus et de membres nommés pour représenter les organisations professionnelles, économiques et sociales. Mais surtout, le Sénat est privé de tout pouvoir de décision et ne conserve que des attributions consultatives.

Ce projet est rejeté par les Français lors du référendum, ce qui conduit Charles De Gaulle à démissionner. C'est donc la deuxième fois que les Français ont été amenés à repousser par référendum l'instauration d'un Parlement monocaméral, après l'échec du premier projet de Constitution de 1946 (même si de nombreux autres facteurs ont pu jouer lors de ces deux votes). Ils semblent donc bel et bien attachés à l'existence d'une seconde Chambre.
Même si le Sénat continue d'être souvent critiqué, sa suppression pure et simple ne semble plus être à l'ordre du jour.

Les critiques actuelles, formulées en particulier par les partis de gauche[18], accusent le Sénat de conservatisme et dénoncent l'absence d'alternance politique. Sans rentrer dans des débats politiques, l'accusation de conservatisme n'est pas totalement infondée. Le résultat recherché par le mode de désignation a été atteint. Mais ce conservatisme est atténué par l'aspect limité des pouvoirs du Sénat. Celui-ci n'est pas en mesure de s'opposer à une loi, et il ne peut donc pas bloquer les grandes réformes législatives voulues par le Gouvernement et l'Assemblée nationale.
Son rôle de Chambre de réflexion et de frein aux excès potentiels de l'Assemblée nationale semble avoir convaincu la majorité des constitutionnalistes et des Français, qui le considèrent aujourd'hui comme nécessaire.

B. Des aménagements limités nécessaires ?

Une réforme envisagée se propose de corriger les effets de la surreprésentation des petites communes. En 2000, le Gouvernement Jospin propose un projet qui tend à mettre les communes rurales et urbaines sur pied d'égalité pour la composition du collège électoral chargé de la désignation des sénateurs. Mais le Conseil constitutionnel censure ce projet dans sa décision du 6 juillet 2000, provoquant le retour au système initial.

Finalement, la réforme de juillet 2003 n'a pas changé le corps électoral, mais a quelque peu modifié le mode de scrutin dans certains départements (rééquilibrage entre le scrutin proportionnel et le scrutin majoritaire).
Surtout, étant donné que le Sénat est le représentant des collectivités locales, la révision constitutionnelle de mars 2003 a prévu que les textes portant sur ces questions devaient lui être présentés en priorité. Le Séant apparaît comme une Chambre nécessaire dans le cadre un État unitaire… décentralisé.

18. Sur les partis politiques français, *cf.* Bernard G., DUQUESNOY E., dir., *Les Forces politiques françaises,* Paris, PUF, 2007, coll. « Major ».

Commentaire de texte[19] : Articles 67 et 68 de la Constitution de la Ve République

Texte

Article 67

Le Président de la République n'est pas responsable des actes accomplis en cette qualité, sous réserve des dispositions des articles 53-2 et 68.
Il ne peut, durant son mandat et devant aucune juridiction ou autorité administrative française, être requis de témoigner non plus que faire l'objet d'une action, d'un acte d'information, d'instruction ou de poursuite. Tout délai de prescription ou de forclusion est suspendu.
Les instances et procédures auxquelles il est ainsi fait obstacle peuvent être reprises ou engagées contre lui à l'expiration d'un délai d'un mois suivant la cessation des fonctions.

Article 68

Le Président de la République ne peut être destitué qu'en cas de manquement à ses devoirs manifestement incompatible avec l'exercice de son mandat. La destitution est prononcée par le Parlement constitué en Haute Cour.
La proposition de réunion de la Haute Cour adoptée par une des assemblées du Parlement est aussitôt transmise à l'autre qui se prononce dans les quinze jours.
La Haute Cour est présidée par le président de l'Assemblée nationale. Elle statue dans un délai d'un mois, à bulletins secrets, sur la destitution. Sa décision est d'effet immédiat.
Les décisions prises en application du présent article le sont à la majorité des deux tiers des membres composant l'assemblée concernée ou la Haute Cour. Toute délégation de vote est interdite. Seuls sont recensés les votes favorables à la proposition de réunion de la Haute Cour ou à la destitution.
Une loi organique fixe les conditions d'application du présent article.

Plan détaillé

I. L'immunité pénale du Président pendant son mandat pour des actes sans rapport avec sa fonction

A. L'influence des jurisprudences du Conseil constitutionnel (1999) et de la Cour de cassation (2001)

19. Les éléments sont tirés de la prochaine édition de Bernard G., *Exercices : droit constitutionnel et institutions politiques*, Levallois-Perret, Studyrama, 2e éd., 2009, coll. « Panorama du droit ».

B. La nécessaire révision de la Constitution de février 2007

II. Le privilège de juridiction pénale pour des actes accomplis dans le cadre de sa fonction présidentielle

A. Les procédures devant l'ancienne Haute Cour de justice et le Parlement transformé en Haute Cour

B. La possible dérive vers une instrumentalisation de la responsabilité pénale à des fins politiques

Savoir lire une décision du Conseil constitutionnel

Présentation d'une décision

Pour mieux comprendre la présentation d'une décision du Conseil constitutionnel, des mentions qui ne figurent pas habituellement dans le corps du texte ont été rajoutées entre parenthèses et en gras[20].

(Numéro et date de la décision)

Décision n° 98-399 DC du 5 mai 1998
NOR : CSCL980280S

(Titre du texte déféré)

LOI RELATIVE À L'ENTRÉE ET AU SÉJOUR DES ÉTRANGERS EN FRANCE ET AU DROIT D'ASILE

(Liste des saisissants)

Le Conseil constitutionnel a été saisi, le 9 avril 1998, par MM. François Bayrou, Jean-Louis Debré, Mme Nicole Ameline, MM. François d'Aubert, Pierre-Christophe Baguet, Jean-Louis Bernard, Roland Blum, Mmes Marie-Thérèse Boisseau, Christine Boutin, [...] Bernard Perrut, Ladislas Poniatowski, Jean Proriol, Jean-Luc Préel, Jean Rigaud, Gilles de Robien, José Rossi, Rudy Salles, André Santini, François Sauvadet, Philippe Vasseur, Michel Voisin, Pierre-André Wiltzer, députés, dans les conditions prévues à l'article 61, alinéa 2, de la Constitution, de la conformité à celle-ci de la loi relative à l'entrée et au séjour des étrangers en France et au droit d'asile ;

20. Ce document reprend la présentation de la décision effectuée dans *Documents d'études*, n° 1.22, La Documentation française, 1999, p. 10-11.

(Visas)

Le Conseil constitutionnel,

Vu la Constitution,

Vu l'ordonnance n° 58-1067 du 7 novembre 1958 modifiée portant loi organique sur le Conseil constitutionnel, notamment le chapitre II du titre II de ladite ordonnance ;

Vu l'ordonnance n° 45-2658 du 2 novembre 1945 modifiée relative aux conditions d'entrée et de séjour des étrangers en France ;

Vu la Convention de Genève du 28 juillet 1951 relative au statut des réfugiés et le protocole signé à New York le 31 janvier 1967 ;

Vu la loi n° 52-893 du 25 juillet 1952 modifiée portant création d'un Office français de protection des réfugiés et apatrides ;

Vu le code pénal ;

Vu les observations du Gouvernement enregistrées le 23 avril 1998 ;

(Mention du rapport)

Le rapporteur ayant été entendu,

(Liste des articles déférés)

Considérant que les députés auteurs de la saisine défèrent au Conseil constitutionnel la loi relative à l'entrée et au séjour des étrangers en France et au droit d'asile en contestant en particulier la conformité à la Constitution des articles 1er, 13 et 29 ; [...]

(Analyse d'un article)

Sur l'article 13 :

Considérant que l'article 13 de la loi complète, par un alinéa, l'article 21 ter de l'ordonnance du 2 novembre 1945 susvisée selon lequel les personnes morales peuvent être déclarées responsables pénalement notamment de l'infraction d'aide directe ou indirecte à l'entrée, à la circulation ou au séjour irréguliers d'un étranger en France, prévue par l'article 21 de ladite ordonnance ; qu'il résulte de la modification opérée par l'article 13 de la loi déférée que les dispositions de l'article 21 ter « *ne sont pas applicables aux associations à but non lucratif à vocation humanitaire, dont la liste est fixée par arrêté du ministre de l'Intérieur, et aux fondations, lorsqu'elles apportent, conformément à leur objet, aide et assistance à un étranger séjournant irrégulièrement en France* » ;

(Analyse des arguments)

Considérant que les députés auteurs de la saisine exposent, d'une part, que la liberté d'association faisant partie des garanties fondamentales accordées aux citoyens pour l'exercice des libertés publiques, seul « *le législateur peut réglementer la vie des associations* », sans pouvoir soumettre à un contrôle préalable la constitution d'associations ; qu'en conséquence, en renvoyant à un arrêté du ministre de l'Intérieur la fixation de la liste des associations pouvant bénéficier d'une immunité pénale, le législateur a violé l'article 34 de la Constitution et méconnu le principe de la liberté d'association ; qu'ils font valoir, d'autre part, que la disposition critiquée opérerait une discrimination entre les associations contraire au principe d'égalité devant la loi ;

(Principes en cause)

Considérant qu'en application de l'article 34 de la Constitution, il revient au législateur, compte tenu des objectifs qu'il s'assigne en matière d'ordre public s'agissant de l'entrée, du séjour et de la circulation des étrangers, et qui peuvent notamment justifier un régime de sanctions pénales applicables tant aux personnes physiques qu'aux personnes morales, de fixer, dans le respect des principes constitutionnels, les règles concernant la détermination des crimes et délits qu'il crée, ainsi que les peines qui leur sont applicables ; qu'il peut aussi prévoir, sous réserve du respect des règles et principes de valeur constitutionnelle et, en particulier, du principe d'égalité, que certaines personnes physiques ou morales bénéficieront d'une immunité pénale ; qu'il résulte de l'article 34 de la Constitution, ainsi que du principe de la légalité des délits et des peines posé par l'article 8 de la Déclaration des droits de l'homme et du citoyen, la nécessité pour le législateur de fixer lui-même le champ d'application de la loi pénale, de définir les crimes et délits en termes suffisamment clairs et précis pour permettre la détermination des auteurs d'infractions et d'exclure l'arbitraire dans le prononcé des peines, et de fixer dans les mêmes conditions le champ d'application des immunités qu'il instaure ; qu'en soumettant à l'appréciation du ministre de l'intérieur la « vocation humanitaire » des associations, notion dont la définition n'a été précisée par aucune loi et de la reconnaissance de laquelle peut résulter le bénéfice de l'immunité pénale en cause, la disposition critiquée fait dépendre le champ d'application de la loi pénale de décisions administratives ; que, dès lors nonobstant le pouvoir du juge pénal d'apprécier, conformément aux dispositions de l'article 111-5 du code pénal, la légalité de tout acte administratif, ladite disposition porte atteinte au principe de légalité des délits et des peines et méconnaît l'étendue de la compétence que le législateur tient de l'article 34 de la Constitution ;

(Censure partielle)

Considérant qu'il y a lieu, en conséquence, pour le Conseil constitutionnel, de déclarer contraire à la Constitution, dans le texte de l'alinéa nouveau ajouté par l'article 13 de la loi déférée à l'article 21 ter de l'ordonnance du 2 novembre 1945 susvisée les mots : « *dont la liste est fixée par arrêté du ministre de l'Intérieur* » ;

(Dispositions inséparables)

Qu'il résulte par ailleurs des débats auxquels la discussion du projet de loi a donné lieu devant le Parlement que les mots précités sont inséparables des autres dispositions de l'article 13 de la loi, qu'il convient en conséquence de déclarer contraire à la Constitution l'article 13 de la loi déférée, qu'il appartient au juge, conformément au principe de légalité des délits et des peines, d'interpréter strictement les éléments constitutifs de l'infraction définie par l'article 21 de l'ordonnance du 2 novembre 1945 susvisée, notamment lorsque la personne morale en cause est une association à but non lucratif et à vocation humanitaire ou une fondation apportant, conformément à leur objet, aide et assistance aux étrangers ; [...]

(Considérant sur l'absence de questions soulevées d'office)

Considérant qu'en l'espèce il n'y a lieu pour le Conseil constitutionnel de soulever d'office aucune question de conformité à la Constitution en ce qui concerne les autres dispositions de la loi soumise à son examen,

(Dispositif)

Décide :

Art. 1er. – L'article 13 de la loi relative à l'entrée et au séjour des étrangers en France et au droit d'asile est déclaré contraire à la Constitution.

Art. 2. – La présente décision sera notifiée à l'Assemblée nationale et publiée au *Journal officiel de la République française*.

Délibéré par le Conseil constitutionnel dans sa séance du 5 mai 1998, où siégeaient : MM. Yves Guéna, doyen d'âge, Georges Abadie,

Michel Ameller, Jean-Claude Colliard, Alain Lancelot, Mme Noëlle Lenoir, M. Pierre Mazeaud[21] et Mme Simone Veil.

Le doyen d'âge,
YVES GUÉNA

Comprendre la décision et en retenir les points essentiels

Décision

Il est indispensable de retenir que le Conseil constitutionnel rend des décisions et non pas des arrêts. Il est impératif de respecter cette terminologie tant en TD qu'à l'occasion de l'examen.

Numéro et date de la décision

La mention « *Décision n° 98-399 du 5 mai 1998* » doit s'analyser comme suit : la requête a été déposée devant le Conseil constitutionnel en 1998 et il s'agit de la 399e décision rendue le 5 mai 1998 par le Conseil en matière de déclaration de conformité (DC).

À noter : l'abréviation « DC » est également utilisée lorsque le Conseil rend une décision de non-conformité à la Constitution. Elle est utilisée pour une décision qui porte d'une manière générale sur la question de la conformité d'une loi à la Constitution. Il s'agit donc d'un terme générique destiné à désigner un type de contrôle[22].

Liste des saisissants

Elle indique quelle autorité a saisi le Conseil constitutionnel. En l'espèce, il s'agit de 60 députés, dont la liste a été ici abrégée pour des commodités de présentation.

Visas

Ils sont destinés à préciser les textes applicables et les éléments de procédure[23]. Les observations du Gouvernement sont également mentionnées

21. À sa demande, M. Mazeaud n'a participé ni à la délibération ni au vote sur la partie de la décision relative à l'article 29 de la loi déférée.

22. Le Conseil constitutionnel emploie d'autres abréviations de ce type : par exemple « L » pour un examen de « forme législative » (contrôle prévu par l'article 37 alinéa 2 de la Constitution) ou « FNR » pour un examen de « fin de non-recevoir » (contrôle prévu par l'article 41 de la Constitution).

23. La Constitution et l'ordonnance du 7 novembre 1958 portant loi organique sur le Conseil constitutionnel sont toujours visées.

dans la mesure où elles sont prises en compte par le Conseil constitutionnel pour déterminer la conformité d'une loi à la Constitution. Le Conseil s'efforce ainsi de respecter, avec quelques adaptations, le principe du contradictoire, en reprenant, d'une part, les arguments des requérants et, d'autre part, le point de vue du Gouvernement.

Mention du rapport

Un rapporteur est désigné de manière discrétionnaire par le président du Conseil constitutionnel, qui s'efforce de tenir compte de la spécialisation dont dispose de fait chaque conseiller (en matière de lois de finances, de collectivités territoriales, de libertés publiques, etc.). Son identité demeure en principe secrète. Le rapporteur s'appuie sur un dossier réunissant les éléments nécessaires à l'examen de la loi (débats parlementaires, jurisprudence, référence doctrinale, etc.).
Lors du débat collégial avec les autres membres du Conseil, il est amené à proposer une solution. Son rapport est également destiné à rester confidentiel. L'ensemble de la procédure revêt donc un caractère secret, l'instruction comme le délibéré. Le Conseil constitutionnel ne déroge pas au droit commun juridictionnel.

Liste des articles déférés

Les auteurs de la saisine indiquent ainsi plus particulièrement les articles qui leur semblent contraires à la Constitution (en l'espèce, les articles 1er, 13 et 29 de la loi déférée), mais le Conseil constitutionnel n'est jamais lié par ces précisions. D'une manière générale, il peut contrôler l'ensemble de la loi, même si les auteurs de la saisine ne lui ont expressément soumis qu'un nombre précis de ses dispositions. De plus, il n'est pas nécessaire de fournir une argumentation pour effectuer cette saisine (ce qui constitue une limite au principe du contradictoire évoqué précédemment) et, si elle existe, le Conseil constitutionnel n'a pas à s'en tenir strictement à elle.

Analyse d'un article

Le Conseil constitutionnel rappelle les dispositions prévues par le texte soumis à son contrôle. En l'espèce, l'article 13 de loi déférée prévoit que les associations humanitaires, dont la liste est fixée par un arrêté du ministre de l'Intérieur, et les fondations ne sont pas responsables pénalement – à la différence des autres personnes morales – de l'infraction de l'aide directe ou indirecte à l'entrée, à la circulation ou au séjour irréguliers d'un étranger en France.

Analyse des arguments

Il s'agit de l'exposé des arguments des requérants. Les 60 députés qui ont saisi le Conseil constitutionnel estiment que le législateur a violé l'article 34 de la Constitution et porté atteinte au principe de la liberté d'association, d'une part, et méconnu le principe d'égalité devant la loi, d'autre part.

Principes en cause

Ce sont les dispositions constitutionnelles ou à valeur constitutionnelle auxquelles la loi est confrontée pour examiner sa conformité. En l'espèce, le Conseil constitutionnel considère que le législateur n'a pas respecté le principe de légalité des délits et des peines et qu'il a méconnu la répartition des compétences établie entre la loi et le règlement par l'article 34 de la Constitution.

Censure partielle et dispositions inséparables

Le Conseil constitutionnel estime que la mention « *dont la liste est fixée par arrêté du ministre de l'Intérieur* » de l'article 13 n'est pas conforme à la Constitution (car elle viole le principe de la légalité des délits et des peines et l'article 34 de la Constitution). Il constate que cette mention est inséparable des autres dispositions de l'article 13 et, par conséquent, censure l'ensemble de cet article. Mais il ne s'agit que d'une censure partielle : seul cet article est jugé inconstitutionnel et les autres dispositions de la loi ne sont pas censurées (elles sont implicitement déclarées conformes à la Constitution, dans la mesure où le Conseil constitutionnel estime qu'il n'y a lieu de soulever aucune question relative aux autres articles de la loi). Il est important de retenir que le Conseil constitutionnel n'annule pas la disposition jugée inconstitutionnelle (tant que la loi n'a pas été promulguée, elle n'a pas d'existence juridique), mais que celle-ci ne pourra pas être promulguée. Elle ne figurera donc pas dans le texte de loi définitif.

Dispositif

Il s'agit de la solution adoptée par le Conseil constitutionnel (en l'espèce, la censure de l'article 13 de la loi déférée). L'autorité de la décision concerne tant le dispositif que les motifs, qui, d'après les termes même du Conseil, « *en sont le soutien nécessaire et en constituent le fondement même* ».

Les décisions du Conseil constitutionnel sont publiées au *Journal officiel* et au *Recueil annuel du Conseil d'État*.

Enfin, comme dans le droit commun juridictionnel, le nom des membres du Conseil constitutionnel ayant siégé lors de la séance est mentionné.

Cas pratique

À noter : pour une meilleure lisibilité, les différentes parties du cas pratique étudié ci-dessous sont en italique et les questions sont en gras.

Monsieur Dupont, Premier ministre, entend faire adopter un projet de loi réformant l'Éducation nationale. Il dispose d'une majorité à l'Assemblée nationale, mais une partie de celle-ci a exprimé ses réticences à l'égard de ce projet, rejoignant les critiques formulées par l'opposition. Le président de l'Assemblée nationale, appartenant au même parti politique que le Premier ministre, a lui aussi fait part de ses réserves. Le Premier ministre entend alors faire adopter ce projet par référendum.

Le référendum est-il possible ?

Il est nécessaire d'identifier les dispositions constitutionnelles relatives au référendum. Il s'agit en l'espèce d'un référendum législatif et non d'un référendum constitutionnel. C'est donc l'article 11 de la Constitution, et non l'article 89, qui est en cause.
Il faut ensuite vérifier si l'article 11 de la Constitution permet bien d'organiser le référendum souhaité par le Premier ministre. Cet article permet en particulier de procéder à un référendum portant « *sur tout projet de loi portant sur des réformes relatives à la politique économique ou sociale de la nation et aux services publics qui y concourent* ».
Il s'agit donc de déterminer si l'Éducation entre dans ce champ référendaire. La formule de l'article 11 de la Constitution indiquée précédemment est floue. Il convient de s'interroger : l'Éducation peut-elle s'y rattacher ? La réponse à cette question est positive : l'Éducation nationale fait partie du domaine de la politique économique et sociale et des services publics qui y concourent. De plus, la révision constitutionnelle de 1995, qui a modifié le champ de l'article 11, était précisément destinée à permettre un référendum sur l'Éducation. Évidemment, il ne s'agit là que d'une indication, mais elle confirme notre réponse.

Quelle procédure le Premier ministre doit-il suivre ?

La procédure est également définie par l'article 11 de la Constitution. Le Premier ministre doit proposer au Président de la République d'effectuer ce référendum et ce dernier doit l'accepter.
Il faut ensuite que le Gouvernement organise un débat devant chaque assemblée et fasse adopter un projet de loi en termes identiques par les deux assemblées. Ensuite, il peut organiser la consultation référendaire

et l'hostilité du président de l'Assemblée nationale mentionnée dans l'intitulé du cas pratique ne constitue pas un obstacle. Son intervention n'est pas prévue pour déclencher la procédure de l'article 11 de la Constitution. Ce sont les députés qui votent le projet de loi et, si le président de l'Assemblée nationale ne parvient pas à les convaincre de rejeter le projet, son opposition personnelle n'aura aucun impact.

Le Premier ministre dispose-t-il d'un autre moyen pour contraindre l'Assemblée nationale à adopter ce projet ?

La question fait implicitement référence à l'article 49-3 de la Constitution. Cet article permet d'engager la responsabilité du Gouvernement sur le vote d'un texte. Si une motion de censure n'est pas adoptée dans un délai de 24 heures, le texte est considéré comme adopté.
L'article 49-3 est particulièrement adapté à la situation décrite dans l'énoncé du sujet. Elle permet de ressouder une majorité ou de la contraindre à voter un projet qui suscite ses réserves. Or, en l'espèce, une partie de la majorité a critiqué le texte. Grâce à l'article 49-3 de la Constitution, le Gouvernement peut obliger sa majorité à faire un choix : adopter le projet ou mettre en cause la responsabilité de l'équipe gouvernementale et provoquer sa démission. Il peut espérer que les députés préféreront s'incliner en votant le texte plutôt que de voter une motion de censure.

Les débats s'enveniment rapidement et le Gouvernement est victime d'une motion de censure à l'Assemblée nationale. Il est donc conduit à démissionner. Le Président entend alors dissoudre l'Assemblée nationale, mais le président de cette assemblée y est opposé.

Le Président de la République peut-il dissoudre l'Assemblée nationale ?

Il est nécessaire d'identifier les dispositions constitutionnelles relatives à la dissolution et de vérifier si les conditions qu'elles imposent sont remplies.
Les règles relatives à la dissolution sont établies par l'article 12 de la Constitution. Il s'agit d'un pouvoir propre du Président de la République, ce qui implique qu'il n'a pas besoin d'obtenir le contreseing du Premier ministre. Il doit en revanche consulter le chef du Gouvernement et les présidents de l'Assemblée nationale et du Sénat. Mais leur avis n'a qu'une valeur consultative, c'est-à-dire qu'il ne lie pas le Président de la République. Le président de l'Assemblée nationale peut donc faire part de son opposition au Président de la République, mais, juridiquement, rien n'empêche le chef de l'État de passer outre cet avis défavorable.

Une autre condition est mise à la dissolution par l'article 12 de la Constitution : elle ne peut pas être prononcée si moins d'une année s'est écoulée depuis des élections législatives provoquées par une précédente dissolution. L'énoncé du sujet ne mentionne pas une telle hypothèse. Le Président de la République peut donc dissoudre l'Assemblée nationale.

L'ancien Premier ministre, qui a dirigé la campagne des législatives à la demande du Président de la République, sort conforté de ces élections en disposant d'une nouvelle majorité plus large. Le Président le nomme à nouveau Premier ministre. Ce dernier souhaite porter son équipe gouvernementale à 50 ministres, dont 10 députés et 5 sénateurs, et entend nommer deux personnalités que le Président ne souhaite pas voir entrer au Gouvernement. Enfin, le président de l'Assemblée nationale exige que ce Gouvernement, une fois composé, soit présenté devant l'Assemblée nationale.

Le Premier ministre peut-il composer le Gouvernement comme il l'entend et doit-il le présenter devant l'Assemblée nationale ?

Les règles relatives à la composition du Gouvernement sont déterminées par l'article 8 de la Constitution.
S'agissant du nombre de membres, aucune disposition constitutionnelle ni d'autre nature (on pourrait penser à une loi organique ou même à une loi ordinaire) ne pose de conditions restrictives. Le Premier ministre est donc libre de nommer 50 ministres s'il l'entend. Certes, cela pose un problème pour garantir la cohérence gouvernementale et pour assurer dans la pratique le fonctionnement collégial du Gouvernement. Mais toute liberté est laissée au Gouvernement pour s'organiser comme il l'entend.
La nomination au Gouvernement de députés et de sénateurs fait appel aux règles d'incompatibilité définies par l'article 23 de la Constitution. Cet article interdit le cumul des fonctions de ministre et de parlementaire : il est donc nécessaire de faire un choix entre ces deux fonctions. Les dix députés et les cinq sénateurs peuvent être nommés ministres, à condition que, dans le mois qui suit leur désignation, ils optent en faveur de leur poste de ministre et renoncent à leur mandat de parlementaire. À la fin de ce délai, ils seront remplacés dans leur assemblée respective par leur suppléant.
L'opposition du Président de la République à la nomination de deux ministres pose problème : en effet, les ministres sont nommés par le chef de l'État sur proposition du Premier ministre. Dans la pratique, le chef du Gouvernement doit donc obtenir l'accord du Président de la République. Si ce dernier maintient son opposition, les deux personnalités concernées ne pourront pas être nommées au Gouvernement.
Enfin, le souhait émis par le président de l'Assemblée nationale de voir le Gouvernement présenté devant le Parlement met en jeu les dispositions de l'article 49-1 de la Constitution. La formulation de cet article peut

laisser penser que le Gouvernement doit engager sa responsabilité après avoir été constitué devant l'Assemblée nationale. Pourtant, dans la pratique, les Gouvernements successifs n'ont pas considéré ce vote comme obligatoire, estimant qu'il s'agissait d'une possibilité et non d'une obligation. Cette interprétation de l'article 49-1 a fait autorité. En l'espèce, le Premier ministre n'est donc pas tenu de se conformer à la demande du président de l'Assemblée nationale. Il peut le faire s'il le souhaite, mais rien ne l'y oblige juridiquement.

Après avoir composé son Gouvernement, le Premier ministre organise le référendum prévu initialement sur l'Éducation nationale. Son projet de réforme est adopté par le peuple, avec une majorité très étroite de 50,3 %. Mais 70 députés socialistes souhaitent saisir le Conseil constitutionnel, estimant que le projet n'est pas conforme à la Constitution.

Le Conseil constitutionnel peut-il être saisi et quelle décision peut-il rendre ?

Les règles de saisine du Conseil constitutionnel sont déterminées par l'article 61 alinéa 2 de la Constitution : depuis la révision constitutionnelle de 1974, 60 députés ou 60 sénateurs ont la possibilité de saisir le Conseil constitutionnel. En l'espèce, les 70 députés socialistes permettent d'atteindre – et même de dépasser – ce seuil. Ils sont donc assez nombreux pour saisir le Conseil constitutionnel.
Mais, depuis une décision du 8 novembre 1962, le Conseil constitutionnel a jugé qu'il était incompétent pour contrôler une loi adoptée par référendum. Le peuple est considéré comme souverain et le Conseil constitutionnel estime que lorsqu'il s'exprime par référendum, aucun contrôle n'est possible. Le Conseil constitutionnel ne peut donc pas contrôler le projet de loi déféré par les 70 députés socialistes.

PARTIE III

LE DROIT CIVIL

1. L'essentiel du programme

Ce chapitre traite des différentes parties du droit civil.
Le droit civil est la partie du droit privé comprenant les règles relatives aux personnes, à la famille, aux biens et aux obligations.

Selon les établissements universitaires, sont enseignées en première année de licence de droit (L1) les matières suivantes :
• Introduction générale au droit, qui se charge d'expliquer les bases du droit ;
• Droit des personnes, qui concerne l'existence de la personnalité juridique et les droits fondamentaux reconnus à la personne ;
• Droit de la famille, qui traite des questions relatives au couple et à l'enfant ;
• Droit des obligations qui traite des faits générateurs des obligations juridiques contractuelles et extracontractuelles.

Nous analyserons successivement ces thèmes. Néanmoins l'étudiant de première année d'études de droit trouvera dans cet ouvrage plus de précisions qu'il ne lui sera nécessaire d'appréhender sur sa première année d'enseignement, mais il est important de nommer sans trop de détails ces informations pour que le lecteur puisse comprendre l'articulation des règles applicables en chacune des matières sus-énoncées.
L'étudiant pourra donc s'y référer en L2 et L3, sous réserve des modifications législatives et réglementaires qui seraient intervenues depuis sa mise à jour annuelle et qu'il lui appartiendra de surveiller.

L'introduction générale au droit

Le droit est l'ensemble des règles générales, abstraites et obligatoires qui régissent la vie en société et dont le respect est en principe assuré par des moyens de contrainte.
Le droit est donc un élément essentiel à toute société humaine organisée, car il fixe les règles de cette vie commune et organise également la sanction du non-respect de ces règles.
Le droit se catégorise de différentes manières.
Dans un premier temps on peut séparer les règles de droit en deux grandes familles : le droit objectif et le droit subjectif.

Le droit objectif

Définition du droit objectif

Le droit objectif est l'ensemble organisé des règles de droit qui sont des règles de conduite sociale obligatoires, applicables dans un pays donné, ou un groupement de pays (par exemple l'Union européenne).

Ces règles de droit objectif ont deux caractéristiques :
• elles sont obligatoires, ce dont il résulte que leur non-respect est sanctionnable car il n'y a pas de règle de droit sans sanction ;
• elles sont abstraites et générales, ce qui induit qu'elles s'appliquent à toute personne placée dans le même cas d'espèce. C'est-à-dire qu'à toute situation de fait identique doit pouvoir s'appliquer une règle de droit identique.

Il est important de noter que la règle de droit n'est pas une règle morale ou religieuse. Néanmoins la religion ou la morale ont inspiré certaines règles légales et leurs évolutions au cours du temps. La société évolue, et chaque pays a ses particularités et sa propre évolution. Les évolutions sociétales précèdent souvent les évolutions législatives car le droit ne pourrait être en décalage des modifications de la société humaine dont il fixe le cadre des droits et obligations. Plus la société est laïque plus le droit se démarquera des règles religieuses, et c'est notamment le processus d'évolution suivit par le droit français.

La règle de droit se distingue également de l'équité. L'équité est une manière de résoudre les litiges à l'aide de la raison. Elle prend en considération ce qui parait juste au regard de la situation juridique en cause. Or la règle de droit n'est pas toujours juste, car la notion de justice est subjective, alors que la règle de droit est quant à elle objective. Cette objectivité permet d'assurer le principe de la sécurité juridique essentiel au bon fonctionnement d'une société humaine organisée. Néanmoins en certaines matières une part d'équité est permise dans la prise de décision du juge. Je citerai ici l'exemple des frais non compris dans les dépens et exposés par une des parties au procès judiciaire civil, visés à l'article 700 du Code de Procédure Civile et qui stipule « dans tous les cas, le juge tient compte de l'équité... »

On peut également distinguer le droit en trois catégories en fonction de la source du droit :

• Le droit national divisé en deux sous-catégories :
- Le droit privé qui comprend le droit civil, le droit de la famille, le droit des affaires, le droit judiciaire privé, etc. (Le droit privé régit les rapports entre les particuliers) ;

et

- Le droit public qui comprend le droit constitutionnel, le droit administratif, etc. (Le droit public qui a pour objet l'organisation et le fonctionnement des pouvoirs publics et leurs rapports avec les particuliers).

• Le droit européen divisé en deux sous-catégories :
- Le droit communautaire, qui est l'ensemble des règles applicables au sein de l'Union européenne ;
- Le droit européen des droits de l'homme, qui organise la protection des droits de l'homme au sein de l'Union européenne.

• Le droit international divisé en deux sous-catégories :
- Le droit international privé, qui détermine la loi applicable dans les relations entre particuliers, avec un étranger ou au sujet de biens situés à l'étranger ;
- Le droit international public, qui régit les rapports entre les États.

Les sources du droit objectif

SOURCES FORMELLES

La loi

Au sens large, la loi désigne toute règle de droit écrite. Au sens strict, elle désigne le texte voté par le Parlement. Rappelons que les projets de lois (à l'initiative du Premier ministre représentant le gouvernement) et les propositions de lois (à l'initiative du parlement : un membre de l'Assemblée nationale ou du Sénat) sont examinés successivement par les deux assemblées (l'Assemblée nationale et le Sénat). Ces assemblées peuvent les amender, avant de procéder au vote. Lorsque le texte commun est établi, il est promulgué (la promulgation résulte d'un décret du président de la République). Entre le vote et la promulgation, la loi peut être soumise au contrôle du Conseil Constitutionnel.

Les textes réglementaires

Ils émanent du pouvoir exécutif et comprennent les décrets, les ordonnances, les arrêtés.

À noter : la Constitution est supérieure aux lois, aux ordonnances et aux décrets qui, pour leur part, sont supérieurs aux arrêtés. C'est-à-dire que aucune loi, aucune ordonnance, aucun décret ne peut contenir de règle contraire à celles inscrites dans la constitution. Les arrêtés ne peuvent contredire les prescriptions légales fixées dans une loi, une ordonnance ou un décret.

À noter : il existe un contrôle de constitutionnalité des textes législatifs qui permet le contrôle par une juridiction de la conformité des normes de droit à la Constitution. Il se fait par un recours direct devant le juge constitutionnel, lequel peut être saisi avant ou après l'entrée en vigueur de la norme.

Les traités internationaux

Les traités internationaux sont des conventions signées par les États. Lorsqu'ils sont régulièrement ratifiés, ils ont, dès leur publication, une autorité supérieure à celle des lois, sous réserve de leur application par l'autre partie (art. 55 de la Constitution).

Le droit communautaire

Le droit communautaire est constitué de la réglementation valable pour la totalité des pays membres de l'Union européenne. Il est constitué des traités, des directives, et des règlements européens, ainsi que par la jurisprudence de la Cour de Justice de l'Union Européenne (CJUE). Il est supérieur au droit national et prive d'effet toute règle nationale antérieure ou postérieure qui lui serait contraire : c'est le principe de primauté du droit communautaire.

SOURCES INFORMELLES

La coutume

La coutume se compose des règles de droit non édictées par les pouvoirs publics, mais devenues obligatoires à la suite d'un usage prolongé. Il faut donc une pratique ancienne, répétée, générale et considérée par tous comme obligatoire.
Si dans une situation juridique donnée la loi ne prévoit rien, la coutume s'applique. En cas de conflit entre la loi et la coutume, la loi impérative l'emporte (règle de droit à laquelle on ne peut déroger, on dit qu'elle est d'ordre public). Dans le cas d'une loi supplétive à laquelle les parties peuvent déroger par convention, la coutume l'emporte car elle reflète mieux la volonté des parties.

La jurisprudence

La jurisprudence est constituée de l'ensemble des décisions rendues par les différentes juridictions. Les juridictions de l'ordre judiciaire de droit commun possèdent des formations civiles et pénales.

Les juridictions du fond civiles en première instance les tribunaux judiciaires et leurs différentes formations, en seconde instance les cours d'appel forment le corps des juridictions de jugement de 1er et 2nd ressort. La Cour de cassation a un rôle déterminant pour l'unité de la jurisprudence. Il s'agit d'une juridiction unique de réformation des décisions rendues en dernier ressort dont elle vérifie la conformité au droit. Son contrôle porte exclusivement sur l'application des règles de droit. Elle n'est donc pas un 3e degré de juridiction mais une voie complémentaire et facultative de réformation d'une décision judiciaire qui serait contraire à l'application de la loi.
À côté des juridictions de l'ordre judiciaire, se trouvent les juridictions de l'ordre administratif : tribunaux administratifs, cours administratives d'appel et, au sommet, le Conseil d'État.
La jurisprudence interprète la loi lorsqu'elle est obscure, l'adapte aux situations particulières et supplée à la loi en cas de vide juridique. Elle a un caractère référentiel dans des affaires similaires. Néanmoins, la jurisprudence n'a pas un caractère général : il est défendu aux juges de se prononcer par voie de disposition générale (art. 5 du Code civil), la fixation des normes générales est réservée au législateur (le Parlement). En outre, elle n'a pas un caractère obligatoire : une juridiction n'est jamais liée par les décisions antérieures, ni les siennes ni celles d'une juridiction de même degré ou de degré supérieur.
Dans la pratique judiciaire néanmoins, les décisions de la Cour de Cassation ont souvent valeur de norme auprès des juridictions de degrés inférieurs.

La doctrine

La doctrine est constituée par l'ensemble des travaux des juristes (thèses, ouvrages, notes, articles, commentaires, etc.). Elle peut influencer les juges et le législateur, mais elle n'a pas de caractère général ou obligatoire.

L'application du droit objectif

Le droit s'applique dans le temps. L'article 2 du Code civil pose deux règles :
• la loi n'a pas d'effet rétroactif. Une loi ne peut donc pas être appliquée à des actes ou à des faits antérieurs à sa publication ;
• la loi nouvelle s'applique pour l'avenir. Elle s'applique donc aux faits et actes postérieurs à sa publication.
Souvent le texte de loi prévoit son application dans le temps car pour des raisons évidentes de sécurité juridique il est essentiel de savoir à partir de quand la nouvelle norme s'applique. En l'absence de précision l'application se fait au jour de la promulgation. Il n'est pas rare que le texte prévoit une application différée afin de permettre aux justiciables de se préparer à la modification.

Le droit s'applique également dans l'espace. La loi française s'applique sur tout le territoire national. Ce principe subit des exceptions, comme les lois relatives à l'État et à la capacité des personnes qui s'appliquent aux Français même résidant à l'étranger.

Pour appliquer le droit, le juge doit s'appuyer sur des raisons juridiquement fondées. En fonction de l'appréhension des faits, de leur compréhension, il applique une règle de droit qui conduit à la solution du litige. Parfois, l'application du droit présente des difficultés et le juge doit alors interpréter la loi. Il recherche la signification exacte de la règle de droit. Elle n'est donc pas un 3e degré de juridiction mais une voie complémentaire et facultative de réformation d'une décision judiciaire qui serait contraire à l'application de la loi.
Plusieurs méthodes d'interprétation existent :
• la méthode exégétique permet d'analyser les textes en se référant aux travaux préparatoires afin de connaître la pensée du législateur ;
• la méthode de la libre recherche scientifique permet d'adapter les textes aux situations nouvelles, même en allant au-delà de ce que le législateur voulait dire ;
• le syllogisme permet en partant de la majeure (la règle de droit) et en l'appliquant à la mineure (les faits) d'aboutir à la conclusion (la décision). Le raisonnement du magistrat est syllogistique : il s'agit d'un raisonnement déductif, à partir des prémisses, il déduit la solution.

Les droits subjectifs

Ces droits sont les prérogatives individuelles (pouvoirs) que possède une personne (un sujet de droit) sur un bien ou sur une autre personne, sur la base du droit objectif. Ils peuvent être absolus (opposables à tous) ou relatifs (opposables à un ou plusieurs tiers déterminés).

Division des droits subjectifs

Les droits patrimoniaux

Les droits patrimoniaux sont évaluables en argent (ils ont une valeur pécuniaire) et font partie du patrimoine d'une personne. On appelle « patrimoine » l'ensemble des droits et obligations pécuniaires dont une personne est ou sera titulaire. Parmi ces droits patrimoniaux, on distingue les droits réels portant sur des biens matériels (choses) et les droits personnels ou droits de créance permettant au titulaire (créancier) d'exiger d'une autre personne déterminée (débiteur) qu'elle fasse ou ne fasse pas quelque chose (dette ou obligation). Ils sont transmissibles, cessibles, saisissables, et prescriptibles (ex : le droit de propriété sur un immeuble).

Les droits extra patrimoniaux

Les droits extra patrimoniaux sont les droits qui n'ont pas de valeur pécuniaire. Ils sont liés à la personnalité juridique, comme les droits politiques, civils, civiques, de la famille, de la personnalité.
Exemple : le respect de la vie privée.

À noter : il ne faut pas confondre les droits de la personnalité avec les droits personnels. Ils sont intransmissibles, incessibles, insaisissables, et imprescriptibles.

Les droits intellectuels

Les droits intellectuels peuvent être considérés à la fois comme des droits patrimoniaux et extra patrimoniaux. L'objet du droit est une création intellectuelle sur laquelle son auteur a des droits : il peut en tirer profit pécuniairement (aspect patrimonial) et interdire à autrui de l'altérer (aspect extra patrimonial), il s'agit par exemple du droit d'un auteur sur un ouvrage littéraire.

La preuve des droits subjectifs

Pour invoquer un droit, il faut être en mesure de prouver qu'on en est titulaire. La preuve est le moyen utilisé pour établir l'existence d'un fait ou d'un droit dont on se prévaut.

La charge de la preuve

Toute personne dont le droit est contesté est admise à en faire la preuve. La preuve est donc à la charge de celui qui veut faire établir un fait ou un droit (art. 1315 du Code civil) : elle incombe au demandeur à l'action judiciaire (celui qui introduit l'action, on le nomme donc le demandeur à l'action judiciaire). Si le défendeur (celui qui se défend dans une instance judiciaire engagée à son encontre) fait valoir des allégations pour se soustraire aux conséquences des preuves apportées par la partie adverse, il doit alors supporter la charge de la preuve des allégations qu'il invoque. Le principe général est que chaque partie à la charge de la preuve des faits et actes juridiques qu'elle invoque. La loi modifie parfois ce principe général. Par exemple, celui qui invoque sa bonne foi n'a pas à la prouver : c'est à l'autre partie de faire la preuve de la mauvaise foi, selon l'article 2268 du Code civil.

À noter : chacun est tenu de collaborer à la recherche de la vérité. Ainsi, un tiers ou même l'autre partie peut se voir enjoindre par le juge de produire un élément de preuve qu'il ou elle détient. Le juge peut également ordonner des mesures d'instruction telles qu'une expertise, une enquête, une visite des lieux, pour l'aider dans sa compréhension du litige ou augmenter les éléments de preuve présentés par les parties.

Les moyens de preuve et leur admissibilité

Cette question concerne les différents moyens de preuve et leur admissibilité devant les tribunaux. Si le juge est libre de se faire une opinion sur la valeur des preuves, on parle d'un système de preuve morale. Si la loi détermine les preuves admissibles et la certitude qui s'y attache, il s'agit d'un système de preuve légale. En droit civil, le système est mixte. Pour certaines preuves, la force probante est déterminée par la loi, pour d'autres, elle est librement appréciée par le juge. On distingue deux types de preuves :

• les preuves dites « parfaites », qui ont une forte valeur probante en ce qu'elles lient le juge. Il s'agit des actes écrits (acte authentique reçu selon les formalités requises par un officier public, acte sous seing privé rédigé et signé par les parties), de l'aveu judiciaire (aveu fait au cours du procès devant le juge), du serment décisoire (affirmation solennelle faite en justice déférée par une partie à l'autre), des présomptions de droit (inductions permettant de déduire d'un fait avéré l'existence d'un autre fait, elles sont établies par la loi ou par la jurisprudence) ;

• les preuves dites « imparfaites », qui permettent au juge de conserver un pouvoir d'appréciation. Il s'agit de certains documents écrits, du témoignage (attestations de personnes qui relatent en justice des faits auxquels elles ont assisté), du serment supplétoire (serment déféré à une partie par le juge), des présomptions de fait (indices retenus par le juge, ces présomptions doivent être graves, précises et concordantes).

Pour certaines matières, n'importe quel mode de preuve peut être utilisé, pour d'autres, seules certaines preuves sont admissibles. S'il s'agit d'un fait juridique (événement quelconque auquel une règle de droit attache des effets juridiques qui n'ont pas été spécialement voulus par l'intéressé, par exemple les circonstances d'un accident), tous les modes de preuve sont recevables. S'il s'agit d'un acte juridique (manifestation de volonté en vue de produire des effets de droit, par exemple un contrat), la preuve se fait par tous moyens, sauf lorsque la valeur de l'acte dépasse 1 500 euros. La loi oblige alors à prouver par écrit (art. 1341 du Code civil).

À noter : des exceptions existent. En cas d'impossibilité matérielle de se procurer un écrit, ou cas de force majeure, ou encore s'il existe un commencement de preuve par écrit, la preuve d'un acte juridique supérieur à 1 500 euros peut se faire par témoignage et présomptions de fait.

La loi du 13 mars 2000 a adapté le droit de la preuve aux évolutions technologiques, elle donne à la preuve électronique le même rang qu'un document écrit lorsque l'identité du signataire est garantie (identité de l'auteur certaine), ainsi que l'intégrité du document numérique (absence de modification possible). Néanmoins le simple échange de courriels est insuffisant et doit être complété par d'autres éléments pour établir la réalité d'un fait ou d'un acte.

Le droit des personnes

Toute personne a la qualité de SUJET DE DROIT, c'est-à-dire qu'elle a vocation à être titulaire de droits subjectifs. La personnalité juridique est l'aptitude à être titulaire de droits et soumis à des obligations. Cette personnalité s'acquiert à la naissance et prend fin à la mort. Elle confère trois catégories de prérogatives : une identification (un nom, un état, une nationalité et un domicile), une capacité (être titulaire de droits et les exercer) et un patrimoine.

Les personnes physiques

Ce sont les êtres humains au sens du droit = les sujets de droit.

L'identification de la personne physique

Le nom

Le droit au nom a été consacré par l'article 24-2 du Pacte International relatifs aux Droits Civils et Politiques (PIDCP) de l'Assemblée Générale des Nations Unies, résolution 2200 A du 16 décembre 1966, lequel pose que tout enfant doit être enregistré immédiatement après sa naissance et avoir UN NOM. Le nom comprend en droit français au moins deux éléments : le nom et le prénom. Parfois il comprend un pseudonyme (un nom d'usage). C'est une institution de police qui permet à l'État de distinguer les individus (de les individualiser).

Il s'agit également d'un droit subjectif, un droit de la personnalité. Ce droit est protégé contre les usurpations d'un tiers qui porterait indûment le nom d'une personne, contre les utilisations dommageables par exemple, le nom qui serait utilisé pour désigner un personnage de roman entrainant ainsi une confusion dans l'esprit du public ce qui causerait un préjudice au titulaire. Le nom est obligatoire (tout sujet de droit a un nom), indisponible (il ne peut être vendu ou cédé à titre gratuit), imprescriptible (il ne s'éteint pas par le non-usage) et immuable (il ne peut être modifié sauf dans des cas spécifiquement prévus par la loi). Dans ce dernier cas, des changements de nom sont autorisés en cas de changement d'état (adoption) ou par autorisation administrative si l'on justifie d'un intérêt légitime (abandonner un nom ridicule ou franciser un nom étranger).

Le nom de famille (ou patronyme)

Il est héréditaire et son mode d'acquisition s'effectue par filiation ou à défaut, il est attribué par voie administrative ou judiciaire.
Le principe est édicté par la loi du 4 mars 2002, modifiée par la loi du 18 juin 2003.
La dernière réforme en droit français relative au patronyme a été réalisée par la loi du 2 mars 2022 qui facilite le changement de nom.

Le principe

Lorsque la filiation est établie à l'égard des deux parents, il est transmis soit le nom du père, soit le nom de la mère, ou encore les deux noms accolés dans l'ordre souhaité.

Il est important de préciser que ce choix s'impose aux enfants nés postérieurement de ce couple afin d'harmonisation des patronymes d'une même fratrie.
Ce choix est réalisé par les parents auprès de l'Officier d'État-civil du lieu de naissance de l'enfant.

À défaut de déclaration des deux parents, si l'enfant est reconnu uniquement par la mère, il portera son nom. Une modification est possible durant la minorité de l'enfant s'il existe une reconnaissance postérieure du père. Dans cette hypothèse, les parents peuvent décider de la substitution, de l'adjonction des noms. Attention si l'enfant a plus de 13 ans, son accord sera requis.

Lorsqu'un des parents porte un double nom, il doit choisir celui qu'il transmet à son enfant.
La loi du 17 mai 2013 envisage le désaccord des parents sur le choix du patronyme de l'enfant. En cas de reconnaissance simultanée et de désaccord des parents, l'enfant portera les noms des deux parents accolés dans l'ordre alphabétique.

En cas de filiation adoptive, on distingue :

S'il s'agit d'une adoption plénière :
Adoption par deux époux ; la transmission du nom sera celle d'un enfant biologique.
Adoption par une seule personne ; l'enfant portera le nom de l'adoptant.

S'il s'agit d'une adoption simple :
Il y aura adjonction du nom de l'adopté et de l'adoptant (un des deux noms s'il est adopté par un couple).

Pour la filiation adoptive la loi du 17 mai 2013 prévoit également qu'en cas de désaccord ou d'absence de choix des parents, l'enfant portera le premier nom de chacun de ses parents, accolés dans l'ordre alphabétique.

Cas particuliers et procédure de changement de nom

Les époux peuvent se faire désigner sous le nom de leur conjoint, mais n'acquièrent que l'usage de ce nom sans perdre leur propre nom.

L'usage prolongé d'un nom ne permet pas de l'acquérir mais peut donner lieu à la protection de son usurpation.

La loi du 17 mai 2013 prévoit que chaque époux pourra porter à titre d'usage le nom de l'autre époux par substitution ou adjonction à son propre nom dans l'ordre choisi.

Les principes et les exceptions

Il existe un principe d'immuabilité et de fixité du nom. Mais il existe également des possibilités légales de changement du nom.

La loi du 2 mars 2022 à effet du 1er juillet 2022 facilite la procédure de changement de nom. Chaque personne à ses 18 ans pourra demander en mairie de son domicile ou de sa naissance, à changer le nom qui ne lui a pas été transmis à la naissance ou à l'adoption et choisir son nom de famille pour porter le nom de sa mère, ou de son père, ou des deux parents. Cette procédure s'applique tant au nom d'usage (celui porté au quotidien) qu'au nom de famille inscrit à l'état civil. Cette demande ne peut être fait qu'une fois dans sa vie.

Cette loi instaure aussi une possibilité pour les parents de changer le nom d'usage de leur enfant mineur. Il faut dans ce cas l'accord des deux parents, sauf exercice de l'autorité parentale par un seul des parents, ou autorisation du juge. A partir de 13 ans, le consentement de l'enfant est obligatoire.

Dans les autres cas le ministère de la Justice reste compétent. La procédure de changement de nom peut avoir lieu dans le cas d'un intérêt légitime. Le principe est posé par l'article 61 du Code Civil. Il s'agit de motifs personnels tels que l'harmonisation des noms des membres d'une famille, la volonté d'obtenir le nom d'un de ses parents, la demande de reconnaissance de la possession d'état d'un nom (usage de manière constante et prolongée), obtention d'un nom d'usage...
Il peut s'agir aussi d'une demande de relèvement d'un nom en voie d'extinction.

La procédure s'effectue auprès du Garde des Sceaux avec la possibilité d'un recours contentieux devant le Tribunal Administratif en cas de refus.

Une procédure simplifiée de changement de nom existe dans le cadre d'une francisation du nom corrélative d'une procédure de naturalisation française d'un étranger.

Pour les binationaux, la loi du 18 novembre 2016 en son article 57 prévoit que l'Officier d'État civil dépositaire de l'acte de naissance sera l'autorité compétente pour effectuer le changement de nom lorsqu'il aura été prononcé dans l'autre pays par une autorité administrative ou judiciaire.

Le prénom

Il s'ajoute au nom et permet d'individualiser les membres d'une même famille. Obligatoire, il est choisi par les parents de l'enfant. Depuis une loi du 8 janvier 1993, le choix est libre (auparavant, seuls les prénoms en usage dans les différents calendriers et ceux des personnages connus dans l'histoire pouvaient être choisis). Il est possible de changer de prénom en cas d'adoption plénière, d'acquisition de la nationalité française ou d'intérêt légitime en cas de prénom ridicule par exemple. La loi du 18 novembre 2016 confie à l'Officier d'état civil la compétence en matière de changement de prénom avec possibilité de saisine du Parquet.

Parfois, un pseudonyme est librement choisi par un individu pour masquer son identité (par exemple « Molière » pour Jean-Baptiste Poquelin) lorsqu'il exerce son activité dans un domaine particulier. Le pseudonyme s'acquiert par une possession prolongée et est personnel à celui qui en use. Il ne doit pas se substituer au nom véritable dans les actes officiels et ne se transmet pas aux héritiers. L'utilisation d'un pseudonyme est prohibée pour certaines professions (par exemple pour les professions médicales).

À noter : il ne faut pas confondre le pseudonyme avec le surnom, qui est un sobriquet donné par l'entourage ou le public et qui n'a aucune valeur juridique.

L'état civil est un système officiel de constatation de l'état des personnes, qui regroupe l'ensemble des traits caractéristiques déterminant le statut juridique de la personne. Chaque personne a un état dont elle ne peut disposer librement : c'est le principe de l'indisponibilité de l'état des personnes. Sont consignés dans les registres de l'état civil, la naissance, le décès, le mariage, le divorce, l'adoption... Les actes de l'état civil sont les modes de constatation des éléments de l'état des personnes et ils permettent d'en faire la preuve.

Le domicile

Le principe

Le domicile fait partie des droits fondamentaux en droit français. Tout citoyen français ou toute personne se trouvant légalement sur le territoire français a le droit d'avoir un domicile. On parle aussi de la nécessité du domicile car il revêt un caractère indispensable qui lui confère la nature d'une obligation légale. Les prescriptions légales favorisent donc largement l'établissement d'un domicile.

Le domicile est une notion de droit, c'est le siège légal de la personne physique ou morale, son principal lieu de situation du point de vue juridique. Il correspond au lieu où se situe l'essentiel de l'activité juridique privée de la personne, le lieu où elle a son principal établissement, le centre de ses intérêts familiaux, pécuniaires et professionnels. Le domicile détermine le lieu où certains actes doivent être accomplis (par exemple le consentement à une adoption), le lieu d'ouverture de la succession et la compétence territoriale judiciaire.

En ce qui concerne le domicile des personnes morales, il sera envisagé dans la partie de cet ouvrage qui leur est consacrée (LES PERSONNES MORALES DE DROIT PRIVÉ – LE SIÈGE SOCIAL).

Le domicile est :
• librement choisi, sauf dans certains cas où la loi fixe d'autorité un domicile. Art. 107 à 109 du Code civil : les mineurs non émancipés sont domiciliés chez leurs parents, le majeur en tutelle chez son tuteur, les fonctionnaires publics inamovibles au lieu où ils exercent leur fonction, etc. ;
• nécessaire. Toute personne a un domicile : les forains doivent choisir un domicile dans une commune dont le nom figure sur une liste établie par l'administration et les personnes dites SDF peuvent indiquer l'adresse d'un organisme de secours ;
• unique. Toute personne ne peut avoir qu'un domicile, sauf existence de domiciles spéciaux. Ainsi, le domicile matrimonial déterminant la commune dans laquelle on peut se marier peut résulter d'une simple résidence de plus d'un mois ;
• inviolable (art. 9 du Code civil). Sa violation constitue une infraction pénale (art. R 226 et suivants du code pénal).

À noter : malgré l'unicité de principe du domicile, qui induit qu'un domicile en remplace un autre et qu'ils ne se cumulent pas, il est possible d'avoir différents domiciles attribués à des domaines différents de la vie juridique. Par exemple, une domiciliation politique (lieu d'exercice des droits politiques et électoraux), un domicile matrimonial (lieu de célébration du mariage), un domicile professionnel, etc.

Le cas particulier des personnes SANS DOMICILE CONNU

Lorsqu'une personne avait mais n'a plus de domicile connu, c'est-à-dire quand elle est partie sans laisser d'adresse du dernier domicile connu, la loi permet de la domicilier procéduralement en ce dernier domicile.
Ainsi, les actes de procédure pourront lui être valablement signifiés à l'adresse du dernier domicile connu si aucun lieu de résidence n'est identifié.

Le cas particulier des personnes SANS DOMICILE STABLE

On envisage ici toute personne qui ne dispose pas d'une adresse lui permettant d'y recevoir et d'y consulter son courrier de façon constante et confidentielle.
La loi dite ALUR de 2014 et les arrêtés du 19 mai 2016 et 11 juillet 2016 ont réalisé une réforme de la procédure de domiciliation de ces populations en instaurant un régime de domiciliation générale pour l'ensemble des droits civils.
La personne sans domicile stable a le droit d'effectuer une domiciliation dans un CCAS ou CIAS lorsqu'un suivis social, médico-social ou professionnel est réalisé, ou si des démarches ont été entreprises dans une commune où la personne séjourne (et non plus s'installe), ou dans la commune où existent des liens familiaux, ou un bien où elle est administrée, et également où s'exerce l'autorité parentale sur un mineur scolarisé.
La personne peut également choisir un organisme agréé par le Préfet.
La déclaration s'effectue par un formulaire de demande d'élection de domicile et il est délivré une attestation d'élection de domicile.
Cette élection s'étend aux ayants droit de la personne.
Depuis la loi dite ALUR de 2014, la seule obligation postérieure pour la personne sans domicile stable est de se manifester physiquement ou par téléphone tous les trois mois (et non plus de se présenter physiquement).
La notion de séjour est envisagée de manière très large : logement fixe avec statut d'occupation même précaire (mobil-home, voiture...), logement fixe sans statut d'occupation (squat, bidonville, ...), logement ou résidence mobile (caravane, bateau, ...) et sans logement (personne vivant dans la rue ou dans un espace public).
On envisagera aussi le cas des personnes SDF détenues. Ces derniers ont la possibilité de se domicilier dans l'établissement pénitentiaire de détention.
On ne peut que constater la grande facilitation légale de l'établissement d'un domicile pour l'ensemble des populations vivant légalement sur le

territoire français, afin de respecter le droit fondamental de chacun d'avoir un domicile.

Le cas particulier des demandeurs d'asile

Ces populations sont exclues du dispositif légal généraliste précédemment exposé. L'article L 264.10 du Code de l'Action Sociale et des Familles envisage leur domiciliation. Ils ne peuvent se domicilier que dans des organismes conventionnés ou hébergeant de manière stable des demandeurs d'asile. Cette domiciliation est valable un an et est renouvelable.

La résidence

Il s'agit d'une notion de fait et non de droit bien qu'elle soit envisagée par les textes légaux et que des effets juridiques lui soient attribués. Elle se différencie du domicile par le fait qu'elle est factuelle, c'est le lieu où une personne habite ou séjourne d'une manière stable et habituelle. La résidence peut donc être multiple. La signification des actes de procédure peut être valablement faite à la résidence lorsque la remise au domicile n'est pas réalisable.

La capacité juridique des personnes physiques

La capacité est l'aptitude d'une personne à être titulaire de droits et d'obligations et à les exercer. Elle se décompose en capacité de jouissance (aptitude à avoir des droits et obligations) et en capacité d'exercice (pouvoir de mettre en œuvre ces droits et obligations).
Toute personne physique a une capacité générale de jouissance, mais des incapacités spéciales sont prévues par certains textes (comme l'interdiction qui est faite aux médecins de bénéficier de libéralités au cours de la dernière maladie, selon l'article 909 du Code civil).
La capacité d'exercice peut être réduite ou disparaître. Ces incapacités permettent essentiellement de protéger l'incapable. Seule la loi peut prévoir des causes d'incapacité pour les personnes physiques.

L'ordonnance du 10 février 2016 a modifié le droit des contrats et réformé les articles 1145 à 1152 du Code civil sur la capacité contractuelle (l'aptitude à contracter valablement).
Elle réaffirme pour les personnes physiques un principe général de capacité hors exceptions légales, les incapacités devant être expressément prévues par la loi et constituant des incapacités d'exercice (la capacité de jouissance du droit existe mais c'est son exercice qui est limité).

Le mineur

Défini comme une personne qui n'a pas atteint l'âge de 18 ans accomplis, il ne peut exercer lui-même les droits dont il est titulaire : il a une incapacité générale d'exercice et c'est son représentant légal qui agit en son nom (parent(s) ou tuteur lorsque le mineur ne peut être soumis à l'autorité parentale). Cependant, l'enfant pourvu de discernement (et non le tout jeune enfant) peut agir seul pour accomplir certains actes tels que les actes de la vie courante (articles 388.1.1 et 408 al.1 du Code civil) et a la possibilité de disposer par testament de la moitié de ses biens à partir de 16 ans (art. 904 du Code civil), etc.
Concernant sa capacité contractuelle, l'article 1124 du Code civil énonce, que sont incapables de contracter dans la mesure définie par la loi, les mineurs non émancipés. Néanmoins l'article 1311 du Code civil précise que le mineur n'est plus recevable à revenir contre l'engagement qu'il a souscrit en minorité, lorsqu'il l'a ratifié en majorité.

Le mineur peut être émancipé à partir de 16 ans. L'acte d'émancipation, qui résulte de plein droit du mariage ou qui peut également être prononcé pour simplifier une situation (mineur cohéritier en vue d'un partage, etc.), permet de donner au mineur la pleine capacité civile. Le mineur émancipé est dès lors assimilé au majeur, mais il ne peut exercer le commerce, être électeur ou éligible, ni se marier sans autorisation.

Le majeur incapable

Il existe un principe général de capacité des majeurs. L'exception étant les restrictions légales à l'exercice des droits lorsque le majeur fait l'objet d'une mesure de protection énoncée aux articles 425 et suivants du Code civil. Il s'agit d'une incapacité relative car elle protège un intérêt particulier, celui de l'incapable, et non un intérêt général. En conséquence, l'incapable a la possibilité de passer seuls les actes de la vie courante, néanmoins ceux-ci pourront être annulés s'ils sont lésionnaires (article 1149 al. 1 à 3 du Code civil). Pour les autres actes juridiques, ils pourront être annulés quand bien même ils ne seraient pas lésionnaires.

Le majeur incapable est la personne dont les facultés (mentales ou corporelles) ou le comportement (prodigalité, intempérance, oisiveté) sont altérés (art. 488 du Code civil). Quatre systèmes de protection peuvent être mis en place, le juge des tutelles étant le principal organe de décision :
• l'habilitation familiale, mesure introduite en 2015, et modifiée par la loi du 23 mars 2019. Elle ne permet que la représentation ou l'assistance de la personne protégée. Elle s'applique aux cas ou le majeur est dans l'impossibilité de pourvoir seul à ses intérêts en raison d'une altération

médicalement constatée de ses facultés mentales ou corporelles de nature à empêcher l'expression de sa volonté. Elle peut depuis 2019 être aussi demandée par le majeur lui-même. Le représentant désigné par le juge sera habilité à représenter ou à assister la personne pour les actes de disposition. Il est à noter que cette mesure est très souple et combinable, entre générale et spéciale, entre assistance et représentation, le juge l'adaptera à l'acte concerné et aux besoins du majeur ;
• la sauvegarde de justice concerne le majeur dont les facultés altérées justifient une protection temporaire pour les actes de la vie civile. Le principe est qu'il n'y a pas d'incapacité d'exercice des droits par le majeur, mais le juge peut désigner un mandataire pour certains actes d'administration ;
• la curatelle concerne le majeur que des facultés altérées mettent dans le besoin d'être contrôlé dans les actes de la vie civile, ou qui, par sa prodigalité, son intempérance, son oisiveté, s'expose à tomber dans le besoin ou à compromettre l'exécution de ses obligations familiales. Un curateur est nommé par le juge des tutelles. La curatelle est soit simple (incapacité partielle et assistance mais le majeur garde sa capacité dans les actes de la vie civile) soit renforcée (le majeur garde ses droits civiques et politiques mais le curateur le représente de façon permanente dans les actes de la vie civile) ;
• la tutelle est un régime d'incapacité complète. Elle concerne le majeur dont les facultés sont si altérées qu'il doit être représenté (par un tuteur) de manière continue. Le majeur est alors frappé d'une incapacité générale d'exercice.

La loi du 23 mars 2019 a instauré une souplesse fondamentale dans la protection des majeurs, elle permet des passerelles entre les mesures de protection, et donne pouvoir au juge d'ouvrir la procédure la plus adaptée alors même qu'il serait saisi d'une autre demande de protection.

La capacité des personnes morales

Il existait préalablement un principe de spécialité, la capacité des personnes morales se limitait aux actes utiles à la réalisation de leur objet social et aux actes accessoires à cet objet. La capacité de la personne morale dépendait donc de la typologie de la société, de sa forme sociale, et de son objet statutaire.
Ce principe a été repris par l'ordonnance du 10 février 2016 qui réglemente la capacité contractuelle.
En cette matière, l'incapacité visant la personne morale en dehors de son objet social est une incapacité de jouissance du droit, et non une incapacité d'exercice de ce droit, elle est visée à l'article 1145 al. 2.

En conséquence, hors des cas prévus par les textes, les personnes morales n'ont pas la capacité de jouissance. Celle-ci est limitée aux actes utiles à la réalisation de leur objet social et actes accessoires, lesquels sont définis non de manière générale comme pour les personnes physiques, mais de manière différenciée pour chaque type de société par les textes qui en fixent les règles de fonctionnement.

Le droit à l'intimité de la vie privée

L'article 12 de la Déclaration des Droits de l'Homme et du Citoyen, l'article 8 de la Convention Européenne des Droits de l'Homme, l'article 9 du Code civil, et le Code Pénal par les divers articles sanctionnent les atteintes à l'intimité de la vie privée et sont les textes de base reconnaissant et organisant le respect de ce droit.

Il consiste dans le droit de la personne de mener son existence sans ingérence de la part des tiers.
La vie privée du sujet de droit concerne généralement la sphère intime et personnelle de sa vie et se différencie de sa vie professionnelle et de sa vie publique. Par exemple la vie amoureuse, la vie amicale, la vie religieuse, sont protégées.

Le droit sanctionne donc l'intrusion dans l'intimité, la présentation d'une personne sous un jour défavorable ou trompeur, l'appropriation du nom ou de l'image à des fins commerciales...

La loi organise la protection de la personne elle-même et de ses ayants droit, en conséquence la protection de l'intimité de la vie privée perdure au-delà du décès du titulaire du droit.

Néanmoins il existe des limitations à la protection de ce droit et notamment, l'intérêt public, les informations contenues dans des documents publics, et en tout état de cause l'atteinte doit revêtir un certain caractère de gravité pour être sanctionnée, lequel sera apprécié par le juge.

Le droit à l'image

Il fait partie de l'intimité de la vie privée mais revêt quelques particularités qu'il convient de préciser.
Toute personne a le droit de s'opposer à l'utilisation ou la reproduction de son image sans son autorisation ou sous un jour défavorable ou trompeur.

Le juge peut prononcer des mesures de limitation de l'atteinte (saisie, séquestre, suppression, interdiction...) et des condamnations à la réparation du préjudice (dommages et intérêts). Il peut ordonner également la publication de la décision judiciaire.

Le droit au respect du corps humain

La Déclaration de l'Homme et du Citoyen, l'article 16-1 du Code civil, la loi du 20 décembre 1988 sur la protection des personnes en matière de recherche médicale, la loi Bioéthique du 29 juillet 1994, et les articles du Code Pénal sanctionnant les atteintes, sont les textes organisant la protection de ce droit. Le Conseil d'État a également classé ce droit comme un droit constitutionnel.

Le principe est que le corps humain est inviolable et ne peut faire l'objet de contrat. Toute convention ayant pour objet le corps humain est nulle (par exemple la gestation pour autrui).
Chaque personne a droit au respect de son corps dès le commencement de la vie (même lors de la vie intra-utérine) et au-delà de la mort.
Le corps humain et ses produits sont hors du commerce et du patrimoine.
Le droit civil sanctionne les dommages corporels (articles 1382 et suivants, et 1146 et suivants du Code civil) et, de nombreux textes pénaux sanctionnent des infractions particulières (par exemple l'interdiction des prélèvements d'organes et de produits du corps humain sur une personne vivante sans son consentement).

La loi organise aussi la protection de certains attributs et éléments du corps humain (par exemple la voix, l'honneur...).

Le sujet de droit lui-même n'est libre de disposer de son corps que dans certaines limites légales (par exemple les atteintes portées à l'intégrité du corps humain sont tolérées en cas de nécessités médicales, ou dans l'intérêt thérapeutique d'autrui à titre exceptionnel, néanmoins le consentement de la personne est nécessaire sauf sans les cas où son état de santé rend nécessaire l'atteinte et qu'il est dans l'incapacité de donner son consentement préalable).

Les personnes morales

La distinction des personnes morales et des personnes physiques

La personnalité morale consiste à attribuer à un groupement de personnes ou de biens la personnalité juridique.
La personne morale doit accomplir un certain nombre de formalités pour acquérir la personnalité juridique (par exemple l'inscription au registre du commerce et des sociétés pour une société commerciale, la déclaration en Préfecture pour une association). Le groupement ou établissement,

organisé en vue d'un intérêt spécifique est une personne juridique distincte des individus qui le composent.

En conséquence, la personne morale a une individualité attestée par son nom (choisi par les membres), sa nationalité et son domicile (le siège social). Elle a des droits et obligations, elle est sujet de droit, elle a un patrimoine et par l'intermédiaire de ses organes elle peut agir en justice.

Les personnes morales ont sensiblement les mêmes droits que les personnes physiques. Toutefois, des distinctions existent :
• les personnes morales sont soumises au principe de spécialité qui délimite leur sphère d'activité (ainsi, un syndicat professionnel ne peut pas avoir d'activité commerciale) et leur capacité de jouissance est limitée par l'objet social. En outre, leurs droits sont exercés par les personnes physiques désignées pour agir (exemple : président d'une association, gérant d'une société à responsabilité limitée) ;
• la distinction entre la personne du groupement et celle de ses membres n'est pas absolue. Ainsi, dans certains groupements, les dettes de la personne morale sont supportées personnellement par les personnes physiques qui la composent (par exemple les dettes d'une société civile immobilière) ;
• les personnes morales n'ont pas de droits familiaux ni civiques.

La distinction des personnes morales entre elles

Les personnes morales de droit public

Il s'agit de l'État, des collectivités territoriales et des établissements publics et des groupements d'intérêt public.

Les personnes morales de droit privé

Ce sont les sociétés et les associations.

Les sociétés se caractérisent par la recherche de bénéfices en vue d'en faire profiter leurs membres (art. 1832 du Code civil). On distingue :
• les sociétés civiles, dont l'objet social est civil (exploitations agricoles, sociétés civiles professionnelles, sociétés civiles immobilières, etc.) ;
• les sociétés commerciales, qui ont pour objet l'exercice habituel d'actes de commerce ou sont énumérées par la loi du 24 juillet 1966 comme commerciales (sociétés anonymes, sociétés à responsabilité limitée, etc.).

Les associations sont des groupements à but non lucratif (réglementées par la loi du 1er juillet 1901). On distingue :

• les associations simplement déclarées, la déclaration étant effectuée à la Préfecture (par exemple les associations d'anciens élèves, les associations sportives, etc.) ;
• les associations reconnues d'utilité publique, dont la reconnaissance est attribuée par une décision prise en Conseil d'État (par exemple la Croix-Rouge, la Société protectrice des animaux, etc.).

Les personnes morales de droit mixte

Elles combinent les règles des personnes morales de droit public et celles des personnes morales de droit privé (par exemple des établissements publics industriels et commerciaux tels que la SNCF).

À noter : nombre de règles du régime juridique des personnes morales se situent hors du domaine du droit civil. Ainsi, les règles concernant les personnes morales de droit public sont des règles du droit public et celles concernant les sociétés commerciales sont des règles du droit commercial.

Les effets de la personnalité morale

La personne morale détient des droits qui lui sont propres et qui sont autonomes par rapport aux droits de ses membres.

La dénomination (le nom)

La personne morale est individualisée par une dénomination, laquelle est obligatoire car elle fait partie de l'identité. Son atteinte est protégée par la loi.
Elle figure dans les statuts et les documents officiels et, elle est publiée au registre du commerce et des sociétés.
Cette dénomination est choisie librement par les membres fondateurs lors de la création, et elle est modifiable ultérieurement par les personnes physiques qui composent la personne morale (les conditions de modification diffèrent selon la forme juridique de la personne morale et cette modification doit être publiée dans un but d'opposabilité aux tiers).

Le siège social (le domicile)

La personne morale a l'obligation d'avoir un siège, c'est-à-dire un principal établissement, car c'est un des éléments de son identité. Ce siège est unique mais elle a le droit d'avoir des établissements secondaires et, l'ensemble doit être publié au Registre du Commerce et des Sociétés.
Ce siège social est choisi librement par les membres fondateurs et il est modifiable au cours de la vie de la personne morale selon des conditions qui diffèrent en fonction de la forme juridique de la société.

Capacité

La capacité de la personne morale est liée à son objet social (le but poursuivit, la mission confiée par les associés) lequel est indiqué dans les statuts et est publié au registre du commerce et des sociétés, ou il est accessible librement aux tiers (et donc aux co-contractants de la société). Ce principe de spécialité limite la capacité des personnes morales aux actes utiles à la réalisation de leur objet social (lesquels sont inscrits dans les statuts) et aux actes accessoires à cet objet. La capacité de la personne morale dépend donc de la typologie de la société, de sa forme sociale, et de son objet statutaire.
L'ordonnance du 10 février 2016 réglementant la capacité contractuelle reprend ce principe de spécialité.
En cette matière l'incapacité visant la personne morale en dehors de son objet social est une incapacité de jouissance du droit.

La capacité de la personne morale est large et englobe : la conclusion de contrats, la possibilité d'ester en justice et elle induit également sa responsabilité civile et sa responsabilité pénale.

Le droit de la famille

Il n'existe pas de définition légale de la famille. En droit français on peut considérer que la famille est l'ensemble des personnes liées par un lien de parenté ou d'alliance. Les droits résultants des liens familiaux sont extra patrimoniaux, exclusivement attachés à la personne, incessibles et hors du commerce.

Le mariage

C'est un acte juridique solennel par lequel deux individus s'unissent et dont les effets sont régis par la loi. La dernière réforme de cette procédure a été opérée par la loi du 23 mars 2019 et son décret d'application du 17 décembre 2019 à effet du 1er janvier 2021. Il est à noter que toutes les procédures initiées avant cette date resteront soumises aux anciennes dispositions.

La loi du 17 mai 2013 a ouvert le mariage aux personnes du même sexe, résidant en France. Un nouvel article 143 du Code civil stipule : le mariage est contracté par deux personnes de sexe différent ou de même sexe. Cette modification législative s'applique aussi aux mariages entre des personnes de nationalités différentes, en écartant la loi personnelle de l'époux étranger quand elle ne permettra pas le mariage entre époux du même sexe. Est envisagée également la reconnaissance du mariage entre deux personnes du même sexe célébré à l'étranger avant l'entrée en vigueur de la loi en France.

Les conditions

Le mariage est un accord de volonté par lequel les époux s'engagent à constituer une famille en adhérant au statut défini par la loi. Il s'agit donc à la fois d'un contrat (accord de volonté) et d'une institution (les devoirs et les droits des époux sont encadrés par la loi). La célébration du mariage s'effectue devant un officier d'État Civil, après production de pièces (acte d'état civil et certificat médical) et publication du projet de mariage (les bancs). L'acte de mariage constitue la preuve du mariage.

Plusieurs conditions sont posées pour pouvoir se marier :
• condition de sexe. Cette condition a été supprimée par la loi du 17 mai 2013 ;
• condition d'âge. Le mariage est interdit aux personnes de moins de 18 ans sauf autorisation des parents, il entraîne alors l'émancipation ;
• condition liée à la capacité.
- Les majeurs protégés = Le mariage d'un majeur sous curatelle ou tutelle est possible et la loi du 23 mars 2019 a supprimé la condition d'obtention d'une autorisation préalable du conseil de famille, après avis du médecin pour la tutelle, et d'autorisation du curateur ou, à défaut, du juge des tutelles pour la curatelle. Le curateur et le tuteur seront désormais simplement informés du projet de mariage par le protégé, afin qu'ils puissent exercer leur droit d'opposition. L'officier d'état-civil ne pourra célébrer le mariage sans l'attestation justifiant cette information.
- Les mineurs = le consentement des parents est nécessaire sauf émancipation du mineur (art.148 du Code civil) ;
• condition liée aux empêchements. Les articles 161 à 163 du Code civil interdisent le mariage entre ascendant et descendant en ligne directe, entre alliés en ligne directe et entre collatéraux jusqu'au deuxième degré inclus. Le mariage est prohibé pour une personne déjà liée par un mariage (prohibition de la bigamie dans l'article 147 du Code civil).

Lorsque le mariage n'est pas conforme aux formalités requises, il peut être annulé.

Les nullités relatives sont les suivantes :
• vices du consentement (le consentement doit être libre, éclairé, exempt de vice),
• erreur sur la personne,
• violence,
• défaut d'autorisation.

Elles ne peuvent être mises en oeuvre que par la personne bénéficiaire de la règle protectrice.

Les nullités absolues sont les suivantes : impuberté, bigamie, inceste, clandestinité, incompétence de l'officier d'état civil et absence de consentement.

Elles peuvent être mises en oeuvre par tout intéressé.

Il existe une voie d'opposition au mariage au profit des ascendants, du conjoint non divorcé, du tuteur, de certains collatéraux et du Ministère Public.

Les effets

Dans leurs rapports personnels, les mariés ont des devoirs réciproques (art. 212 et suivants du Code civil) de respect, de fidélité, de secours (lorsqu'un des conjoints est dans le besoin), d'assistance (soins personnels à donner au conjoint infirme ou malade) et de cohabitation (communauté de vie).
À l'égard des tiers, chacun des époux peut passer seul les contrats relatifs à l'entretien du ménage ou à l'éducation des enfants. Toute dette ainsi contractée oblige l'autre solidairement. Toutefois, la solidarité n'a pas lieu pour les dépenses manifestement excessives, les achats à tempérament et pour les emprunts non modestes (art. 220 al. 2 et 3 du Code civil).

Du mariage découlent certains avantages :
• les époux deviennent Co-titulaires du bail qui assure le logement de la famille (art. 1751 du Code civil) ;
• ils bénéficient de la qualité d'ayant droit de l'assuré pour les prestations des assurances maladie et maternité, et de retraite ;
• ils bénéficient des congés pour événements familiaux ;
• les étrangers mariés à un Français peuvent obtenir une carte de séjour temporaire, la carte de résident et acquérir la nationalité française.

Le divorce et la séparation de corps

Les cas

Le divorce est la dissolution du mariage valablement formé (art. 229 et suivants du Code civil). Depuis la loi du 26 mai 2004 (applicable depuis le 1er janvier 2005), il existe quatre cas de divorce :
• le divorce par consentement mutuel, qui est demandé conjointement par les deux époux, notons que la procédure a été réformée au 1er janvier 2017 puis par la loi du 23 mars 2019, qui exclue désormais l'intervention du juge (sauf exception) ; Ce type de divorce est toujours interdit aux majeurs protégés ;

• le divorce fondé sur l'acceptation du principe de la rupture du mariage, qui peut n'être proposé que par l'un des deux époux et accepté par l'autre ;
• le divorce pour altération définitive du lien conjugal, qui est le résultat d'une séparation des époux d'au moins un an depuis la loi du 23 mars 2019 ;
• le divorce pour faute par lequel l'un des époux invoque des faits imputables à son conjoint constituant une violation grave ou renouvelée des devoirs et obligations du mariage, ou invoque une condamnation à une peine criminelle dont son conjoint a été l'objet.

La loi du 23 mars 2019 vient réformer le divorce dans une volonté de simplification de la procédure de divorce et de réduction des délais. L'ensemble des réformes successives vise à réduire l'intervention du juge dans les cas non contentieux.

Cette loi supprime à compter du 1er septembre 2020 la phase préalable de conciliation pour les divorces judiciaires.
Préalablement à cette réforme qu'il s'agisse d'une requête conjointe des époux (accord sur le principe du divorce mais volonté de demander au juge de trancher sur ses conséquences) ou de l'introduction par un des époux d'une instance en divorce par voie d'assignation (lorsqu'un seul des époux demande le divorce), la procédure de divorce comportait deux phases :
• une phase préalable de tentative de conciliation des époux et de prise de mesures provisoires (résidence des époux, sort des enfants...) puis,
• une instance judiciaire en divorce.
À partir du 1er septembre 2020 il n'existe qu'une seule phase judiciaire, comportant une première audience sur les mesures provisoires uniquement dans les cas ou les époux la demanderont.

Quand au divorce par consentement mutuel il était déjà déjudiciarisé, seuls les époux, leurs avocats respectifs, et le notaire commun interviennent à la procédure.

Importante modification apportée par la loi du 23 mars 2019, avant la saisine du juge pour les divorces judiciaires, il existera dorénavant une phase conventionnelle ou les époux assistés de leurs avocats pourront accepter le principe de la rupture du mariage par un acte sous seing privé contresigné par les avocats et qui servira de base à la saisine du juge par l'un ou les deux époux à l'issue de cette phase amiable.

Désormais le majeur sous tutelle sera représenté par son tuteur, et le majeur sous curatelle engagera lui-même l'action, il sera simplement assisté du curateur. Au surplus, l'acceptation du principe de la rupture du mariage peut être faite par le protégé seul.

Un délai de viduité existe (art. 228 et 261 du Code civil) : une femme veuve ou divorcée doit attendre l'expiration du délai de 300 jours avant de se remarier pour éviter une confusion entre deux pères potentiels s'il y a conception d'un enfant.

Enfin, il faut évoquer la séparation de corps (art. 296 et suivants du code civil), qui permet aux époux d'être dispensés de l'obligation de vie commune. Depuis la loi du 23 mars 2019 l'autorisation du juge n'est plus requise s'il s'agit d'un consentement mutuel des époux, et la conversion de la séparation de corps par consentement mutuel en divorce par consentement mutuel est également déjudiciarisée. Elle devient possible par acte sous seing privé contresigné par avocat et déposé au rang des minutes du notaire. À noter que cette procédure est exclue pour les majeurs protégés ou si un enfant mineur demande à être auditionné.

À noter : elle se distingue de la séparation de fait où les époux vivent séparément à la suite d'une décision commune ou unilatérale. La séparation de fait peut toutefois donner lieu à une décision judiciaire, lorsque le juge statue sur la résidence de la famille (art. 258 du Code civil) après le rejet de l'action en divorce. Les cas de séparation de corps et la procédure à suivre sont les mêmes que pour le divorce. La séparation de corps prend fin soit par réconciliation des époux, soit par conversion en divorce.

Les conséquences...

... du divorce

Le régime matrimonial cesse de produire ses effets et doit être liquidé. Les conventions passées (actes notariés) entre les époux au sujet de la liquidation et du partage de la communauté sont efficaces. Par ailleurs, des dommages et intérêts peuvent être accordés à un époux dans différentes hypothèses en réparation des conséquences d'une particulière gravité qu'il subit du fait de la dissolution du mariage et notamment lorsque le divorce est prononcé aux torts exclusifs d'un époux (art. 266 du Code civil).

À l'égard des enfants, l'autorité parentale est conjointe sauf décision judiciaire contraire (art. 286 du Code civil renvoyant aux articles 371 à 381 du même code). En l'absence d'accord des époux, le juge désigne le parent chez lequel les enfants auront leur résidence habituelle, l'autre parent devant contribuer à leur entretien et à leur éducation.

... de la séparation de corps

Cette séparation ne dissout pas le mariage et les devoirs de fidélité et de secours sont donc maintenus. Mais les devoirs de cohabitation et

d'assistance sont supprimés et le régime matrimonial cesse de produire ses effets comme pour le divorce.
À l'égard des enfants, les conséquences sont les mêmes que celles du divorce.

Le couple non marié

La loi du 15 novembre 1999 reconnaît d'autres formes de vie à deux : le pacte civil de solidarité (Pacs) et le concubinage.
La dernière réforme du Pacte Civil de Solidarité dit Pacs a pris effet le 1er novembre 2017 (loi de modernisation de la justice du XXIe siècle du 18 novembre 2016 qui remplace les compétences du tribunal d'instance par celle de l'officier de l'état-civil de la mairie). La loi du 23 mars 2019 à effet du 1er janvier 2021 a également apporté des modifications.

Les conditions

Alors que le concubinage est une union de fait, le Pacs (Pacte civil de solidarité) est un contrat spécifique soumis aux dispositions générales du Code civil (articles 515-1 à 515-7 du Code civil).
De ces distinctions résultent des différences de formalité et de preuve des unions.

Pour le concubinage, puisqu'il s'agit d'une situation de fait, aucune formalité n'est nécessaire et la preuve se fait par tous moyens (certificat de concubinage, témoins, déclaration sur l'honneur, etc.).

Pour le Pacs, la loi détermine précisément les conditions, la procédure et les effets de cette convention.
La formalité consiste à établir une convention rédigée en français et signée des deux partenaires, puis faire une déclaration conjointe enregistrée par l'officier d'état-civil de la mairie de la commune de résidence commune depuis le 1er novembre 2017 en vertu de la loi du 18 novembre 2016, ou à effectuer cette convention par acte authentique devant un notaire, lequel se chargera de l'enregistrement à l'état-civil et de la conservation de l'acte.
Si le Pacs a été enregistré en mairie, la publication au service de l'état-civil est effectuée par l'officier de l'état-civil de cette mairie. Mais ce dernier ne garde pas d'exemplaire de la convention.
Plusieurs conditions sont posées pour pouvoir se lier par un PACS :
• condition de sexe. Le Pacs peut être conclu par deux personnes physiques majeures de sexe différent ou de même sexe (art. 515-1 du Code civil). À noter que depuis la loi de 1999, le concubinage devient également une union entre deux personnes de sexe différent ou de même sexe (art. 515-8 du code civil). Le but a été de mettre un terme au refus de la Cour de cassation (Cour de cassation 3e civ. 17 déc. 1997) d'étendre aux concubins

homosexuels certains droits accordés aux concubins vivant en apparence comme des gens mariés ;
• condition liée à la capacité. Les personnes pacsées doivent être majeures, aucune dispense n'étant prévue pour les mineurs. Il en est de même pour le concubinage. Cette condition résulte de l'article 227-8 du code pénal : incrimination pénale de l'enlèvement des mineurs. Depuis le 1er janvier 2009, les majeurs sous tutelle et sous curatelle peuvent souscrire un Pacs, alors même que jusque-là cela leur était interdit (art. 506-1 du code civil). La loi du 23 mars 2019 prévoit même que curateur et tuteur n'auront plus qu'une fonction d'assistance pour la signature de la convention de PACS. En ce qui concerne le concubinage, rien n'est indiqué, mais celui-ci n'existe que lorsque deux personnes ont la volonté de vivre ensemble ;
• condition liée aux empêchements. La conclusion d'un Pacs est interdite (art. 515-2 du code civil) entre ascendant et descendant en ligne directe, entre alliés en ligne directe et entre collatéraux jusqu'au troisième degré inclus. La conclusion du Pacs est prohibée pour une personne déjà liée par un Pacs et également pour une personne déjà mariée. Mais un Pacs peut être conclu par des personnes qui seraient engagées dans un ou plusieurs concubinages. Si un concubin est déjà marié, le caractère adultérin rend illicite le concubinage.
La conclusion d'un Pacs est interdite à un mineur même émancipé.

Les effets

Le Pacs produit ses effets entre les partenaires à la date de son enregistrement, et à l'égard des tiers à partir de sa publication par le service de l'état-civil.
Dans les rapports personnels des personnes pacsées, il existe une « obligation d'assistance » identique à celle que l'on connaît dans le mariage. Les partenaires pacsés comme les époux doivent se soutenir face aux difficultés de la vie. Ils ont une obligation de s'apporter une aide matérielle réciproque (sauf disposition contraire du Pacs) laquelle est quantifiée à proportion des facultés de contribution respectives. Les partenaires ont une obligation de cohabitation puisqu'ils « s'engagent dans une vie commune ». Cette vie commune est plus stricte que celle du mariage car les partenaires ne peuvent avoir de domiciles distincts sans qu'il soit porté atteinte à la communauté de vie. Mais il n'existe aucun devoir de fidélité. Le Pacs est sans effet sur les règles de fixation de l'autorité parentale.

Pour les concubins, il n'y a pas de devoirs réciproques de fidélité, de secours ni d'assistance. Mais la définition du concubinage conforte la jurisprudence antérieure précisant qu'il se caractérise par une vie commune, stable et continue. La stabilité et la continuité sont la conséquence du caractère factuel de l'union : seule la durée rend la situation certaine.

À l'égard des tiers, les pacsés sont soumis à une obligation solidaire générale pour les dettes concernant les besoins de la vie courante et les dépenses relatives au logement commun (art. 515-4 al. 2 du code civil). Il n'y a aucune référence à l'entretien des enfants. Cette solidarité n'existe pas pour les dépenses manifestement excessives, et pour les achats à crédit et les emprunts, le consentement des deux partenaires est indispensable à la solidarité. En dehors des besoins de la vie courante, chaque partenaire reste responsable de ses dettes.

Concernant la propriété des biens, le Pacs fonctionne comme un contrat matrimonial de séparation de biens, sauf si la convention en stipule autrement et prévoit une indivision pour les biens acquis en cours de Pacs. Chaque partenaire garde la pleine propriété de ses biens acquis précédemment et des biens acquis par lui pendant le Pacs, ou des biens reçus par donation ou succession en cours de Pacs, il est également seul propriétaire de ses revenus. Mais à défaut de preuve de propriété d'un bien, il y a une présomption de propriété partagée.

Il convient de noter que depuis la loi du 23 juin 2006 portant une réforme des successions, les titulaires d'un Pacs peuvent faire préciser, en marge de l'acte de naissance de chaque partenaire, le régime auquel les partenaires signataires d'un pacte entendent soumettre les biens dont ils feront l'acquisition postérieurement à la conclusion de cette convention, à défaut, ils sont réputés indivis. Quant aux acquisitions antérieures elles restent des propres. Il n'y a pas de vocation successorale entre les pacsés. Les legs devront donc respecter la réserve héréditaire.

Quant au concubinage, la solidarité pour l'entretien du ménage ne joue pas. Cependant, lorsque les concubins vivent ouvertement comme des époux, les créanciers du ménage peuvent se prévaloir de cette apparence et sont en droit de poursuivre, pour l'ensemble des dépenses contractées pour l'entretien du ménage ou l'éducation des enfants, l'un ou l'autre des concubins.

En matière de logement de la famille, la loi du 23 mars 2019 introduit un nouvel article 373-2-9-1 du Code Civil qui permet lors de la séparation et en présence d'enfant, au Juge aux affaires Familiales saisit par un des concubins, d'attribuer la jouissance du logement de la famille à l'un des parents pour un maximum de 6 mois (sauf cas de prorogation possible).

Du Pacs et du concubinage résultent des avantages :
- la loi du 6 juillet 1989 instaurant la continuation du contrat de bail au bénéfice du concubin notoire est complétée pour permettre au pacsé de bénéficier de cette disposition ;

• les pacsés et les concubins sont assimilés aux mariés pour les prestations en nature de l'assurance-maladie et maternité ;
• les pacsés peuvent se prévaloir des dispositions relatives aux congés pour événements familiaux, mais pas les concubins ;
• le Pacs et le concubinage sont pris en considération pour l'obtention d'une carte de séjour temporaire, mais ne donnent pas droit d'office à une carte de résident ni à la naturalisation française ;
• les pacsés et concubins peuvent se représenter devant certaines juridictions (exemple : tribunal d'instance).

La convention de Pacs est modifiable uniquement avec l'accord des deux partenaires, lesquels rédigent une convention modificative des conditions d'organisation de leur vie commune. Cette convention est enregistrée devant l'officier d'état-civil ou le notaire qui a reçu la convention initiale de Pacs.

Les ruptures

Les cas

La rupture du concubinage n'exige aucune formalité, puisqu'il ne s'agit que d'une situation de fait : chacun peut donc rompre à sa guise. Mais la responsabilité de celui qui prend l'initiative de la rupture peut être engagée envers son partenaire lorsque les circonstances de la rupture sont fautives (brutalité, publicité, etc.).

La rupture du Pacs est réglementée. Elle peut intervenir (art. 515-7 du Code civil) par le décès ou le mariage d'un des pacsés, par un accord entre eux ou par la décision unilatérale de l'un d'entre eux, laquelle doit être notifiée à l'autre. Elle a un effet immédiat dès son enregistrement à la mairie ou chez le notaire qui l'a reçue. Elle ne génère pas de prestation compensatoire entre les pacsés.

Il s'agit d'une déclaration conjointe ou unilatérale de décision de mettre fin au Pacs et, si la décision est unilatérale elle devra avant enregistrement par la mairie ou le notaire, être signifiée au partenaire par acte d'huissier de justice.

Mais le partenaire qui rompt unilatéralement doit à l'autre réparation des fautes qu'il aurait commises quant aux conditions de cette rupture. À défaut d'accord sur les comptes et le partage, l'intervention du juge peut être sollicitée.

En cas de rupture et de désaccord, les partenaires du Pacs peuvent saisir le juge aux Affaires Familiales près le tribunal de grande Instance, qui peut statuer sur les conséquences patrimoniales de la rupture et sur la réparation des préjudices.

Les conséquences

Lorsque les concubins ont confondu leurs biens, il y a lieu de procéder à une liquidation quand l'union prend fin. Ils y procèdent eux-mêmes. Sinon, les tribunaux s'en chargent et recourent à la théorie de la société de fait : ils considèrent qu'il a existé entre les concubins une société créée de fait, c'est-à-dire un groupement de personnes se comportant comme des associés sans avoir expressément manifesté leur volonté initiale d'être des associés. Chaque concubin reprend alors ses apports respectifs, paie le passif et partage le bénéfice.

Les pacsés doivent procéder eux-mêmes à la liquidation de leurs droits et obligations. Cette liquidation résulte du Pacs (art. 515-7 du Code civil) qui, en tant que contrat, peut préciser toutes les modalités de la liquidation. À défaut d'accord, le juge règle les conséquences patrimoniales de la rupture.

À noter : le mariage est le mode d'union le plus réglementé, puis vient le Pacs que les lois récentes ont rapproché du mariage dans ses aspects patrimoniaux. Pour le concubinage, les règles le régissant sont partielles et issues de lois ou de décrets divers et non d'une loi générale comme pour le Pacs.

La filiation

La « filiation » désigne le rapport de famille qui lie un individu à une ou plusieurs personnes dont il est issu. Il s'agit de la transmission de la parenté entre personnes de même lignée.

La loi organise le régime de la preuve du lien familial. Depuis l'ordonnance du 4 juillet 2005, ratifiée par la loi du 16 janvier 2009 emportant réforme de la filiation, la filiation est établie comme suit :
- la filiation maternelle est établie par désignation de la mère dans l'acte de naissance ;
- il y a une présomption de paternité envers le mari de la mère ;
- le père non marié avec la mère doit faire la démarche de reconnaissance pour établir la filiation en sa faveur.

Il convient de noter que la filiation peut aussi résulter d'un jugement à la suite d'une action en recherche de paternité ou de maternité. D'autre part, il est possible de faire établir la maternité ou la paternité en justice au cours de la minorité de l'enfant et pendant les dix ans qui suivent sa majorité.

La filiation peut aussi résulter d'un jugement d'adoption.
Il existe deux types d'adoption :

- l'adoption plénière, qui permet de rattacher l'enfant par un lien de filiation à l'adoptant et de rompre les liens avec la famille d'origine. Plusieurs conditions sont requises (art. 343 et suivants du Code civil) et concernent aussi bien l'adoptant que l'adopté. L'adoption est prononcée par décision de justice ; L'adoption plénière est irrévocable et définitive, elle a les mêmes effets qu'une filiation biologique.
- l'adoption simple. L'adopté garde un lien juridique avec sa famille d'origine (il conserve son nom d'origine ainsi que ses droits successoraux et ses obligations alimentaires dans cette famille) en même temps qu'il entre dans la famille de l'adoptant (il a droit de percevoir des aliments de la part de l'adoptant et a vocation successorale envers l'adoptant mais pas envers les ascendants de l'adoptant). Des conditions relatives à l'adoptant et l'adopté existent, mais sont alors moins strictes que pour l'adoption plénière (art. 360 et suivants du Code civil). Il faut également une décision de justice. Attention, l'adoption simple ne modifie pas la nationalité de l'adopté.

Dans le cas de l'adoption, c'est le jugement qui la prononce qui institue le lien de filiation, et non la déclaration de volonté des adoptants qui, bien qu'étant nécessaire, reste insuffisante à le constituer.

Attention : la loi du 17 mai 2013 ouvre l'adoption simple et plénière aux époux de même sexe, soit l'adoption d'un enfant par les deux époux, soit l'adoption de l'enfant du conjoint par l'autre époux.
Lors de l'accouchement, la mère peut demander que le secret de son admission et de son identité soit préservé. C'est ce que l'on appelle, communément, l'accouchement « sous X ».
La loi du 22 janvier 2002 relative à l'accès aux origines des personnes adoptées et pupilles de l'État a créé un Conseil National pour l'Accès aux Origines Personnelles (CNAOP) dont le rôle est, notamment, après s'être assuré qu'elles maintiennent leur demande, de communiquer aux personnes dont la mère naturelle a accouché sous X, de connaître leur identité avec l'accord des parents biologiques.

Le droit des Biens

La notion de biens

Le droit différencie les biens en deux catégories : les immeubles et les meubles. Sont classés dans la catégorie des immeubles, le sol et tout bien qui se rattache au sol (par exemple un bâtiment) et, sont classés dans la catégorie des meubles, tous les biens qui peuvent être transportés.

Les immeubles

L'article 517 du Code civil différencie trois catégories d'immeubles.

Les immeubles par nature
Ils comprennent le sol et tout ce qui s'y rattache. La propriété du sol emporte la propriété du dessus et du dessous.

Les immeubles par destination
Ce sont des biens meubles que le droit considère comme des immeubles car ils sont l'accessoire d'un immeuble. La règle « l'accessoire suit le principal » s'applique.
Par exemple, si un bien meuble est attaché à perpétuelle demeure à un immeuble, il devient un immeuble par destination car son retrait altérerait la substance de l'immeuble (ex. une cheminée), en vertu de l'article 524 du Code civil.
Autre exemple, les meubles affectés à l'exploitation d'un immeuble sont considérés comme des immeubles (par exemple une moissonneuse dans une exploitation agricole céréalière).

Les immeubles par l'objet auquel ils s'appliquent
Ce sont des droits portant sur un immeuble qui deviendront des droits immobiliers en raison de leur objet. Par exemple une servitude, ou l'usufruit d'un immeuble (démembrement de propriété ouvrant un droit d'usage et de percevoir les fruits tels que les loyers ou fermages).

Les meubles

Ils comportent trois catégories : les meubles par nature, par anticipation et par détermination de la loi.

Les meubles par nature
Ils comprennent toute chose qui peut être déplacée.

Les meubles par anticipation
Il s'agit de biens immeubles qui seront classés dans la catégorie des meubles pour en adopter le régime juridique. Par exemple, un bien attaché au sol mais destiné à en être séparé en vue de sa vente telle qu'une récolte vendue sur pieds (avant la moisson).

Les meubles par anticipation de la loi
Ils correspondent à des biens qui n'ont pas d'existence matérielle tels que les meubles incorporels, mais auxquels la loi attribue la nature et le régime juridique des meubles.

Par exemple, les droits intellectuels : la propriété littéraire et artistique, la propriété industrielle, la propriété commerciale.
Autre exemple, les créances et les droits d'associés (obligations et actions).

Les droits attachés aux biens

Ce sont les droits patrimoniaux donc ils peuvent être cédés. Ils se séparent en trois catégories : droits réels, droits personnels, droits intellectuels.

Les droits réels

Les droits réels principaux

Il s'agit du pouvoir direct que détient une personne (physique ou morale) sur une chose. Ce droit absolu sur la chose est opposable aux tiers.
Par exemple :
Le droit de propriété sur un immeuble qui est un droit comprenant l'usus, le fructus et l'abusus de la chose, ce droit étant démembrable en usufruit et nue-propriété. L'usufruitier bénéficiera de l'usus (usage de la chose) du fructus (perception des fruits tels que les loyers), le nu-propriétaire conservera l'abusus (le droit de disposer, de vendre, de donner).
L'hypothèque inscrite sur un bien immobilier qui est une garantie conventionnelle, légale, ou judiciaire inscrite sur le bien, qui le suivra entre les mains de ses différents propriétaires jusqu'à la fin de l'obligation, la fin de la période de validité de la garantie ou la purge de la garantie. Par exemple l'inscription hypothécaire judiciaire faite par un créancier du propriétaire d'un immeuble afin de garantir le paiement de sa créance.
La servitude sur un bien immobilier qui est un droit d'usage sur le bien d'autrui (servitude active) ou une limitation de son droit de propriété en faveur d'autrui (servitude passive). Par exemple une servitude de canalisations des voisins d'un fond enclavé passant en sous-sol de sa propriété.

Les droits réels accessoires

Il s'agit des garanties et des sûretés qui vont être prises sur un bien meuble ou immeuble.
Par exemple les hypothèques conventionnelles (tel le prêteur de deniers lors d'un achat immobilier), légale (tel le Trésor Public lors d'une dette fiscale), ou judiciaire (telle l'inscription d'un créancier titulaire d'un jugement condamnant à son profit le propriétaire du bien).
Autre exemple, le nantissement sur un fonds de commerce (telle l'inscription faite par le prêteur de deniers lors de l'achat du fonds de commerce par le commerçant).
Ces garanties et sûretés portent sur le bien lui-même (et non sur le débiteur de l'obligation) et assurent une priorité de paiement au titulaire

de la garantie, ainsi qu'un droit de suite entre les mains des acquéreurs ultérieurs du bien.

Les droits personnels

Ils se composent du pouvoir d'une personne (physique ou morale) d'exiger d'une autre personne (physique ou morale) une prestation (en nature ou en numéraires). Il a donc à l'origine de ce droit une relation bilatérale d'au moins deux personnes, comportant un créancier (le sujet actif auquel on doit la prestation) et un débiteur (sujet passif qui doit la prestation).
Ce droit est un droit relatif car il ne produit effet qu'entre les parties à la relation. Néanmoins ce droit est opposable aux tiers.
Les droits personnels ne font pas l'objet d'une énumération exhaustive par la loi. Mais la loi va encadrer et limiter les conditions par lesquelles ils sont contractés. Par exemple : les conditions de capacité à s'engager qui incluront les limitations relatives à la minorité et à l'incapacité des majeurs protégés.

Les droits intellectuels

Il est plus juste de le nommer droit de la propriété intellectuelle. Il comprend le monopole d'exploitation de l'auteur sur sa création intellectuelle et son droit moral sur cette création. Il est régi par les textes sur le droit de la propriété en général, ainsi que par le Code de la Propriété Intellectuelle.

Le contenu des droits intellectuels
La propriété artistique et littéraire des œuvres de l'esprit
Il s'agit des droits d'auteur : sur les œuvres littéraires, les œuvres cinématographiques, les œuvres musicales, les œuvres artistiques, et les œuvres d'architectes. L'équivalent pour les pays appliquant le Common Law se dénomme le COPYRIGHT, et de droits voisins : la loi du 3 juillet 1985 a instauré la protection des droits des artistes interprètes, des producteurs de phonogrammes, des producteurs de vidéogrammes, des producteurs de bases de données.

La propriété industrielle
Elle comprend la protection des brevets d'innovation, des marques, des certificats d'obtention végétale, des inventions, des dessins et modèles industriels, des marques commerciales, des noms de domaines, des appellations d'origine, et des indications de provenance géographique protégées.

Les effets des droits intellectuels

La loi attribue deux effets juridiques à la propriété intellectuelle :
L'auteur bénéficie d'un droit moral extra patrimonial sur son œuvre. Ce droit est perpétuel, inaliénable, et imprescriptible (donc il existe également post-mortem et ceci même après que le passage de l'œuvre dans le domaine public 70 ans après le décès de son auteur).
L'auteur bénéficie également d'un droit patrimonial. Il a le monopole d'exploitation de sa création intellectuelle, qu'il peut concéder à un tiers. Il a le droit exclusif d'utiliser et d'exploiter son œuvre, et d'autoriser ou d'interdire l'utilisation et l'exploitation de son œuvre.

Le droit des obligations

La théorie générale des obligations

Définition générale de l'obligation juridique

L'obligation est un lien de droit obligeant une personne à donner, faire ou ne pas faire quelque chose à autrui. Notons néanmoins que ces notions n'ont pas été reprises par la loi de modernisation de la justice du 1er octobre 2016.
Les obligations sont séparées en deux grandes catégories :
• *Les obligations contractuelles*
Ce sont des obligations qui sont liées à la notion de contrat et donc de convention. Le contrat est la source principale des obligations juridiques, il constitue le droit commun des obligations.
Elles induisent deux grands principes : Le principe d'autonomie de la volonté et le principe de la force obligatoire du contrat.
• *Les obligations extra-contractuelles*
Ces obligations ne sont pas liées à la convention des parties.
Elles sont de deux ordres : les obligations extra-contractuelles délictuelles liées à la notion de faute et les obligations extra-contractuelles non délictuelles liées au quasi-contrat et relatives à l'action d'un auteur et d'un bénéficiaire en dehors de tout contrat.

Le fondement des obligations

Le fondement des obligations contractuelles repose sur deux bases :
• L'autonomie de la volonté, principe qui garantit la liberté contractuelle et qui est à rapprocher de la liberté individuelle. Il s'agit de la liberté de contracter avec qui on veut, sur ce que l'on veut, et dans les conditions que l'on veut. Cette liberté permet au contrat de s'adapter aux besoins des parties et à l'évolution de notre société libérale. Bien entendu cette

liberté connaît des limites dont les deux fondamentales sont le respect de l'Ordre Public et le respect de la Morale ;

• La force obligatoire du contrat, ce principe assure le respect de la parole donnée et la sécurité juridique des conventions. Il s'impose aux parties au contrat et même au juge. La sécurisation des conventions est nécessaire à la vie économique et au-delà à la vie en société.

Le fondement des obligations extra-contractuelles

Le principe de la faute créatrice d'obligation est à rapprocher de la notion de morale. C'est un principe fondamental de notre société sans lequel il existerait une irresponsabilité collective.
L'article 1382 du Code civil pose que quiconque a commis une faute en doit réparation.
L'obligation extra-contractuelle résulte également de la responsabilité du fait d'autrui visée à l'article 1384 du Code civil, impliquant l'obligation de réparation par la faute de la personne placée sous notre responsabilité.
Il existe également une responsabilité du fait des choses que l'on a sous sa garde. Le Conseil Constitutionnel dans sa décision du 22 octobre 1982 a rappelé que tout fait de l'homme qui cause à autrui un dommage, oblige celui par la faute duquel il est arrivé à le réparer.

Les limites des obligations juridiques

Les limites de la responsabilité contractuelle

La limite historique est celle du droit commercial car dès l'origine l'article 1107 du Code civil prévoyait que des règles particulières aux transactions commerciales sont établies par les lois relatives au commerce.
La particularité des relations commerciales et la volonté du législateur de faciliter les transactions commerciales ont induit de nombreuses dérogations au principe général des obligations dans le Code de commerce et les lois subséquentes.
De plus, de nombreux contrats ont été encadrés par la loi afin d'augmenter leur sécurité juridique ou de protéger la partie la plus faible, limitant ainsi la liberté contractuelle. Par exemple le contrat d'assurance et le contrat de bail.
Enfin, des droits spécifiques se sont multipliés et divergent parfois au principe de la liberté contractuelle et au droit des obligations. Par exemple le droit de la concurrence, le droit de la consommation, et le droit du travail.
Apparaissent même des obligations légales de contracter, donc une formation de contrat non consensuelle telle l'obligation de vendre du commerçant, la révision judiciaire de l'exécution des contrats comme

la réduction des intérêts contractuels par le juge ou la suppression de clauses jugées abusives.

Les limites de la responsabilité extra-contractuelle

La responsabilité extra-contractuelle s'est parfois détachée de la notion de faute telle la responsabilité du fait des choses en cas d'accident de la circulation qui permet l'indemnisation de la victime alors même qu'aucune faute du conducteur n'est la cause de l'accident et du préjudice. Il s'agit alors d'une responsabilité sans faute générée par la jurisprudence afin de s'adapter aux situations dans lesquelles il existe un préjudice pour autrui sans qu'il existe un lien de causalité avec une faute.

La réforme du régime général et de la preuve des obligations, et du droit des contrats réalisée par l'ordonnance du 10 février 2016

Il s'agit d'une réforme fondamentale visant à rétablir l'équilibre de la relation contractuelle et à garantir la protection de la partie la plus faible. Il en résulte la transformation de 300 dispositions du Code civil.
Néanmoins pour préserver la prévisibilité contractuelle et ne pas modifier l'équilibre des contrats en cours, cette réforme ne s'appliquera qu'aux contrats conclus à partir du 1er octobre 2016. (Hormis l'action interrogatoire créée par cette réforme et qui vise à prévenir les difficultés liées à une méconnaissance ou un doute d'une partie sur une situation juridique).

L'obligation contractuelle : la théorie générale des contrats

Source principale des obligations juridiques, le contrat est visé à l'article 1101 du Code civil. Il repose sur des principes fondamentaux qui ont évolué par le fait de la jurisprudence.

Les principes de base du contrat

Le contrat est une convention entre au moins deux parties (les co-contractants) qui s'obligent envers une ou plusieurs personnes à donner, ou faire, ou ne pas faire quelque chose.
Il s'agit donc d'un acte multilatéral résultant de la volonté d'au moins deux personnes. Il produit des effets dont des obligations. Une convention crée, transfert ou éteint une obligation, mais le contrat (qui est une convention) est seul à créer une obligation. Le contrat est donc une convention créatrice d'obligation. De cette obligation définitive en vertu de la force obligatoire absolue du contrat, découle la sanction du non-respect de cette obligation.
La notion de bloc contractuel induit le bloc intangible formé par les droits et les obligations issus du contrat, et donc de la volonté des

cocontractants, figée au moment de la conclusion du contrat. Néanmoins cette notion a évolué vers celle du lien contractuel qui est plus souple et se fonde sur un lien entre les parties qui peut évoluer dans le temps, au cours de l'exécution du contrat. La jurisprudence reconnaît en effet une certaine souplesse à la relation contractuelle.

Le principe de la liberté contractuelle

Il comprend, la liberté de contracter, la liberté de choisir son co-contractant et la liberté de déterminer le contenu de la convention. L'ordonnance du 10 février 2016 portant réforme du droit des contrats affirme expressément que la liberté contractuelle est un principe cardinal du droit, et que chacun est libre de contracter ou de ne pas contracter, de choisir son cocontractant, et de déterminer le contenu et la forme du contrat (dans les limites fixées par la loi).

Le principe du consensualisme

Le contrat se fonde sur l'échange des volontés. Néanmoins ces volontés doivent être libres et éclairées lors de sa conclusion.

Le principe de la force obligatoire du contrat

L'article 1134 du Code civil pose que l'effet du contrat est obligatoire pour les parties. Les conventions légalement formées tiennent lieu de loi à ceux qui les ont faites.

Les nouveaux principes applicables aux contrats

Le principe d'égalité contractuelle entre les parties
Il s'applique tant à la formation du contrat, que lors de son exécution. De nombreuses dispositions législatives imposent le renseignement obligatoire de la partie la plus faible, instaurent un délai de réflexion ou de rétractation. La jurisprudence quant à elle interprète extensivement certaines notions telles que les vices du consentement pour intervenir sur le contrat.

Le principe d'équilibre contractuel
Lors de la formation et de l'exécution le contrat doit respecter l'équilibre global des prestations et obligations respectives des cocontractants. Ainsi le juge peut par exemple réduire les clauses pénales excessives, annuler les clauses abusives, annuler un contrat déséquilibré en cas de lésion.
La réforme du 10 février 2016, intègre désormais en l'article 1171 du Code civil, le déséquilibre significatif crée par les clauses abusives.

Le principe de la solidarité contractuelle (ou de la fraternité contractuelle)
Les co-contractants doivent prendre en compte en plus de leur intérêt propre, celui du contrat et celui de la partie adverse. Les parties au contrat sont donc considérées comme des partenaires, et les notions de bonne foi, de loyauté, de coopération et de conseil s'imposent aux parties.

Le principe de Bonne Foi
L'article 1104 rénové par l'ordonnance du 10 février 2016 érige en principe d'ordre public la Bonne Foi, à tous les stades de la vie du contrat, et même dans sa phase de négociation précontractuelle.

Le principe de confiance et de devoir général d'information
En l'article 1112-1 du Code civil la même réforme, fixe également comme une règle d'ordre public, l'obligation pour la partie qui connaît une information dont l'importance est déterminante pour le consentement de l'autre, d'informer l'autre partie dès lors que cette dernière ignore cette information ou à fait confiance à son cocontractant (cette obligation s'applique aussi à l'hypothèse des conditions générales de vente).

La classification des contrats

Les modes de classification sont nombreux et fonctionnent par critères de différenciation, nous rappellerons ici les principales classifications.

Les contrats synallagmatiques (bilatéraux ou multilatéraux) et les contrats unilatéraux

Les contrats synallagmatiques sont visés à l'article 1102 du Code civil. Ce sont des contrats qui créent des obligations réciproques aux cocontractants, lesquelles obligations sont interdépendantes et non dissociables car l'équilibre du contrat en dépend. Par exemple dans un contrat de vente, l'acquéreur doit payer et le vendeur doit livrer la chose vendue.
Les contrats unilatéraux sont visés à l'article 1103 du Code civil, et créent une obligation à la charge d'une seule des parties laquelle sera débitrice, alors que l'autre sera créancière de l'obligation. Par exemple, dans une donation, le donateur s'engage à donner la chose, alors que le donataire la reçoit sans contrepartie.

Les contrats gratuits et les contrats à titre onéreux

Les contrats à titre gratuit sont visés à l'article 1105 du Code civil. L'une des parties procure à l'autre un avantage ou un service sans contrepartie pécuniaire, sans rémunération.

Les contrats à titre onéreux sont visés à l'article 1106 du Code civil. Chacune des parties fournit à l'autre un avantage qui est considéré comme équivalent en valeur. En général les contrats synallagmatiques sont à titre onéreux.
L'ordonnance du 10 février 2016, par l'article 1169 du Code civil, fixe que le contrat à titre onéreux devient nul en cas de contrepartie illusoire ou dérisoire au moment de sa formation.

Les contrats commutatifs et aléatoires

Les contrats commutatifs sont visés à l'article 1104 du Code civil. Ils induisent une prestation certaine et définitivement déterminée lors de la conclusion du contrat. Par exemple une vente pour un prix déterminé. Dans les contrats aléatoires intervient un événement incertain qui déterminera la prestation d'un des parties. Par exemple un joueur qui parie aux courses.

Les contrats nommés et innommés

L'article 1107 du Code civil vise cette différenciation.
Les contrats nommés sont ceux auxquels la loi a donné une dénomination et dont elle réglemente les conditions. Par exemple les contrats d'assurance qui sont régis par le Code des assurances.
Ces contrats sont de plus en plus nombreux car le législateur n'a de cesse d'encadrer les relations contractuelles afin de les sécuriser, restreignant ainsi le principe de liberté contractuelle. Par exemple le contrat de prêt à la consommation fortement réglementé.
Les contrats innommés ne sont ni visés, ni réglementés par la loi. Les parties sont donc libres d'en aménager les conditions, dans la limite de l'Ordre Public et de la morale, et des principes limitatifs de la liberté contractuelle que nous avons exposés précédemment. Pour ces contrats, la convention tiendra lieu de loi entre les parties. Par exemple, un contrat de prêt entre deux particuliers.

Les contrats consensuels et non consensuels (formalistes)

Les contrats consensuels se forment par l'échange des consentements des parties et ils représentent le droit commun des contrats.
Les contrats non consensuels sont dits formalistes et doivent respecter une forme imposée par la loi car l'accord des volontés ne suffit pas à leur régularité. Par exemple, le contrat de bail d'habitation qui doit être écrit et correspondre à un contrat type imposé par la loi.

Les contrats à exécution instantanée, à exécution différée, et à exécution successive

Dans les contrats à exécution instantanée ou immédiate, la prestation est réalisée immédiatement lors de la conclusion. Par exemple la vente d'une chose avec paiement comptant.
Dans les contrats à exécution différée, l'une des prestations au moins est réalisée postérieurement à la conclusion. Par exemple, la vente à terme (le transfert de propriété à lieu au paiement de la dernière échéance).
Dans les contrats à exécution successive, l'une des prestations sera réalisée par échéances successives échelonnées dans le temps. Par exemple un contrat de prêt avec un remboursement à échéances mensuelles pendant x années.

Les contrats de gré à gré et les contrats d'adhésion

Dans les contrats de gré à gré, les clauses du contrat et donc les conditions de la convention sont établies en accord entre les deux parties.
Dans les contrats d'adhésion, les clauses sont fixées avant la conclusion du contrat par une des parties. L'adhésion de l'autre partie au contrat dont les conditions sont prédéfinies, se fait sur l'ensemble de son contenu, sans possibilité d'en discuter les conditions. Par exemple, les contrats d'adhésion en matière de fourniture de gaz et d'électricité, les contrats de téléphonie, ou d'accès internet.
Notons que la réforme du 10 février 2016 donne une définition du contrat d'adhésion et précise qu'il s'agit d'un contrat dont les conditions générales, soustraites à la négociation, sont déterminées à l'avance par l'une des parties.

Les contrats individuels et les contrats collectifs

Dans les contrats individuels les effets de la convention ne s'appliquent qu'aux co-contractants. Il s'agit de l'application du principe de l'effet relatif du contrat et donc du droit commun.
Les contrats collectifs engagent quant à eux l'ensemble d'un groupe. Par exemple un accord de branche en droit du travail qui engage salariés et employeurs de la même branche d'activité.

Le quasi-contrat : obligation extra-contractuelle non délictuelle

Le quasi-contrat est visé à l'article 1371 du Code civil, il vise les faits purement volontaires d'une personne dont il résulte un engagement quelconque envers un tiers, c'est-à-dire un avantage pour un tiers et un appauvrissement pour l'auteur. Mais il peut en résulter un engagement réciproque des deux parties.

À ce fait licite et volontaire de l'auteur, la loi va attacher des obligations juridiques en dehors de tout contrat.
Le débiteur de l'obligation n'aura donc en aucune manière consenti à cette obligation qui trouve sa cause dans son fait, mais dont les effets ne sont régis que par la loi. Il y a donc un lien entre l'auteur du fait et le tiers dont il résulte une obligation, alors même qu'aucune convention n'a été passée entre eux.
Les éléments constitutifs du quasi-contrat sont donc les suivants :
Un fait volontaire de l'auteur (mais il n'y a pas d'accord des volontés comme pour l'obligation contractuelle) et un fait licite (la notion de faute est exclue ce qui la différencie de l'obligation délictuelle).
Par exemple la gestion d'affaire, la répétition de l'indu, l'enrichissement sans cause et l'enrichissement manqué (la fausse promesse).

Les effets du quasi-contrat sont d'ordre indemnitaire. L'obligation de l'auteur sera d'indemniser le tiers des conséquences dommageables pour lui du fait volontaire et licite de l'auteur.

L'obligation délictuelle : obligation extra-contractuelle délictuelle

Le principe fondateur de cette catégorie d'obligations juridiques est celui de la faute. La notion de faute est à rapprocher de la notion de morale et il n'y a pas de définition juridique de la faute par le législateur.
On peut rappeler une des définitions de la faute proposée par la doctrine : une erreur de conduite telle qu'elle n'aurait pas été commise par une personne avisée, placée dans les mêmes circonstances externes.
L'auteur d'un dommage est celui par la faute duquel il est arrivé. Celui qui subit le dommage est nommé la victime.
Il existe néanmoins des hypothèses de responsabilité sans faute. Par exemple la responsabilité du fait des produits défectueux s'imposant au producteur du produit en dehors de toute faute.
La responsabilité de l'auteur peut être de son fait personnel, du fait d'autrui ou du fait des choses dont il a sa garde.

Les conditions de l'obligation délictuelle
Il est nécessaire qu'il existe un dommage, c'est-à-dire un préjudice matériel, physique, ou moral subit par autrui. Il peut s'agir de l'atteinte à un intérêt patrimonial ou extra-patrimonial.
Quatre types de dommages existent : les dommages corporels (atteinte à l'intégrité physique), les dommages matériels (atteinte à un objet patrimonial), les dommages moraux (atteinte à l'honneur, à l'affection, aux sentiments...), et les dommages écologiques.
Ce dommage doit être quantifiable, c'est-à-dire qu'il doit pouvoir être évalué pécuniairement pour que le juge puisse prononcer une condamnation à l'indemnisation de la victime.

Il doit être certain ou actuel, direct, personnel, et consister en une atteinte à un intérêt légitime (juridiquement protégé).
Il faut également un fait générateur de responsabilité de l'auteur, une faute. Deux types de fait générateur doivent être différenciés :
• un fait contraire à une prescription légale (le fait est un délit visé à l'article 1322 du Code civil et il s'agira alors d'une responsabilité délictuelle),
• une négligence ou une imprudence (il s'agira alors d'un quasi-délit visé à l'article 1383 du Code civil).
Il faut bien entendu un lien de causalité entre le dommage subit par la victime et le fait de l'auteur, une relation de cause à effet.

Les effets de l'obligation délictuelle
Il résulte pour l'auteur une obligation d'indemnisation strictement proportionnelle au préjudice subi par le tiers. Le principe est le suivant, celui qui par sa faute cause à autrui un dommage, a l'obligation de le réparer.
Il s'agira en pratique soit d'une obligation de payer (le juge évaluera le préjudice et condamnera à des dommages et intérêts), mais il peut y avoir d'autre type d'obligations réparatrices du préjudice (par exemple l'insertion d'un article dans la presse).

2. L'organisation judiciaire

Il s'agit ici d'une simple présentation des grands principes de l'organisation judiciaire et juridictionnelle, matière que vous étudierez plus amplement lors de votre cursus universitaire de droit.
Il est néanmoins important dès le début de vos études de droit que vous connaissiez les bases de l'organisation judiciaire française, c'est-à-dire la compétence, la composition et la place qu'occupent les juridictions dans la hiérarchie du système judiciaire français.
Nous n'évoquerons dans cette partie que l'organisation judiciaire de droit privé, c'est-à-dire celle qui concerne les litiges entre les personnes de droit privé, à l'exclusion de celle qui concerne les litiges de l'État ou des personnes de droit public, ou celle liée au droit international ou au droit constitutionnel.

Les deux grands ordres judiciaires français

L'organisation judiciaire française de droit interne (hors droit international) différencie deux grands ordres juridictionnels :

L'Ordre administratif

Il traite des litiges de l'État, des litiges entre l'État et les personnes de droit public, et des litiges entre des personnes de droit public.
Il comprend des juridictions de premier degré dites de première instance (les tribunaux administratifs), de second degré (les cours d'appel administratives), et la section contentieux du Conseil d'État.

L'Ordre judiciaire

Sujet de cette présentation, il comprend les juridictions traitant de litiges entre particuliers, personnes physiques ou personnes morales.

Les deux catégories de juridictions de l'ordre judiciaire

L'ordre judiciaire est séparé en deux catégories de juridictions.

Les juridictions civiles

Elles traitent des contentieux d'ordre privé, qui ont leur origine dans la préservation de droits et d'intérêts privés (ils concernent les personnes de droit privé entre elles et leurs intérêts particuliers).

Par exemples, les litiges relatifs au contrat de bail, les litiges relatifs aux divorces, au droit de la consommation, ou à la matière successorale.

Les juridictions pénales

Elles traitent des contentieux dans lequel l'Ordre Public (l'intérêt général de la société française) est concerné.
L'Ordre Public peut être défini comme l'état social correspondant à la tranquillité, la sécurité, la salubrité publique et le respect de la dignité humaine. L'ensemble des règles de droit pénal vise à protéger les droits des citoyens français sur ces sujets et les litiges ayant pour origine le non-respect de ces règles sont traitées par les juridictions pénales.
Il peut donc s'agir de litiges sanctionnant des atteintes aux personnes, aux biens ou aux intérêts de la société française.

Les différents degrés de juridiction de l'ordre judiciaire

Le principe en droit français est le double degré de juridiction. C'est-à-dire que le justiciable a droit (sauf exceptions légales) à ce que le litige soit jugé une seconde fois s'il est insatisfait de tout ou partie de la décision judiciaire rendue à l'issue du procès auquel il était partie.
La seconde juridiction va alors juger de nouveau l'affaire en faits et en droit.

Il existe donc des juridictions de premier degré (dite de première instance) :
- Juridictions civiles de premier degré = le tribunal judiciaire lequel est le tribunal de droit commun (traitant de toute affaire non attribuée par la loi à une juridiction civile spécialisée), et autres juridictions qui seront détaillées ci-après.
- Juridictions pénales de premier degré = tribunal de police, tribunal correctionnel, cour criminelle et cour d'assises qui seront détaillées ci-après.

Et des juridictions de second degré, (juridictions de recours) : les cours d'appel en matière civile, et en matière pénale.

La cour d'assises d'appel pour les décisions de la cour d'assises, et de la cour criminelle. Cette juridiction n'est pas une juridiction permanente et est constituée par sessions.
La Cour de cassation, une juridiction de reformation, un organe de contrôle et d'unification jurisprudentielle.
La Cour de cassation, est une juridiction unique pour l'ensemble de la France et est située à Paris. Elle représente le plus haut degré de juridiction de l'ordre judiciaire. Elle n'est pas un troisième degré de juridiction mais une voie de reformation d'une décision judiciaire, soit d'une décision de

second degré (Cour d'appel), soit d'une décision de premier degré qui est rendue en premier et dernier ressort (c'est-à-dire que le second degré de juridiction n'est pas ouvert contre cette décision).
Elle est saisie par une des parties au procès ou par le ministère public (le Parquet).
Elle ne juge pas de nouveau les faits, mais elle juge le droit. Elle contrôle que l'interprétation de la loi a été réalisée conformément par les juges, afin que les règles de droit français soient appliquées de manière identique par l'ensemble des juridictions de l'ordre judiciaire.
Elle a donc, par ses décisions, une fonction d'unification de l'interprétation des règles de droit et les arrêts de la Cour de cassation sont une des premières sources de jurisprudence (source de droit émanant des décisions des juridictions).
Ses décisions tranchent des questions d'application de la loi et influencent donc l'interprétation des règles de droit par les juridictions de premier et second degrés de l'ordre judiciaire.
Si la décision judiciaire est cassée par la Cour de cassation, l'affaire est renvoyée devant une juridiction nouvelle de même niveau dans la hiérarchie judiciaire.

Les juridictions de droit commun et les juridictions d'exception

Qu'il s'agisse du droit civil ou du droit pénal, il existe des juridictions de droit commun et des juridictions spéciales dites d'exception.

Les juridictions dites de droit commun

Elles ont vocation à traiter toutes les matières de leur catégorie (compétence générale), sauf si elles ont été attribuées par des textes légaux à une juridiction d'exception.
En matière civile le tribunal ou le juge compétent sont déterminés par la nature du litige et le montant de ce dernier.
Le tribunal judiciaire, est la juridiction de droit commun en matière civile. Il juge les litiges civils qui opposent des personnes privées, ainsi que tout litige relatif à l'état des personnes (état civil, filiation par exemple), les litiges relatifs à la famille (adoption et divorce par exemple), les litiges relatifs au droit immobilier, au droit bancaire, au droit des assurances notamment.

En matière pénale le tribunal ou le juge compétent sont déterminés par le type d'infraction à une règle de droit pénal. La gravité de l'infraction détermine le type de juridiction.

- Le tribunal de Police (contravention) : il existe 5 classes de contraventions selon la gravité de l'infraction

Il prononce des amendes et des sanctions complémentaires (par exemple le retrait de permis de conduire).
Par exemple, les infractions routières, le tapage nocturne, les coups et blessures légers.

- Le tribunal correctionnel (délit) : il peut prononcer des peines allant jusqu'à 10 ans d'emprisonnement, et 20 ans pour les récidivistes, et des peines alternatives à l'emprisonnement, des amendes, des peines complémentaires (par exemple une interdiction d'exercer telle activité professionnelle).

Le tribunal correctionnel est une chambre du tribunal judiciaire.

- La cour criminelle : cette juridiction a été généralisée à compter de janvier 2023 afin de raccourcir les délais en matière criminelle. Elle traite des crimes punis jusqu'à 20 ans de réclusion criminelle et dont les auteurs sont non-récidivistes, et majeurs au moment des faits.

Par exemple les viols, viols aggravés, vols à mains armées et coups mortels.

- La cour d'Assises : elle juge les crimes en dehors de ceux attribués à la cour criminelle. Elle est une juridiction non permanente et fonctionne par sessions. Elle est composée de trois juges professionnels et d'un jury de six citoyens tirés au sort.

Pour les mineurs, elle siège en formation de cour d'assises des mineurs, et si l'auteur a plus de 16 ans au moment des faits, elle comportera des jurés.

À noter : lorsque l'auteur de l'infraction pénale est mineur au moment des faits, la justice des mineurs s'applique. Elle comporte des juridictions différentes et des peines différentes de celles des majeurs ayant commis des faits identiques (le tribunal pour enfants est une juridiction spécialisée pour les mineurs auteurs d'infractions pénales par exemple).

Les juridictions dites spécialisées (juridictions d'exception)

Elles ne peuvent traiter que la matière qui leur a été expressément attribuée par un texte de loi. Cette exception judiciaire vise à augmenter la spécialisation et donc la compétence en tel domaine juridique d'une juridiction et de juges spécialisés.

En matière civile

Le tribunal de commerce

Il règle les litiges entre commerçants, ou entre particulier et commerçant, et les litiges relatifs aux sociétés de nature commerciale. Il a également compétence pour traiter des litiges entre artisans, de ceux portant sur des actes de commerce, et des affaires de prévention ou procédures collectives des sociétés de nature commerciale (redressement et liquidation judiciaire).

Les juges qui le composent ne sont pas des magistrats professionnels, mais des juges dits consulaires, bénévoles, élus par et parmi les commerçants et dirigeants d'entreprises.

Le conseil de prud'hommes
Il règle les litiges nés à l'occasion d'un contrat de travail entre salariés ou apprentis et employeurs.
Il est également composé de juges non professionnels, les conseillers prud'hommaux étant désignés sur proposition des organisations syndicales et patronales représentatives.
La procédure comporte une phase de conciliation, puis à défaut de conciliation, une phase de jugement. En cas de partage des voix entre les conseillers prud'hommaux, un juge départiteur qui est un magistrat professionnel de l'ordre judiciaire est désigné par le tribunal judiciaire pour trancher le litige lors d'une seconde audience.

Le tribunal de proximité
Il n'est pas une juridiction d'exception mais une juridiction détachée par le tribunal judiciaire. Il juge les litiges relatifs à la vie quotidienne jusqu'à 10 000 euros (il juge par exemple les contentieux relatifs au contrat de bail d'habitation). Il est également compétent pour les affaires relatives à la nationalité française.

Le tribunal paritaire des baux ruraux
Il traite des affaires liées au bail rural. Il s'agit des litiges entre propriétaires de terres ou bâtiments agricoles et exploitants agricoles.
Il est composé d'un juge du tribunal judiciaire et de quatre juges non professionnels citoyens français de plus de 26 ans ayant la qualité de bailleur ou preneur rural et élus.

En matière pénale

La cour d'assises spéciale
Elle traite de certains crimes terroristes, crimes militaires, crimes liés au trafic de drogue. Les juges de cette cour d'assises sont des magistrats professionnels.

Les juridictions pénales spécialisées
Les juridictions interrégionales spécialisées JIRS, jugent le crime organisé (par exemple le trafic de stupéfiants, la traite des êtres humains, le proxénétisme aggravé, le trafic d'armes...) et la délinquance financière (par exemple l'abus de biens sociaux, le travail illégal, le blanchiment d'argent...).
• La juridiction nationale de lutte contre la criminalité organisée
• Les juridictions du littoral spécialisées

- Les pôles régionaux spécialisés en matière d'atteintes à l'environnement, ou pôle régional environnement
- Les tribunaux maritimes
- Les pôles santé publique et de l'environnement PSPE
- Le pôle national de lutte contre la haine en ligne
- Le pôle des crimes sériels ou non élucidés
- Les Parquets spécialisés

3. Les règles de méthode

La construction d'un devoir juridique peut différer selon les enseignants, mais ces différences ne concernent pas la méthodologie de base proposée ici.
Les exercices demandés aux examens et propres à l'étude du droit civil sont de quatre sortes : dissertation, cas pratique, commentaire d'arrêt et commentaire d'article. Chaque exercice fera l'objet d'un chapitre spécifique, mais il convient auparavant d'apporter quelques conseils indispensables d'ordre général.

Conseils d'ordre général

L'assiduité aux cours, la prise et l'organisation des notes, la rédaction

Le droit civil est une matière principalement écrite. Le devoir doit être entièrement rédigé : le style télégraphique, les abréviations et les sigles ne sont pas acceptables sur les devoirs. Les fautes d'orthographe et de grammaire sont généralement sanctionnées. Elles ne sont pas dignes de vous, fixez-vous un seuil de tolérance 0 et cette exigence vous servira dans vos études, puis dans votre vie professionnelle de juriste ou aucune faute ne sera tolérée. Le Droit est un domaine de rigueur et de forme, alors dès le début de votre cursus soyez exigeant sur ce point.
Dans tous les cas, il faut apprendre vos cours et l'assiduité aux cours présentiels ou en visio a un avantage certain, vous entendrez l'enseignant, vous mémoriserez ses paroles, et vous les synthétiserez par la prise de notes. La connaissance et la compréhension du droit sont plus aisées lorsque les étudiants assistent eux-mêmes aux cours car les notes prises par les autres étudiants ne sont pas toujours lisibles, ni toujours reproduites avec la même logique, ni même exactes, ce qui est lourd de conséquences. Apprendre sur la base d'un support erroné ou partiel est fortement déconseillé.
Rappelez-vous qu'apprendre, c'est avant tout : comprendre, mémoriser et restituer. Alors, pour y parvenir, n'hésitez pas à utiliser plusieurs modes, l'auditif lors du cours présentiel, le visuel lors de la relecture des notes et lors de la lecture des manuels et documentations.
Il est utile d'établir des fiches synthétiques par thème de cours, résumant les fondamentaux et facilitant à la fois la mémorisation des connaissances essentielles et les ultimes révisions avant l'examen.
Utilisez les facilitateurs de mémorisation pour organiser vos notes : codes couleurs, changement des polices d'écriture, surlignage et soulignage... vous décuplerez vos facultés mnésiques lors de la préparation de l'examen,

et pendant l'épreuve vous pourrez utiliser les images visuelles du cours stockées dans votre mémoire à long terme.
Je vous invite à vous intéresser à une discipline dénommée GESTION MENTALE. Elle vous permettra de connaitre vos modes propres d'apprentissages et de les optimiser. Apprendre à apprendre est essentiel lorsque l'on débute un cursus universitaire. Donnez-vous toutes les chances de bien apprendre car l'enseignant universitaire n'est pas l'enseignant de lycée, vous allez devoir devenir autonome dans vos apprentissages tout au long de votre scolarité universitaire.
C'est un grand passage que les étudiants de première année ont parfois du mal à assumer. Votre enseignant sera un guide mais votre scolarité vous appartient désormais.
Enfin, le droit est une matière précise et ordonnée, vos notes doivent donc suivre la même exigence. Une mise EN FORME et AU PROPRE des notes prises en cours vous permettra de vérifier que ce que vous avez noté est compréhensible et facilitera la révision préalable à l'examen. Ce travail sur les notes est à faire rapidement après le cours pour éviter la perte de connaissances (À CHAUD). Il s'agit également d'un travail de synthétisation qui limitera vos révisions à l'essentiel. Attention néanmoins aux lacunes, n'éliminez pas les points forts et même les détails substantiels du cours. Parfois un petit exemple bien concret rappelle tout un concept au moment des révisions.

Précisions sur la prise de notes

La prise de notes est fondamentale et va déterminer votre base d'apprentissage et l'efficacité de votre mémorisation.
La mémoire humaine connait des carences qu'une prise de notes efficiente va limiter. Rares sont les étudiants qui peuvent se limiter à écouter un cours, ou à lire un ouvrage pour pouvoir mémoriser et restituer des savoirs. Au surplus, une prise de notes efficace va vous rassurer et évitera votre encombrement cérébral à un moment où vous devrez mémoriser une grande quantité de savoirs théoriques nouveaux.
Le Droit est pour la plupart des étudiants de première année une matière nouvelle, tout est différent, vous ne pouvez vous raccrocher à des connaissances préalables, donc il vous faut créer en première année une sorte de substrat, de terreau fertile, qui vous servira tout au long de votre cursus.
Cette base ce sont des concepts juridiques, une méthode de travail, et une forme de restitution.
La prise de notes écrites est un acte de production, vous êtes acteur quant à l'appropriation du message extérieur (les cours) , quant à la sélection des fondamentaux (la sélection des éléments pertinents) et à l'organisation des éléments choisis (je classe pour organiser ma pensée et permettre à

ma mémoire d'aller chercher la bonne information quand j'ai besoin de l'utiliser).

Elle vous oblige à la concentration sur le sujet (je dois être dans un environnement ou toutes mes capacités attentionnelles sont mobilisées sur ce que j'étudie), à la compréhension du message d'autrui et à sa transformation avec vos propres mots pour aboutir à un message personnalisé que vous pourrez mémoriser et rappeler au moment où vous devrez réutiliser les contenus.
Je vous précise l'importance de favoriser un temps limité de parfaite attention, plutôt que des heures d'études au milieu de facteurs distrayants.
Chaque individu, à un moment donné, dispose d'une capacité attentionnelle individuelle et limitée. Vous ne décuplerez pas vos facultés attentionnelles en forçant. Elles ont un maximum, lorsqu'il est atteint votre cerveau ne peut plus enregistrer de connaissances. Vous devez donc étudier dans un endroit calme, et pendant votre temps d'étude, vous interdire les facteurs distrayants. Fixez-vous un temps donné pour vous fermer au reste de votre vie, ne laisser pas vos pensées divaguer, et faites des tranches-temps (vous les adapterez à vos facultés, néanmoins mon propre conseil est d'un maximum de deux heures entrecoupé de pause, faites des tests et apprenez à vous connaitre, certains tiendront efficacement une heure, d'autres trois heures, découvrez quel est votre rythme optimum).

Vos notes de cours ou de résumés des ouvrages et articles doivent être propres et lisibles pour être réutilisables.
Elles doivent être organisées en fonction du but que vous leur assignez (résumé de connaissances, fiches de révision, ...).

Elles ne peuvent donc pas être un simple recopiage, il s'agit bien de mettre en ordre et de mettre en valeur une partie du contenu théorique qui vous a été transmis, la partie que vous estimerez essentielle, et ceci dans un but de relecture et de réutilisation.
Le support de vos notes est important également. Propreté, espaces, soulignage, surlignage et utilisation des codes couleur sont importants.
La séparation des informations est aussi essentielle. Vous devez aérer vos notes pour faciliter votre mémorisation visuelle et pour faciliter la relecture.
Vos notes désencombrent votre cerveau, elle lui facilite la tâche de compréhension et de rappel mnésique.
Vous pouvez y inclure des réflexions personnelles, mais séparez-les des contenus transmis (vous pouvez utiliser la marge, ou une couleur différente, ou faire un mini-résumé en fin de paragraphe par exemple).

Vous pouvez hiérarchiser les informations, et à cet effet utiliser les flèches, tirets, retraits, pastilles...tout ce qui organise et rend visible sera utile.
Mettez en relief les notions « phares » en surlignant, en encadrant, en rappelant en marge...
N'oubliez pas les titres, ils organisent les écrits, et facilitent la relecture dirigée sur certains points précis.
Si le sujet s'y prête, vous pouvez réaliser des schémas en complément des notes.
Ces schémas sont très importants car ils synthétiseront votre pensée et faciliteront le rappel mnésique par l'utilisation d'une image mentale.
Choyez votre cerveau, et il vous étonnera par ses capacités.

La recherche documentaire

Pour approfondir la matière, la consultation d'ouvrages spécialisés est nécessaire (voir le chapitre 6 de la partie IV pour des références bibliographiques précises).
Vos notes de cours ne suffisent pas, vous devez vous documenter autour des cours de vos enseignants. Ces recherches et lectures constitueront au fur et à mesure des années votre CULTURE DU DROIT et votre imprégnation juridique. Au surplus, elles vont compléter les connaissances visées au cours et vous familiariseront avec un exercice de recherches personnelles qui sera de plus en plus important lors de vos études de droit.

La consultation des textes et des codes

Les codes réunissent les textes législatifs et réglementaires sur une matière, ainsi que la jurisprudence principale. Concernant le droit civil, il s'agit du Code civil.
Il ne faut pas découvrir le code au moment de l'examen, vous devez prendre l'habitude de l'utiliser couramment, car cet automatisme offrira un gain de temps lors de l'épreuve. Au surplus, vous l'utiliserez très fréquemment lors de la poursuite de vos études de droit puis, dans votre exercice professionnel. Sachez que même les professionnels expérimentés se réfèrent souvent à la lecture littérale des textes dans leur pratique quotidienne.
Vous pouvez consulter les codes de manière dématérialisée mais attention, si vos enseignants autorisent les codes au moment de l'examen, vous n'aurez pas accès à la forme dématérialisée. Si vous ne vous êtes pas familiarisé avec le code papier, il n'est pas possible de le découvrir pendant l'épreuve. C'est un outil différent qu'il faut savoir manipuler et exploiter.
Important : pour les codes papier traditionnels il faut se référer à un code actualisé, en effet, les réformes législatives sont fréquentes et la

jurisprudence évolue constamment. Le code de l'année antérieure peut ne plus être à jour sur bien des points. Vous pouvez accéder à tous les codes, ainsi qu'aux autres textes légaux et aux décisions judiciaires publiés sur le site internet public et gratuit www.legifrance.gouv.fr, ou vous choisirez la « version en vigueur « du texte. Mais lors de l'examen, si le code est autorisé par l'enseignant, vous devrez être en possession d'un code version papier, individuel et actualisé.

La consultation des revues

Il faut en relever les références complètes. Diverses revues sont à votre disposition dans les bibliothèques universitaires.
Citons en particulier :
• le *Bulletin civil*, qui répertorie les arrêts rendus par les différentes chambres de la Cour de cassation, hormis les arrêts de la chambre criminelle. Les arrêts des chambres civiles de la Cour de cassation sont ainsi présentés, mais ne sont pas annotés. Pour avoir accès à des commentaires, il faut consulter d'autres revues ;
• la *Revue trimestrielle de droit civil*, spécialisée en droit civil. Elle comprend des articles de doctrine, des études de la jurisprudence récente et la législation qui regroupe les textes nouvellement parus ;
• le *Recueil Dalloz*, revue hebdomadaire. Chaque numéro comprend des chroniques (articles de doctrine), de la jurisprudence suivie d'un commentaire, des sommaires commentés qui sont des résumés d'arrêts suivis d'une note d'un auteur et la législation ;
• La *Semaine juridique* ou *Juris-Classeur périodique*, revue hebdomadaire dont seule l'édition générale concerne le droit civil. Elle comprend la doctrine, la jurisprudence qui reproduit les décisions de justice avec des commentaires, les textes (lois, règlements et décrets) et les sommaires (résumés d'arrêts).

Vous avez aussi accès à de nombreuses informations juridiques via internet mais ATTENTION :
• Vérifiez la date de parution de l'article car le droit est une matière en évolution permanente, apprendre des règles obsolètes vous serait très préjudiciable ;
• Vérifiez le sérieux et la pertinence des sources et des informations car les informations publiées sur internet ne sont pas vérifiées et une bonne partie se révèle erronée. Vous devez bien différencier les sources informatives sérieuses et les forums de commentaires personnels. Rappelez-vous qu'il n'y a pas de filtre de pertinence sur les contenus internet ce qui n'est pas le cas des livres et revues édités.

Un site intéressant à consulter, village-justice.com. Y sont publiés tout au long de l'année des articles pertinents sur les évolutions législatives et jurisprudentielles, écrits par des professionnels du droit.

L'achat d'ouvrages écrits

Si votre enseignant a publié un ouvrage en complément de son cours, je vous conseille de l'acheter. Vous pouvez vous grouper à plusieurs étudiants pour en limiter le coût. Il aura sans doute développé le contenu du cours, ajouté des exemples, et des documents annexes. Cette lecture vous permettra aussi de vérifier que vos notes correspondent à ce qui a été enseigné.

Je vous conseille aussi d'acheter d'autres ouvrages sur la matière. Une autre méthode, un autre plan, une autre façon de présenter les connaissances ... vous allez développer la matière de manière transversale. Groupez-vous pour ces achats car une fois lu et après avoir complété vos notes, il n'y a pas un grand intérêt à conserver l'ouvrage. Il sera rapidement dépassé en droit civil. Donc attention ici encore à ne pas acheter d'ouvrages obsolètes. Le Droit est une matière en perpétuelle reformation, vous devez acheter la dernière version de l'ouvrage.

Bien entendu vous pouvez emprunter ces ouvrages à la bibliothèque de l'université. C'est un bon moyen de découverte très économique. Néanmoins le temps d'emprunt est court et la disponibilité des ouvrages limitée. Si votre université a un bon fonds d'ouvrages, au moins profitez-en pour vérifier si tel ouvrage vous plait et vous apporte un PLUS avant de l'acquérir.

Voici à présent l'essentiel de la méthode par typologie d'exercice.

Puis, vous trouverez des exemples concrets de travaux. Vous devez les parcourir en vous attachant uniquement à la forme, c'est-à-dire l'application de la méthode ci-après exposée. Ils représentent une mise en pratique par l'exemple.

Bien entendu vous devrez adapter ces conseils généraux à ce que votre enseignant demande.

Si vous souhaitez poussez plus loin la méthode, voici quelques ouvrages STUDYRAMA qui vous seront utiles :
Collection LEXIFAC OUTILS, *Méthode efficace de la dissertation juridique*, *Méthode efficace de la fiche et du commentaire de jurisprudence*, *Méthode efficace du commentaire de l'article de loi*, et *Méthode efficace de la note de synthèse en droit*, auteur Mathieu Diruit.

La dissertation

La dissertation n'est pas une récitation du cours et il faut adapter les connaissances au sujet : ce peut être une démonstration, une discussion, une comparaison, etc.

Le travail préparatoire

Avant de vous précipiter sur votre feuille et de mettre par écrit les idées qui vous viennent immédiatement à l'esprit, il faut COMPRENDRE LE SUJET.
Le sujet d'une dissertation est généralement bref, mais chaque mot doit être analysé. Tout a une signification : les singuliers, les pluriels, la ponctuation et les mots de liaison. Il s'agit de comprendre les mots du sujet en les replaçant dans l'expression entière de la phrase. Ainsi, « la notion de personne morale » ne signifie pas la même chose que « la personne morale », et « les fiançailles » ne représentent pas la même chose que « la rupture des fiançailles ».
Il ne faut pas non plus négliger les termes comme « commenter », « discuter », « analyser » et « comparer », qui vous indiquent quelle orientation prendre.

Une fois l'analyse du sujet effectuée, il faut inventorier vos idées. Il s'agit de rassembler vos connaissances : vous devez vous remémorer le plan du cours et noter PAR ÉCRIT sur votre brouillon tout ce qui concerne le sujet. Il s'agit d'un 1er jet d'idées et de connaissances en rapport avec le sujet. L'étape suivante consiste à sélectionner les connaissances, c'est-à-dire trier et à exclure les idées qui ont un rapport trop lointain avec le sujet, puis regrouper les connaissances par thèmes.

À noter : certes, il convient d'éviter le hors-sujet qui consiste à intégrer dans le devoir des éléments trop éloignés du sujet, mais il faut également éviter d'omettre des éléments. Autrement dit, il ne faut pas éliminer les courants d'opinion ou la jurisprudence nécessaire à l'analyse du sujet. Il est donc nécessaire d'évaluer l'importance d'une idée afin de ne pas lui accorder un poids erroné. Il s'agit de mesurer la portée d'une information, sa pertinence par rapport au sujet.

Enfin, il faut déduire le plan. Généralement, le plan d'un devoir juridique est un plan en deux parties et deux sous-parties (I.A.B. et II.A.B.). Pour le construire, il convient de rassembler les différents éléments mentionnés sur votre brouillon et de les rattacher les uns aux autres. En classant et en mettant en ordre les idées, vous formerez 2 sous-ensembles composés chacun de 2 sous-parties. Dans la même partie, les deux sous-parties doivent être attachées l'une à l'autre par un lien logique. Les différentes parties doivent découler les unes des autres et elles doivent être reliées par une transition de quelques lignes résumant ce lien.

À noter : les plans déséquilibrés doivent être bannis, ainsi que les plans conduisant à des redites. Ce qui est exposé dans une sous-partie ne doit pas être intégré dans une autre, sauf pour en exposer par exemple un autre aspect.

Le travail rédactionnel

Introduction

Elle a plusieurs fonctions et sert à :
• délimiter le sujet. Il faut appliquer la méthode de l'entonnoir qui consiste à présenter le sujet d'un point de vue général, à définir les termes, puis à poser la problématique. Vous pouvez préciser rapidement les points que vous avez choisi de ne pas traiter en expliquant pourquoi vous les avez écartés. Il faut donc expliquer en quoi vous ne les estimez pas suffisamment liés au sujet ;
• préciser l'intérêt du sujet qui peut être théorique (par exemple, des controverses doctrinales) et / ou pratique (par exemple l'application à des cas d'espèce bien précis) ;
• annoncer le plan. Cette annonce doit se compléter d'une explication.
Il ne suffit pas d'énoncer le plan choisi, mais d'expliquer pourquoi vous l'avez choisi.

À noter : attachez-vous à rédiger une bonne introduction, car c'est la première appréhension que le correcteur aura de votre copie et elle est déterminante.

Corps du devoir

Le plan doit apparaître de façon formelle sur la copie (I.A.B. et II.A.B.).
N'oubliez pas d'espacer vos parties et sous-parties pour une bonne lisibilité et une bonne délimitation de vos thèmes. Les sauts de lignes délimitent les parties et organisent la lecture de votre correcteur.
Les intitulés des parties et des sous-parties doivent être précis et courts : évitez les titres sous forme de phrase. Veillez également à ce qu'ils se répondent l'un à l'autre, comme dans cet exemple : I. Les conditions relatives à l'adoptant et II. Les conditions relatives à l'adopté.
Enfin, veillez à ce que vos titres correspondent à ce qui est effectivement traité dans les parties.
Au sein de chaque partie, il faut présenter les sous-parties par une mini-introduction (le « chapeau ») et au sein des sous-parties, il faut structurer les idées. Faire apparaître sur le brouillon des subdivisions vous guidera

dans la rédaction de votre devoir, vous n'aurez plus qu'à compléter le corps de chaque sous-partie.
Le plan bien préparé est le squelette de votre devoir. Il ne reste plus qu'à le remplir de façon pertinente.

Conclusion

Elle n'est pas indispensable. Si vous en prévoyez une, celle-ci doit être courte et ne pas constituer un simple résumé de vos développements. Il n'est pas utile de redire ce qui a été exposé. La conclusion doit apporter quelque chose de plus à votre devoir, à défaut il vaut mieux s'en dispenser. Elle doit proposer une ouverture sur une nouvelle recherche ou un nouveau thème en rapport avec votre sujet.

À noter : une dissertation juridique n'est pas une dissertation philosophique. Restez concret, précis, proche de votre sujet. Privilégiez le contenu à la forme littéraire tout en respectant les bases de la grammaire et de l'orthographe. Néanmoins un style agréable et clair sera un atout important. Évitez les phrases longues et employez un langage simple auquel vous intégrerez à bon escient des termes juridiques précis.

Le cas pratique

Il s'agit de tester l'aptitude du candidat au raisonnement juridique. Il faut résoudre les problèmes posés pour une situation donnée.

Le travail préparatoire

Il faut analyser les faits : certains présentent plus d'importance pour la solution que d'autres. Selon les questions, tel fait peut ne présenter aucun intérêt, alors qu'il peut être important pour telle autre question dans votre énoncé. Il faut donc sélectionner les faits pour chaque question.

Rassemblez vos connaissances : pour chaque question, notez les règles juridiques (légales, jurisprudentielles) de nature à s'appliquer au cas d'espèce qui vous est présenté. Il ne faut surtout pas omettre de citer les articles et la jurisprudence qui apportent une réponse au problème.
Le texte peut soulever des problèmes d'interprétation ou avoir fait l'objet de controverses : il convient alors d'envisager toutes les solutions possibles. Il se peut également que certains éléments manquent : il vous appartient dès lors d'émettre les hypothèses envisageables et leurs solutions. Cet exercice a pour but de tester votre déduction juridique et de mesurer l'application concrète de vos connaissances théoriques. Vous pouvez indiquer la solution qui vous paraît la plus vraisemblable.

Il est nécessaire d'appliquer la règle aux faits. Il s'agit de confronter les faits avec la règle de droit : les conditions d'application de la règle sont-elles réunies ? Si oui, quelles en sont les conséquences ?

Le travail rédactionnel

Le plus souvent, le cas pratique ne nécessite pas de plan. Il suffit de répondre successivement aux questions. Si vous ne souhaitez pas répondre aux questions dans l'ordre, il faut préciser les numéros des questions auxquelles vous répondez pour que le correcteur s'y retrouve sans peine. Attention néanmoins, certains correcteurs demandent que l'ordre des questions soit respecté, et parfois les questions ont un lien déductif entre elles, la réponse à la précédente aide à la solution ou au raisonnement juridique de la suivante.
S'il n'y a pas de questions, il faut étudier au fur et à mesure les différents problèmes de droit qui se posent. Vous pouvez également construire un plan autour de ces problèmes. L'important est surtout de structurer les problèmes, chacun devant être clairement indiqué et étudié.

Pour chaque question, il convient :
- de faire un résumé des faits en ne retenant que les éléments substantiels qui servent pour la réponse ;
- de poser le problème de droit (il y a toujours un problème de droit qui se rattache à vos cours théoriques) ;
- d'énoncer les différentes règles de droit qui permettent de résoudre le litige. Il s'agit de donner les éléments théoriques de réponse en évitant toutefois de faire une dissertation ;
- d'appliquer ces règles aux faits pour apporter une solution concrète à la question qui est posée. La solution doit être motivée par l'application des règles de droit que vous avez mentionnées.

À noter : il est essentiel de motiver les solutions. Dans un cas pratique, l'important est l'argumentation juridique permettant d'expliquer la solution.

Le commentaire d'article

Le but de cet exercice est d'expliquer et de commenter une décision de justice. La plupart du temps, les décisions à commenter sont des arrêts de la Cour de cassation.

Le travail préparatoire

Il faut lire attentivement la décision présentée et élaborer une FICHE D'ARRÊT qui indique :

• la date de la décision, son origine (cour d'appel, Cour de cassation) ;
• les faits importants du cas d'espèce qui permettent de comprendre et de résoudre le problème de droit ;
• la procédure, c'est-à-dire les actes de procédure antérieurs à la décision commentée et des décisions judiciaires rendues dans la même affaire par les juridictions antérieures avec les motifs de droit retenus ;
• les prétentions des parties et leurs arguments de fait et de droit présentés devant CETTE juridiction (au cours de cette instance judiciaire et non des précédentes) ;
• la teneur de la décision, qui comprend le résultat (par exemple, rejet ou cassation dans le cas d'un arrêt de la Cour de cassation) et les motifs de droit qui forment la base juridique de cette décision, en n'oubliant pas de citer les articles du code retenus par les juges ;
• le problème de droit. S'il s'agit d'un arrêt de rejet de la Cour de cassation, le problème de droit résulte souvent de la confrontation des arguments du demandeur au pourvoi et des juges de la Cour de cassation et, s'il s'agit d'un arrêt de cassation, il résulte de la confrontation des arguments de la cour d'appel à ceux de la Cour de cassation.

À noter : si certains faits ne sont pas indiqués dans la décision, ne les inventez surtout pas ! Vous devez coller à la décision, indiquer tout ce qu'elle dit d'essentiel et rien de ce qu'elle ne dit pas sauf déduction juridique à partir des éléments présents. N'oubliez pas que c'est cette décision que vous traitez et non celles des juridictions qui se sont précédemment prononcées dans cette affaire. N'oubliez aucun problème juridique car ils peuvent être multiples.

Il faut rassembler et sélectionner vos connaissances, notamment à travers :
• les éléments du cours, qui vous permettent de relier le problème aux connaissances générales que vous avez acquises. Vos propos doivent servir d'explication et d'éléments de discussion à la décision ;
• les articles du code cités dans la décision, qui doivent vous servir de support pour le commentaire. Vous devez donc connaître ces articles qui serviront d'explication à la décision ;
• les autres décisions portant sur le même sujet qui permettent de situer la décision (la jurisprudence). La décision commentée peut être déterminée dans le temps par rapport aux décisions antérieures et postérieures : elle confirme la jurisprudence, elle s'oppose ou elle constitue une nouveauté. Elle peut également être déterminée par rapport à des décisions concomitantes. Ainsi, il peut exister des divergences entre les chambres de la Cour de cassation. Il faut repérer si la décision entre dans le cadre d'une de ces divergences.

Le plan découle du problème de droit posé. Il est classiquement organisé en deux parties (I et II), elles-mêmes subdivisées en deux sous-parties

(A et B). S'il existe deux problèmes de droit d'égale importance, il est logique de construire le plan autour de ces deux problèmes : une partie pour chaque problème. S'il existe plus de deux problèmes de droit, ils peuvent le plus souvent être regroupés. Comme pour la dissertation, il faut regrouper les différents points entre eux afin d'élaborer votre plan.

À noter : inutile de chercher l'originalité, il s'agit surtout de montrer au correcteur que vous avez compris la décision et que vous savez organiser vos idées en un plan structuré. On ne vous demande pas d'inventer quoi que ce soit. Ex : de plan classique : I. Solution et II. Portée.

Le travail rédactionnel

Chaque commentaire débute par une introduction qui reprend les éléments de la fiche d'arrêt et se termine par l'annonce du plan.
Le corps du devoir est composé des deux parties qui doivent apparaître de façon formelle sur la copie et comporter un titre, précis et court. Il en est de même pour les sous-parties. Les intitulés doivent se répondre mutuellement.
La conclusion n'est pas indispensable. Elle doit apporter quelque chose de plus, à défaut vous vous en passerez.

À noter : n'oubliez pas que vous faites un commentaire. Il faut donc éviter de :
• faire une dissertation par des développements trop théoriques. Vous devez coller à la décision, qui doit être présente dans chaque partie et sous-partie du devoir ;
• paraphraser la décision. Il ne faut pas recopier l'arrêt, mais l'analyser, en extraire l'essentiel par rapport au problème de droit. Utilisez vos connaissances en les appliquant à la décision.

Concernant le commentaire comparé, sa spécificité réside dans le fait qu'il y a plusieurs décisions à commenter en même temps. Il faut débuter par une fiche d'arrêt qui relate les deux décisions et qui sera reprise en introduction. L'écueil à éviter est de faire un plan du type : I. Première décision et II. Deuxième décision.
Vous devez trouver un lien entre ces deux décisions pour établir un plan commun.
Le plan doit découler du problème de droit qui est généralement identique pour les deux décisions, la différence résultant soit d'une solution différente soit d'une solution complémentaire. Le plan doit donc être construit comme pour un commentaire simple : les décisions doivent être exploitées ensemble.

Le commentaire d'article

Le but de cet exercice est de rendre compte de la signification d'un article juridique.

Le travail préparatoire

La préparation débute logiquement par l'étude du texte lui-même :
• son identification. Est-ce un article du Code civil ou une loi extérieure au Code civil ?
• son contexte. Il faut déterminer la partie du Code civil à laquelle il appartient, son origine et son fondement.

Il convient d'analyser le sens du texte en étudiant les termes utilisés et sa ponctuation. Il faut rassembler et sélectionner vos connaissances : comme pour les autres exercices, il s'agit d'étudier les éléments du cours, la doctrine et les décisions de justice qui s'y rapportent.

Le plan doit suivre la structure de l'article. Il faut donc découper le texte en deux parties qui formeront les deux parties du devoir, comme par exemple : I. Règle et II. Exceptions. Il suffit de se baser sur les mots-clefs qui se dégagent du texte. Si le texte ne permet pas une telle construction, il faut alors construire le plan comme un plan de dissertation.

Le plan est également constitué de deux parties et de deux sous-parties. Il répond aux consignes générales de la dissertation et du commentaire d'arrêt.

À noter : tout est important dans le texte, lequel a fait l'objet de travaux préparatoires, de discussions, peut-être d'amendements. Votre analyse doit être exégétique.

Le travail rédactionnel

L'introduction doit présenter le texte, poser la problématique et les intérêts de l'étude (signification générale et portée du texte), annoncer et expliquer le plan.

Les développements doivent coller au texte. Il faut donc éviter de :
• paraphraser le texte. Au contraire, il faut l'expliquer. Ce qui ne vous empêche pas d'en rappeler les termes dans le cadre de votre explication ;
• disserter. Il est nécessaire de se référer constamment au texte et de vérifier qu'il est présent dans chaque partie et sous-partie du devoir.
La conclusion n'est pas nécessaire.

À noter : il ne faut pas omettre l'un des aspects du texte et il convient aussi de tenir compte de tout ce qui n'est pas dit, mais en est déduit logiquement (ex : un texte qui omet les sanctions relatives aux conditions qu'il vient de poser).

4. La méthode par l'exemple

Je vous invite à présent à lire quelques exemples de travail écrit.

Ne vous attachez qu'à la forme, ils n'ont pas un intérêt juridique pour vous et aucune connaissance n'est à mémoriser. Ce qui importe c'est de vous imprégner de la forme du travail que vos enseignants attendent de vous. Je vous donne des exemples généraux à l'ensemble des enseignements de droit.

Néanmoins chaque enseignant à ses méthodes, ses exigences et donnera ses instructions en début d'année. Elles devront être impérativement respectées. Je vous invite même à interroger votre enseignant si ce dernier n'a pas prévu une partie méthodologie dans ses cours de début d'année. Quelques soient les connaissances, un examen doit correspondre à une attente, celle du correcteur.

Vos premières corrections de travail écrit vous serviront aussi de curseur pour savoir si vous avez bien compris les attentes.

Au cours de vos études de Droit il ne suffira pas d'apprendre et de mémoriser une quantité importante de connaissances, il faudra savoir réfléchir sur ces connaissances et démontrer à l'examen cette réflexion.

Néanmoins vous devrez toujours respecter deux paramètres, l'exactitude des connaissances et la forme normée du rendu.

Cette norme doit être adaptée à ce que l'enseignant aura fixé, et dès le début de l'enseignement de la matière vous devez vous préoccuper de ce qu'il attend de ses étudiants.

Dissertation : « Mariage, Pacs et concubinage »

Analyse du sujet

Le fait que l'intitulé évoque les trois modèles de couple existants signifie que l'on vous demande implicitement une comparaison. Cela ne signifie pas qu'il faut seulement étudier les points de différences, mais qu'il faut également aborder les ressemblances.
Il ne faut pas faire cette étude en trois parties : le mariage, le Pacs, puis le concubinage. Il convient de trouver un plan qui permette dans chaque partie de retrouver ces trois éléments que sont le mariage, le Pacs et le concubinage.

Plan détaillé

Introduction

Rappel de la loi du 15 novembre 1999 qui reconnaît plusieurs formes de vie à deux, ainsi que des lois du 23 juin 2006 et du 21 août 2007, et de la loi du 17 mai 2013 dite du MARIAGE POUR TOUS.
La problématique et l'intérêt du sujet concernent la confrontation de ces différents modèles : sont-ils concurrents ? Y a-t-il un modèle prégnant ?
Annonce du plan : existence de trois formes de couples (I) et leurs effets (II).

Corps du devoir

I. Existence du mariage, Pacs et concubinage

Il s'agit d'évoquer les différents modèles de couple, aux deux moments fondamentaux : la naissance du contrat (A) et les modalités de sa rupture (B).

A. Naissance

• Exposé des conditions relatives aux personnes concernées : conditions physiologiques (sexe, âge) et interdictions (incapacités, empêchements), ne pas omettre la réforme de la loi du 17 mai 2013. Il faut indiquer à chaque fois les points de comparaison entre chaque modèle.
• Exposé des différentes formalités : le concubinage est le seul à n'exiger aucune formalité, puisqu'il est le seul à présenter un caractère exclusivement factuel. Pour les deux autres modèles, les formalités sont très différentes : pour le Pacs, déclaration conjointe auprès de l'Officier d'État Civil (au greffe du Tribunal d'Instance jusqu'au 30 octobre 2017) ou acte notarié, et pour le mariage, célébration à la mairie et publicité.

B. Extinction

• Exposé des différents cas de rupture : divorce et séparation de corps pour le mariage, rupture du Pacs établie de façon symétrique à sa constitution et absence de formalité de rupture pour le concubinage. Les formalités sont plus strictes pour le mariage que pour le Pacs, dont la rupture est également plus stricte que celle du concubinage.
• Analyse des conséquences : la liquidation et la responsabilité.

II. Effets du mariage, du Pacs et du concubinage

Il s'agit d'évoquer les principaux effets concernant les droits et les devoirs des personnes. Ces effets concernent les rapports personnels (A) et les rapports avec les tiers (B).

A. Rapports personnels

Présentation des devoirs réciproques des personnes (cohabitation, fidélité, secours, assistance, direction de la famille et notamment autorité parentale) en évoquant les distinctions. Il faut montrer qu'il existe une gradation le Pacs ayant récemment (loi de 2006) rejoint le régime du mariage, le concubinage demeurant moins exigeant puisqu'il s'agit d'une simple union de fait (une situation de fait à laquelle on attache des effets juridiques).

B. Rapports à l'égard des tiers

Ces effets concernent le logement familial et les charges du mariage, comme par exemple l'obligation de solidarité entre les partenaires qui diffère entre chaque modèle de couple.
Il faut également évoquer le problème lié aux enfants : les dépenses concernant l'éducation des enfants ne sont pas prévues pour le Pacs (la filiation est totalement absente de la loi sur le Pacs), mais seulement dans le cadre du mariage.

Quatre cas pratiques

Premier cas pratique

René a été déclaré sur les registres de l'état civil comme étant de sexe masculin. S'étant depuis l'enfance considéré comme une fille, il s'est, dès l'âge de 20 ans, soumis à un traitement hormonal, puis a subi, à 30 ans, une opération chirurgicale. Depuis, il aimerait substituer sur son acte de naissance, la mention « sexe féminin » à celle de « sexe masculin » et changer de prénom. Il vient vous consulter afin de savoir si le tribunal acceptera sa demande.

La modification de l'état civil est-elle possible ?

Règle de droit

Principe de l'indisponibilité de l'état des personnes :
On ne peut disposer de son propre état civil, celui-ci étant définitivement fixé par l'acte de naissance. Mais la Cour de cassation admettait (ass. plén. 11 décembre 1992) la modification de la mention du sexe sur l'acte de naissance en vertu du principe du respect dû à la vie privée, en effet le transsexuel dont l'état civil n'est pas modifié risque d'être perturbé dans sa vie privée.
Toutefois, la Cour de cassation posait un certain nombre de conditions à la modification de l'état civil :
• la personne devait être atteinte du syndrome du transsexualisme ;
• elle devait avoir subi un traitement dans un but thérapeutique ;

• elle devait désormais posséder une apparence physique qui la rapproche de l'autre sexe ;
• son comportement devait être en harmonie avec sa nouvelle apparence physique.

La réforme de la loi du 18 novembre 2016, nouvel article 61-5 du Code civil, fixe le principe que toute personne majeure ou mineure émancipée qui démontre par une réunion suffisante de faits (consacrant ainsi la démédicalisation de la procédure) que la mention relative à son sexe dans les actes de l'état civil ne correspond pas à celui dans lequel elle se présente et dans lequel elle est connue, peut en obtenir la modification de son état civil.

Elle précise que les principaux faits dont la preuve peut être rapportée par tous moyens sont :
• Qu'elle se présente publiquement comme appartenant au sexe revendiqué ;
• Qu'elle est connue sous le sexe revendiqué de son entourage familial, amical ou professionnel ;
• Qu'elle a obtenu le changement de son prénom afin qu'il corresponde au sexe revendiqué.

Application aux faits

René a subi une opération thérapeutique et possède une apparence physique féminine et non plus masculine, il se présente publiquement comme appartenant au sexe féminin, il est connu de son entourage comme étant une femme (même si les faits ne sont pas explicités c'est à vous de les préciser en justification de votre réponse). René remplit donc les différentes conditions légales fixées par l'article 61-5 du Code civil, en conséquence la modification de son état civil est possible.

Deuxième cas pratique

Mme X (née le 16 juin 1986) et M. Y (né le 4 avril 1985) se marient. Trois ans plus tard, le couple décide d'adopter un enfant, Paul, né le 12 juillet 2018, qui a fait l'objet d'une déclaration judiciaire d'abandon. Le 10 octobre 2020, ils demandent au tribunal de prononcer l'adoption plénière de Paul. La sœur de M. Y (née le 8 mars 1967) étant stérile, elle et son mari (né le 25 novembre 1963) demandent à Mme Z de concevoir par insémination artificielle à l'aide du sperme du mari, de porter, de mettre au monde, puis d'abandonner un enfant qu'ils adopteront. Dès sa naissance, l'enfant est remis aux époux et une requête en adoption plénière est déposée.
Les adoptions sont-elles possibles ?

L'adoption plénière de Paul peut-elle être prononcée ?

Règle de droit

Les articles 343 et suivants du Code civil déterminent les conditions de l'adoption plénière. Le couple doit être marié depuis au moins un an et être âgé de plus de 26 ans. Il faut un écart d'âge d'au moins 15 ans entre l'adoptant et l'adopté et de maximum 50 ans, sauf adoption de l'enfant du couple, et l'enfant doit être âgé de moins de 21 ans. L'adoption est impossible entre ascendants et descendants en ligne directe, et entre frères et sœurs. (Réforme de l'adoption par la loi du 21/02/2022 et son ordonnance d'application du 05/10/2022)

Application aux faits

Mme X et M. Y sont mariés depuis plus d'un an et ont également plus de 26 ans. Ils ont plus de 15 ans et moins de 50 ans d'écart avec l'adopté. À la demande d'adoption, Paul est âgé de moins de 21 ans. Ils n'ont pas de liens de famille prohibés. L'adoption est donc possible.

L'adoption peut-elle résulter d'un contrat de mère porteuse ? Les conventions de mères porteuses sont-elles licites ?

Règle de droit

Deux principes sont à prendre en compte :
• principe de l'indisponibilité du corps humain. L'article 1128 du Code civil interdit les conventions portant sur les choses hors commerce, ce qui est le cas du corps humain ;
• principe de l'indisponibilité de l'état des personnes. L'enfant est remis par la mère porteuse au couple et la femme adopte cet enfant, ce qui conduit à l'établissement d'une fausse filiation (détournement de l'institution de l'adoption).

La jurisprudence (ass. plén. 31 mai 1991) condamne les conventions de mères porteuses : elles sont nulles, même si elles sont consenties à titre gratuit. La loi du 29 juillet 1994 reprend cette solution (art. 16-7 du Code civil) : toute convention portant sur la procréation ou la gestation pour le compte d'autrui est nulle.

Application aux faits

Une adoption (même simple, cass. 1re civ. 29 juin 1994) ne peut conclure un processus contraire aux principes de l'indisponibilité du corps humain et de l'état des personnes, l'ordre public l'interdit. L'adoption n'est donc pas possible.

Troisième cas pratique

Le 4 juin 2021, Pauline et Jean annoncent à toute leur famille qu'ils sont fiancés et Pauline présente la bague que Jean lui a offerte pour sceller leur engagement. Le mariage est fixé au 14 septembre 2021. Le 12 septembre, Pauline reçoit un SMS de Jean dans lequel il lui annonce de façon fort peu courtoise sa décision de rompre : « C'EST TERMINÉ »
Elle vous demande si Jean peut rompre ainsi les fiançailles. Elle veut également savoir si elle peut garder la bague de fiançailles qui est un bijou de famille de grande valeur transmis de génération en génération.

Peut-on rompre librement ses fiançailles ?

Règle de droit

Selon un arrêt de la Cour de cassation de 1838 dont la solution est toujours actuelle, la rupture des fiançailles est libre. Cette règle connaît un tempérament lorsque la rupture est abusive. La victime peut alors obtenir réparation du préjudice, mais il faut qu'elle apporte une triple preuve :
• elle doit prouver l'existence même des fiançailles. Le principe de la liberté de la preuve s'applique : preuve par tous moyens. Ici, il est précisé que Pauline et Jean ont annoncé leurs fiançailles à leurs parents, donc preuve par témoignage ;
• elle doit prouver l'existence d'une faute de la part de l'auteur de la rupture. Ici, Jean a rompu par un SMS envoyé deux jours avant le mariage et rédigé en termes secs. Savoir si cette rupture est ou non fautive relève de l'appréciation du juge, mais une jurisprudence constante sanctionne les ruptures très proches de la date du mariage et qui témoignent d'un manque de respect envers l'autre. La faute résulte du caractère brutal et tardif de la rupture sans aucun motif ;
• elle doit prouver le préjudice qu'elle a subi du fait de la rupture. Celui-ci peut être moral (douleur) et / ou matériel (frais engagés pour le mariage). Ici, le préjudice est moral (vu la brutalité de la rupture) et matériel (on peut logiquement supposer que tous les préparatifs étaient terminés, que des factures et acomptes ont été payés). Pauline a donc toutes les chances d'obtenir des dommages-intérêts.

La bague de fiançailles peut-elle être conservée en cas de rupture des fiançailles ?

Règle de droit

Le principe est la restitution de la bague. Exception : elle peut être conservée en cas de rupture fautive du fiancé. Exception à l'exception :

la bague doit être restituée même dans le cas d'une rupture fautive lorsqu'elle constitue un bijou de famille (cass. 1re civ. 20 juin 1961).

Application aux faits

Le caractère fautif de la rupture est admis et Pauline pourrait conserver la bague de fiançailles, mais celle-ci constitue un bijou de famille, elle doit donc la rendre.

Quatrième cas pratique

Laura possède un appartement qu'elle n'occupe pas, car il est trop grand pour elle et son mari depuis que leurs enfants ont quitté la maison. Elle discute un jour avec un cousin et sa femme, les Lambert, qui rencontrent de grosses difficultés pour trouver un logement et leur propose son appartement qui se trouve justement disponible, car les locataires viennent de donner leur congé.

La famille Lambert s'installe dans les lieux en mars 2021. Laura s'attendait à ce que les Lambert versent spontanément un loyer raisonnable mais, ne voyant rien venir, elle finit par se décider à leur en parler en décembre 2021. Les Lambert tombent des nues et prétendent que, pour eux il a toujours été évident qu'elle leur prêtait l'appartement. Sinon, quitte à payer, ils auraient recherché un logement mieux placé pour se rendre à leur travail !

Laura est scandalisée par la mauvaise foi des cousins. Elle aimerait éviter d'en arriver là mais pense engager une action en justice s'ils n'acceptent pas de payer un loyer pour les mois écoulés et surtout pour les mois à venir ! Elle est ennuyée car elle se rend compte que leurs échanges ont été verbaux et qu'aucun contrat de location n'a été signé, et se demande qui devra prouver quoi. Éclairez-la.

Éléments de corrigé

Le cas pose un problème de charge de la preuve. Les prétentions des deux parties sont aisées à identifier : Laura prétend que l'accord en vertu duquel a elle a mis son appartement à la disposition des cousins est un bail, alors que les cousins prétendent que l'appartement a été mis à leur disposition en vertu d'un contrat de prêt à titre gratuit.
La question est la suivante : qui doit prouver quoi ? Est-ce au propriétaire de prouver qu'il a loué ? Ou à l'occupant de prouver qu'on lui a prêté ?
Le droit applicable est le suivant.
L'article 1315 du Code civil prévoit que : « Celui qui réclame l'exécution d'une obligation doit la prouver. Réciproquement, celui qui se prétend

libéré doit justifier le paiement ou le fait qui a produit l'extinction de son obligation. »
En l'espèce, qui réclame l'exécution d'une obligation ? C'est le propriétaire, Laura, qui réclame que l'occupant de son appartement lui paie les loyers qu'il lui doit.
Elle doit donc prouver l'existence de cette obligation, c'est-à-dire le contrat de bail.
C'est à elle de prouver que c'est un bail et non un prêt à titre gratuit.
Dans cette espèce la preuve par tout moyen est autorisée, elle pourra notamment produire une attestation des personnes qui ont assisté à leurs conversations, les échanges d'e-mail, un constat d'Huissier de Justice attestant des échanges de SMS...

Commentaire d'arrêt

Arrêt rendu par la deuxième chambre civile de la Cour de cassation du 24 février 2005

Attendu, selon l'arrêt attaqué, qu'agissant sur le fondement d'un jugement ayant condamné M. X... à lui payer une prestation compensatoire sous forme de rente mensuelle [...]

sur le second moyen :
Vu l'article 1315 du Code civil ;
Attendu que celui qui réclame l'exécution d'une obligation doit la prouver ; que réciproquement, celui qui se prétend libéré doit justifier le paiement ou le fait qui a produit l'extinction de son obligation ;
Attendu que, pour débouter Mme Y... de sa demande tendant à la condamnation de M. X... à lui payer une certaine somme au titre de l'arriéré de la rente, l'arrêt retient que c'est en termes prudents, voire hypothétiques, que l'expert judiciaire a considéré qu'il existait un solde en faveur de Mme Y... ;
Qu'en statuant ainsi, alors qu'il incombait à M. X... de justifier du paiement de l'intégralité de la rente, la cour d'appel a violé le texte susvisé ;

PAR CES MOTIFS, et sans qu'il y ait lieu de statuer sur les autres griefs du pourvoi : CASSE ET ANNULE, dans toutes ses dispositions, l'arrêt rendu le 24 mai 2002, entre les parties, par la cour d'appel de Versailles.

Éléments d'introduction

Amener le sujet et montrer son intérêt

Idem non esse aut non probari : C'est la même chose de ne pas être ou de ne pas être prouvé. Cet adage exprime bien l'importance cruciale en droit de la preuve : quel intérêt d'avoir un droit si on ne peut le prouver ?

En raison de l'enjeu, l'administration de la preuve est réglementée par la loi. En particulier, l'article 1315 du Code civil répartit entre les différents protagonistes la charge de chacun dans l'administration de la preuve, précisant « qui doit prouver quoi ». C'est la question, fondamentale, de la charge de la preuve.

Énoncer le sujet proprement dit

C'est sur cette question que la deuxième chambre de la Cour de cassation devait se prononcer dans l'arrêt rendu le 24 février 2005.

Fiche d'arrêt

Les faits

M. X a été condamné par un jugement à payer à son ex-femme Mme Y une prestation compensatoire sous forme de rente mensuelle. Mme Y réclame en justice que son mari soit condamné à lui payer une certaine somme au titre de l'arriéré de la rente [c'est-à-dire à lui payer les sommes dues pour les mois précédents et non payés].

Procédure

La cour d'appel a rejeté la demande de Mme Y au motif que celle-ci n'avait pas prouvé que les sommes réclamées n'avaient pas été payées. Mme Y s'est pourvue en cassation.

Question de droit

La question de droit posée à la Cour de cassation est la suivante : est-ce à Mme Y créancière et demanderesse au pourvois, de prouver qu'elle n'a pas été payée ou, au contraire, à M. X débiteur et défendeur au pourvois, de prouver qu'il a payé ?

Réponse de la Cour de cassation

La Cour de cassation répond clairement que c'est au mari de prouver qu'il a payé car, si celui qui réclame l'exécution d'une obligation doit la prouver, réciproquement, celui qui se prétend libéré doit justifier le paiement ou le fait qui a produit l'extinction de son obligation.

Annonce du plan

La Cour de cassation, en faisant peser sur le mari débiteur de la prestation compensatoire la charge de la preuve, ne fait qu'appliquer la règle

prévue par le Code civil. Encore faut-il préciser quelles sont, pour lui, les conséquences de ce fardeau de la preuve.
C'est pourquoi nous examinerons dans une première partie la manière dont la loi, appliquée ici par la Cour de cassation, règle la question de la charge de la preuve, avant de rechercher, en seconde partie, quelle est la portée d'une telle solution, en envisageant ses conséquences sur l'issue du procès.

Plan proposé

I. La charge de la preuve (sens et valeur de la décision)

Chapeau. La Cour de cassation casse l'arrêt d'appel au visa de l'article 1315 du Code civil. Elle ne fait qu'appliquer la solution énoncée par cet article (A), solution est justifiée juridiquement (B).

A. Énoncé de la solution (sens de la décision)

Chapeau. La Cour de cassation reprend les termes mêmes de l'article 1315, selon lequel, d'une part, celui qui réclame l'exécution d'une obligation doit la prouver et, d'autre part, celui qui se prétend libéré doit justifier le paiement libératoire. Nous examinerons tour à tour ces deux points.

1. Celui qui réclame l'exécution d'une obligation doit la prouver

Mme Y, qui prétend que son ex-mari doit lui verser une prestation compensatoire, doit prouver l'existence de l'obligation, c'est-à-dire de la prestation due.

Comment ? Il s'agit d'un acte juridique, une dette. Il faut donc apporter la preuve par écrit, puisque l'on peut imaginer que la somme est supérieure à 1 500 euros.
En l'espèce, cette preuve-là ne pose aucune difficulté. En effet, le mari a été condamné à payer cette somme par un jugement. Le jugement suffit à établir l'existence de la prestation due. Il n'est même pas possible de contester ce qu'énonce la décision judiciaire, comme on pourrait contester le contenu d'un contrat.
D'ailleurs, le mari ne prétend pas du tout qu'il ne doit pas cette prestation, il argue qu'il l'a déjà payée, ce qui est tout à fait différent.

Transition. Il lui appartient donc de prouver qu'il a satisfait à son obligation de paiement.

2. Celui qui se prétend libéré doit justifier le paiement

Mme Y a prouvé l'existence de l'obligation, en l'espèce de la dette. Elle n'a rien à prouver d'autre car, une fois l'existence de la dette prouvée, c'est à celui qui doit, le débiteur, en l'espèce le mari, de prouver qu'il a payé.
La cour d'appel voit son arrêt cassé car elle a reproché à la créancière de ne pas avoir prouvé qu'elle n'avait pas été payée, alors que c'était au débiteur de prouver qu'il avait payé.

Transition. Cette solution étant posée, on peut s'interroger sur son fondement.

B. Fondement de la solution (valeur de la décision)

La solution est bien fondée juridiquement, puisqu'elle n'est que l'application de l'article 1315 du Code civil.
Cet article est lui-même tout à fait justifié, car il repose sur une considération de bon sens. Exiger du créancier, en l'espèce l'ex-épouse, qu'elle prouve qu'elle n'a pas été payée reviendrait à la priver de son droit car il est très difficile voire impossible de prouver qu'on n'a pas été payé (fait négatif).
Il est normal de lui imposer la charge de la preuve de l'existence de la dette, car si elle prétend qu'on lui doit quelque chose, elle est normalement en mesure de le prouver. Si elle n'a pas de moyen de le prouver, c'est qu'elle a été négligente. En revanche, une fois la dette prouvée, comment pourrait-elle apporter cette preuve « négative » qu'elle n'a rien reçu ?

En revanche, le débiteur, en l'espèce le mari, s'il a payé, est normalement en mesure de le prouver (fait positif).
Cette fois-ci le paiement est un fait juridique, ce n'est pas un acte juridique, il peut donc être prouvé par tout moyen.
Le mari pouvait se préconstituer une preuve, en demandant une quittance par exemple à sa femme à chaque paiement, c'est-à-dire une attestation par laquelle elle reconnaît avoir été payée. Mais, s'agissant d'un fait juridique, un tel écrit n'est pas nécessaire, et tous les moyens de preuve sont recevables : ainsi les virements faits sur le compte de son ex-épouse pourront servir de preuve.

Transition. Si le mari ne peut justifier le paiement, il est logique de faire peser sur lui le risque de ce défaut de preuve, car son paiement, non prouvé, devient incertain. C'est pourquoi on dit qu'il supporte le risque de la charge de la preuve.

II. La conséquence : le risque de la preuve (portée de la solution)

Chapeau. On peut se demander quel est l'intérêt de déterminer sur qui pose la charge de la preuve. Il faut donc préciser quel est l'enjeu de ce fardeau de la preuve, qui n'est autre que l'issue du procès (A). C'est pourquoi la Cour de cassation exerce avec vigilance son contrôle sur ce point (B).

A. L'enjeu de la charge de la preuve

L'application faite par cet arrêt de l'article 1315 du Code civil permet de déterminer sur qui repose la charge de la preuve. En premier lieu, sur l'ex-épouse, qui doit prouver l'existence de son droit, de la créance. En second lieu, sur le mari, qui doit prouver qu'il a déjà payé (qu'il a satisfait à son obligation).

Quel est l'enjeu de ce va-et-vient ? Quel est l'enjeu de déterminer qui supporte la charge de la preuve ?
L'enjeu n'est pas dans le travail à fournir pour apporter la preuve. On imagine que, à tous les stades de la procédure, les deux parties, la femme et le mari, vont fournir au juge tous les éléments de preuve en leur possession, que la charge de la preuve repose sur l'un ou sur l'autre.
L'enjeu est dans l'issue du procès lorsque la preuve n'a pu être rapportée. En l'espèce, le rapport de l'expert est ambigu, en tout cas il n'a pas suffi à convaincre les juges du fond.
La preuve du paiement ou du non-paiement n'a donc pas été rapportée. Celui qui va perdre le procès est celui qui supportait la charge de la preuve. Celui auquel la loi imposait de prouver et qu'il n'y a pas satisfait.
L'arrêt d'appel est cassé pour cette raison : en l'absence de preuve du paiement ou du non-paiement, il fallait donner raison à l'ex-épouse. La cour d'appel a débouté la femme car celle-ci n'avait pas prouvé qu'elle n'ait pas été payée.
Mais c'est sur l'ex-époux que pesait la charge de la preuve : c'est donc lui qui devait être débouté parce qu'il n'a pas prouvé son paiement.

Transition. L'enjeu de la charge de la preuve est donc important. C'est pourquoi c'est la loi qui détermine sur qui pèse ce fardeau. Il s'agit d'une règle de droit, dont l'application est, comme telle, soumise au contrôle de la Cour de cassation.

B. Le contrôle de la Cour de cassation

Confronter les différents éléments présentés par les parties et décider si la preuve a, ou non, été rapportée, est une question de fait qui relève de l'appréciation souveraine des juges du fond.
En revanche, la question de la charge de la preuve est une question de droit. Dans le cas où la question de fait – a-t-il payé ou non ? – n'est pas

prouvée, l'issue du procès dépend d'une règle juridique, elle, une règle de droit, celle qui concerne la charge de la preuve. La Cour de cassation exerce donc là son contrôle, comme elle le fait dans l'arrêt commenté.
La cour d'appel n'est pas sanctionnée parce qu'elle a estimé que la preuve du paiement, ou du non-paiement, n'était pas rapportée, mais parce que, la preuve n'étant pas rapportée, l'issue était dictée par l'article 1315 du Code civil, c'est-à-dire parce que l'on appelle le risque de la charge de la preuve.

Commentaire d'article

Commentez l'article 9 alinéa 2 du Code civil : « Les juges peuvent, sans préjudice de la réparation du dommage subi, prescrire toutes mesures, telles que séquestre, saisie et autres, propres à empêcher ou faire cesser une atteinte à l'intimité de la vie privée ; ces mesures, peuvent, s'il y a urgence, être ordonnées en référé. »

Analyse du sujet

Le texte ne concerne pas le respect de la vie privée en général, mais les sanctions à son atteinte. Il s'agit d'une énumération non limitative des sanctions (« et autres »).
Il faut découper l'article et en dégager les thèmes : la première partie du texte (« les juges [...] et autres ») détermine les différents types de sanctions et la deuxième partie (« propres [...] référé ») détermine le but de ces sanctions.

Plan détaillé

Introduction

Situez le texte dans le Code civil.
Précisez que l'article date d'une loi du 17 juillet 1970 (date indiquée à côté de l'article dans le code lui-même).
Annoncez le plan : l'article concerne la nature des sanctions (I) et l'objectif de ces sanctions (II).

Corps du devoir

I. Nature des sanctions

A. Dommages-intérêts

L'expression « sans préjudice de la réparation du dommage subi » signifie que le juge peut réparer le dommage subi indépendamment des autres mesures qu'il va ordonner.

Précisez que les dommages-intérêts sont appréciés souverainement par les juges du fond.

B. Autres mesures

L'expression « toutes mesures » est très large. Les juges apprécient souverainement la mesure la plus adaptée à la situation.
La suite de la phrase donne des exemples : « séquestre » et « saisie » sont à définir. « Autres » vous permet d'indiquer les autres mesures que le juge peut prendre.

II. Objectif des sanctions

A. Protection de l'intimité de la vie privée

Définition de la vie privée et délimitation de cette notion. Son domaine : ce qui appartient et ce qui n'appartient pas à la vie privée.
Il faut préciser que le texte ne parle pas de vie privée, mais d'intimité de la vie privée, ce qui indique une restriction : il ne s'agit pas de protéger la vie privée dans son ensemble, mais son intimité. Toutefois, il reste très difficile de définir cette notion.

B. Modes de protection de l'intimité de la vie privée

Le juge doit empêcher l'atteinte si celle-ci n'a pas encore eu lieu et faire cesser l'atteinte si celle-ci a commencé. Définissez le référé : procédure d'urgence permettant par exemple de faire obstacle à la publication d'un journal qui risque de porter atteinte à la vie privée.

PARTIE IV

ANNEXES

1. Schéma récapitulatif des études selon la réforme L/M/D (comparaison avec l'ancien système)

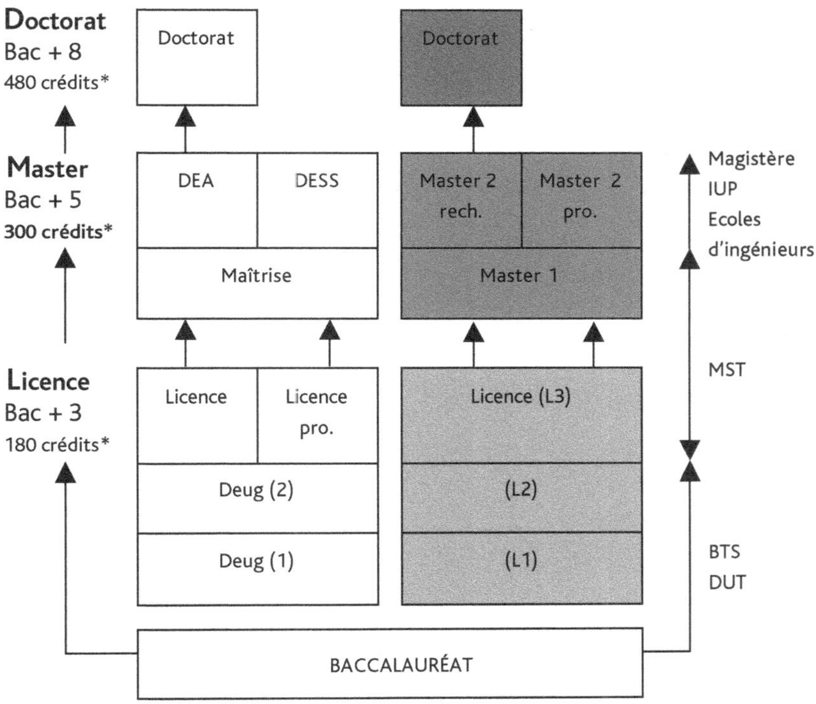

* 1 semestre = 30 crédits ; une année scolaire = 60 crédits

2. Schéma des Capétiens directs et des Valois (x^e-xve siècle)

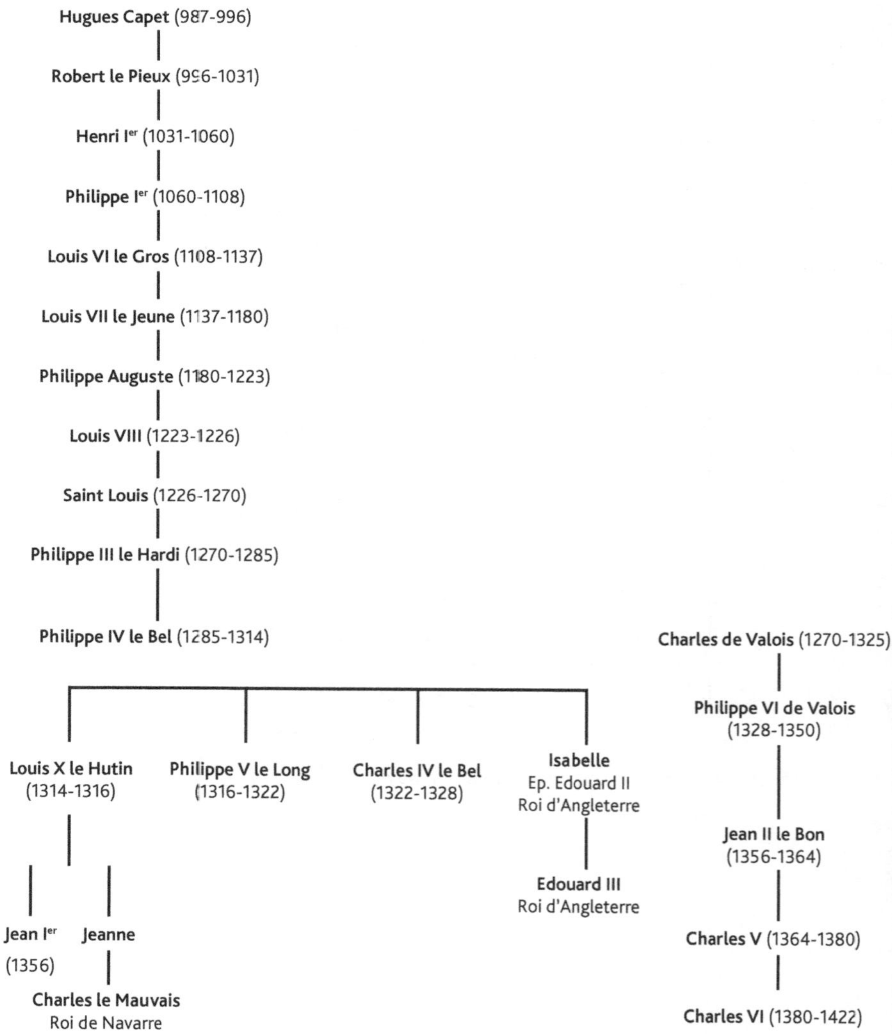

3. Tableau récapitulatif des Constitutions de la France (fin XVIIIe-début XIXe siècle)

Constitution	Pouvoir législatif	Pouvoir exécutif	Collège électoral	Fondements et caractéristiques
Constitution des 3 et 4 sept. 1791	Une assemblée unique : **L'Assemblée nationale législative.** Elle est puissante, a l'initiative des lois et le pouvoir de les faire, fixe les dépenses publiques, etc.	**Le roi.** À l'exclusivité du pouvoir exécutif. Désigne seul les ministres, est délégué à la sûreté extérieure du royaume. En matière législative, a le droit de veto.	L'élection des membres de l'Assemblée nationale a lieu à deux degrés, par l'intermédiaire des assemblées primaires et des assemblées électorales.	Cette constitution est basée sur le principe de la souveraineté nationale et celui de la séparation des pouvoirs. Le régime institué est un régime représentatif.
Constitution de l'an I (24 juin 1795)	Une **assemblée unique**, qui « propose » les lois et « rend » les décrets. La législature est d'un an.	Un **Conseil exécutif** de 24 membres, simple intermédiaire entre les « agents en chef de l'administration » et l'Assemblée.	Des assemblées primaires procèdent directement à l'élection des députés.	Institution de la République et proclamation de la souveraineté du peuple.
Constitution de l'an III (5 fructidor, an III.–22 août 1795)	Deux Conseils : • **le conseil des Cinq-Cents**, qui a l'initiative des lois ; • **le Conseil des Anciens**, qui les vote. Le pouvoir de décision appartient aux Cinq-Cents.	Un collège de cinq membres appelé **le Directoire.** Le Directoire est nommé par le Corps législatif. Il gouverne, possède le pouvoir réglementaire, mais n'administre pas.	Retour au régime censitaire et réapparition de la distinction entre les assemblées primaires et les assemblées électorales.	Retour aux principes de 1791 (séparation des pouvoirs et régime représentatif). Mais on maintient la forme républicaine et le principe de la souveraineté populaire.
Constitution de l'an VIII (22 frimaire, an VIII.–13 déc. 1799)	Quatre assemblées : • **le Conseil d'État**, par ailleurs Conseil du Gouvernement, propose les lois ; • **le Tribunat** (100 membres) les discute ; • **le Corps Législatif** (300 membres) les vote sans les discuter ; • **le Sénat** (80 membres), gardien de la Constitution.	**Trois consuls**, nommés pour dix ans, constituent le Gouvernement. Le Premier consul a seul les pouvoirs de décision.	Le suffrage censitaire redevient universel. En revanche, la fonction du corps électoral est considérablement réduite par le système des listes (liste de confiance communale, départementale et nationale).	Par cette constitution survivent, altérés, les principes révolutionnaires (République, souveraineté nationale). Mais la primauté est au Gouvernement, représentant de la nation qui lui confie le pouvoir au moyen du plébiscite.
Constitution de l'an X (sénatus-consulte du 14 thermidor, an X–8 août 1802)	Même organisation que ci-dessus, sauf que le Sénat voit ses pouvoirs renforcés et que le Tribunat est réduit à 50 membres.	**Le Consulat à vie** pour Bonaparte qui, pratiquement, nomme ses collègues et son éventuel successeur, a le droit de ratifier les traités de paix et d'alliance.	Le Corps électoral se voit rendre, au moins en principe, la fonction d'élire.	Renforcement du Gouvernement personnel.
Constitution de l'an XII (sénatus-consulte du 28 floréal an XII–18 mai 1804)	Maintien des organismes ci-dessus, avec prééminence du Sénat, dont sont membres les princes français, les grands dignitaires, etc. Le sénatus-consulte du 18 août 1807 supprime le Tribunat.	**L'empereur.** Institution de l'Empire héréditaire au profit de Napoléon Bonaparte.	Pas de nouveau remaniement.	Consacre la dictature napoléonienne. Toutefois, survit l'affirmation de la souveraineté nationale.
Charte du 4 juin 1814	Deux Chambres : • **la Chambre des pairs**, dont certains membres sont nommés à vie par le roi, d'autres héréditaires ; • **la Chambre des députés** des départements, élus par las collèges électoraux pour sept ans.	**Le roi.** Propose la loi, la sanctionne et la promulgue. Il a le pouvoir exécutif et peut dissoudre la Chambre des députés. Entre les Chambres et le roi se situent les ministres. Le ministère ou cabinet devient un organe autonome.	Le Corps électoral est censitaire. Pour être électeur, il faut payer 300 francs-or d'impôts directs et avoir 30 ans d'âge.	Cette charte a un caractère réactionnaire. Elle est « octroyée » par le roi à son peuple. Elle consacre le principe de la souveraineté royale. En fait, elle établit une monarchie limitée, basée sur la représentation censitaire et sur le concours des pouvoirs.
Acte additionnel aux Constitutions de l'Empire du 23 avril 1815	Deux Chambres : • **la Chambre des pairs ;** • **la Chambre des représentants.**	**L'empereur.**		C'est « L'Empire selon la Charte ».

Source : *Bottin administratif.*

4. Déclaration des droits de l'homme et du citoyen (1789)

Les Représentants du Peuple Français, constitués en Assemblée nationale, considérant que l'ignorance, l'oubli ou le mépris des droits de l'homme sont les seules causes des malheurs publics et de la corruption des Gouvernements, ont résolu d'exposer, dans une Déclaration solennelle, les droits naturels, inaliénables et sacrés de l'homme, afin que cette Déclaration, constamment présente à tous les membres du corps social, leur rappelle sans cesse leurs droits et leurs devoirs ; afin que les actes du pouvoir législatif, et ceux du pouvoir exécutif pouvant être à chaque instant comparés avec le but de toute institution politique, en soient plus respectés ; afin que les réclamations des citoyens, fondées désormais sur des principes simples et incontestables, tournent toujours au maintien de la Constitution, et au bonheur de tous. En conséquence, l'Assemblée nationale reconnaît et déclare, en présence et sous les auspices de l'Être Suprême, les droits suivants de l'homme et du citoyen.

Article premier

Les hommes naissent et demeurent libres et égaux en droits. Les distinctions sociales ne peuvent être fondées que sur l'utilité commune.

Article II

Le but de toute association politique est la conservation des droits naturels et imprescriptibles de l'homme. Ces droits sont la liberté, la propriété, la sûreté et la résistance à l'oppression.

Article III

Le principe de toute Souveraineté réside essentiellement dans la Nation. Nul corps, nul individu ne peut exercer d'autorité qui n'en émane expressément.

Article IV

La liberté consiste à pouvoir faire tout ce qui ne nuit pas à autrui : ainsi l'exercice des droits naturels de chaque homme n'a de bornes que celles qui assurent aux autres Membres de la Société, la jouissance de ces mêmes droits. Ces bornes ne peuvent être déterminées que par la Loi.

Article V

La Loi n'a le droit de défendre que les actions nuisibles à la Société. Tout ce qui n'est pas défendu par la Loi ne peut être empêché, et nul ne peut être contraint à faire ce qu'elle n'ordonne pas.

Article VI

La Loi est l'expression de la volonté générale. Tous les Citoyens ont droit de concourir personnellement, ou par leurs Représentants, à sa formation. Elle doit être la même pour tous, soit qu'elle protège, soit qu'elle punisse. Tous les Citoyens étant égaux à ses yeux, sont également admissibles à toutes dignités, places et emplois publics, selon leur capacité, et sans autre distinction que celle de leurs vertus et de leurs talents.

Article VII

Nul homme ne peut être accusé, arrêté, ni détenu que dans les cas déterminés par la Loi, et selon les formes qu'elle a prescrites. Ceux qui sollicitent, expédient, exécutent ou font exécuter des ordres arbitraires, doivent être punis ; mais tout Citoyen appelé ou saisi en vertu de la Loi doit obéir à l'instant : il se rend coupable par la résistance.

Article VIII

La Loi ne doit établir que des peines strictement et évidemment nécessaires, et nul ne peut être puni qu'en vertu d'une Loi établie et promulguée antérieurement au délit, et légalement appliquée.

Article IX

Tout homme étant présumé innocent jusqu'à ce qu'il ait été déclaré coupable, s'il est jugé indispensable de l'arrêter, toute rigueur qui ne serait pas nécessaire pour s'assurer de sa personne, doit être sévèrement réprimée par la Loi.

Article X

Nul ne doit être inquiété pour ses opinions, même religieuses, pourvu que leur manifestation ne trouble pas l'ordre public établi par la Loi.

Article XI

La libre communication des pensées et des opinions est un des droits les plus précieux de l'Homme : tout Citoyen peut donc parler, écrire, imprimer librement, sauf à répondre de l'abus de cette liberté, dans les cas déterminés par la Loi.

Article XII

La garantie des droits de l'Homme et du Citoyen nécessite une force publique : cette force est donc instituée pour l'avantage de tous, et non pour l'utilité particulière de ceux auxquels elle est confiée.

Article XIII

Pour l'entretien de la force publique, et pour les dépenses d'administration, une contribution commune est indispensable. Elle doit être également répartie entre tous les Citoyens, en raison de leurs facultés.

Article XIV

Tous les Citoyens ont le droit de constater, par eux-mêmes ou par leurs Représentants, la nécessité de la contribution publique, de la consentir librement, d'en suivre l'emploi et d'en déterminer la quotité, l'assiette, le recouvrement et la durée.

Article XV

La Société a le droit de demander compte à tout Agent public de son administration.

Article XVI

Toute Société dans laquelle la garantie des Droits n'est pas assurée, ni la séparation des Pouvoirs déterminée, n'a point de Constitution.

Article XVII

La propriété étant un droit inviolable et sacré, nul ne peut en être privé, si ce n'est lorsque la nécessité publique, légalement constatée, l'exige évidemment, et sous la condition d'une juste et préalable indemnité.

5. Préambule de la constitution de la IVe République (1946)

1. Au lendemain de la victoire remportée par les peuples libres sur les régimes qui ont tenté d'asservir et de dégrader la personne humaine, le peuple français proclame à nouveau que tout être humain, sans distinction de race, de religion ni de croyance, possède des droits inaliénables et sacrés. Il réaffirme solennellement les droits et libertés de l'homme et du citoyen consacrés par la Déclaration des droits de 1789 et les principes fondamentaux reconnus par les lois de la République.

2. Il proclame, en outre, comme particulièrement nécessaires à notre temps, les principes politiques, économiques et sociaux ci-après :

3. La loi garantit à la femme, dans tous les domaines, des droits égaux à ceux de l'homme.

4. Tout homme persécuté en raison de son action en faveur de la liberté a droit d'asile sur les territoires de la République.

5. Chacun a le devoir de travailler et le droit d'obtenir un emploi. Nul ne peut être lésé, dans son travail ou son emploi, en raison de ses origines, de ses opinions ou de ses croyances.

6. Tout homme peut défendre ses droits et ses intérêts par l'action syndicale et adhérer au syndicat de son choix.

7. Le droit de grève s'exerce dans le cadre des lois qui le réglementent.

8. Tout travailleur participe, par l'intermédiaire de ses délégués, à la détermination collective des conditions de travail ainsi qu'à la gestion des entreprises.

9. Tout bien, toute entreprise, dont l'exploitation a ou acquiert les caractères d'un service public national ou d'un monopole de fait, doit devenir la propriété de la collectivité.

10. La Nation assure à l'individu et à la famille les conditions nécessaires à leur développement.

11. Elle garantit à tous, notamment à l'enfant, à la mère et aux vieux travailleurs, la protection de la santé, la sécurité matérielle, le repos et les loisirs. Tout être humain qui, en raison de son âge, de son état physique ou mental, de la situation économique, se trouve dans l'incapacité de travailler a le droit d'obtenir de la collectivité des moyens convenables d'existence.

12. La Nation proclame la solidarité et l'égalité de tous les Français devant les charges qui résultent des calamités nationales.

13. La Nation garantit l'égal accès de l'enfant et de l'adulte à l'instruction, à la formation professionnelle et à la culture. L'organisation de l'enseignement public gratuit et laïque à tous les degrés est un devoir de l'État.

14. La République française, fidèle à ses traditions, se conforme aux règles du droit public international. Elle n'entreprendra aucune guerre dans des vues de conquête et n'emploiera jamais ses forces contre la liberté d'aucun peuple.

15. Sous réserve de réciprocité, la France consent aux limitations de souveraineté nécessaires à l'organisation et à la défense de la paix.

16. La France forme avec les peuples d'outre-mer une Union fondée sur l'égalité des droits et des devoirs, sans distinction de race ni de religion.

17. L'Union française est composée de nations et de peuples qui mettent en commun ou coordonnent leurs ressources et leurs efforts pour développer leurs civilisations respectives, accroître leur bien-être et assurer leur sécurité.

18. Fidèle à sa mission traditionnelle, la France entend conduire les peuples dont elle a pris la charge à la liberté de s'administrer eux-mêmes et de gérer démocratiquement leurs propres affaires ; écartant tout système de colonisation fondé sur l'arbitraire, elle garantit à tous l'égal accès aux fonctions publiques et l'exercice individuel ou collectif des droits et libertés proclamés ou confirmés ci-dessus.

6. Constitution de la Ve République (à jour de la dernière révision de juillet 2008)

Préambule

Le peuple français proclame solennellement son attachement aux Droits de l'homme et aux principes de la souveraineté nationale tels qu'ils ont été définis par la Déclaration de 1789, confirmée et complétée par le préambule de la Constitution de 1946, ainsi qu'aux droits et devoirs définis dans la Charte de l'environnement de 2004.

En vertu de ces principes et de celui de la libre détermination des peuples, la République offre aux territoires d'Outre-Mer qui manifestent la volonté d'y adhérer des institutions nouvelles fondées sur l'idéal commun de liberté, d'égalité et de fraternité et conçues en vue de leur évolution démocratique.

Article 1er

La France est une République indivisible, laïque, démocratique et sociale. Elle assure l'égalité devant la loi de tous les citoyens sans distinction d'origine, de race ou de religion. Elle respecte toutes les croyances. Son organisation est décentralisée.

La loi favorise l'égal accès des femmes et des hommes aux mandats électoraux et fonctions électives, ainsi qu'aux responsabilités professionnelles et sociales.

Titre I. De la Souveraineté

Article 2

La langue de la République est le français.

L'emblème national est le drapeau tricolore, bleu, blanc, rouge.

L'hymne national est la Marseillaise.

La devise de la République est Liberté, Égalité, Fraternité.

Son principe est : gouvernement du peuple, par le peuple et pour le peuple.

Article 3

La souveraineté nationale appartient au peuple qui l'exerce par ses représentants et par la voie du référendum.

Aucune section du peuple ni aucun individu ne peut s'en attribuer l'exercice.

Le suffrage peut être direct ou indirect dans les conditions prévues par la Constitution. Il est toujours universel, égal et secret.

Sont électeurs, dans les conditions déterminées par la loi, tous les nationaux français majeurs des deux sexes, jouissant de leurs droits civils et politiques.

Article 4

Les partis et groupements politiques concourent à l'expression du suffrage. Ils se forment et exercent leur activité librement. Ils doivent respecter les principes de la souveraineté nationale et de la démocratie.
Ils contribuent à la mise en œuvre du principe énoncé au second alinéa de l'article 1er dans les conditions déterminées par la loi.
La loi garantit les expressions pluralistes des opinions et la participation équitable des partis et groupements politiques à la vie démocratique de la Nation.

Titre II. Le Président de la République

Article 5

Le Président de la République veille au respect de la Constitution. Il assure, par son arbitrage, le fonctionnement régulier des pouvoirs publics ainsi que la continuité de l'État.
Il est le garant de l'indépendance nationale, de l'intégrité du territoire et du respect des traités.

Article 6

Le Président de la République est élu pour cinq ans au suffrage universel direct.
Nul ne peut exercer plus de deux mandats consécutifs.
Les modalités d'application du présent article sont fixées par une loi organique.

Article 7

Le Président de la République est élu à la majorité absolue des suffrages exprimés. Si celle-ci n'est pas obtenue au premier tour de scrutin, il est procédé, le quatorzième jour suivant, à un second tour. Seuls peuvent s'y présenter les deux candidats qui, le cas échéant après retrait de candidats plus favorisés, se trouvent avoir recueilli le plus grand nombre de suffrages au premier tour.
Le scrutin est ouvert sur convocation du Gouvernement.
L'élection du nouveau Président a lieu vingt jours au moins et trente-cinq jours au plus avant l'expiration des pouvoirs du président en exercice.
En cas de vacance de la Présidence de la République pour quelque cause que ce soit, ou d'empêchement constaté par le Conseil constitutionnel saisi par le Gouvernement et statuant à la majorité absolue de ses membres, les fonctions du Président de la République, à l'exception de celles prévues aux articles 11 et 12 ci-dessous, sont provisoirement exercées par le président du Sénat et, si celui-ci est à son tour empêché d'exercer ces fonctions, par le Gouvernement.
En cas de vacance ou lorsque l'empêchement est déclaré définitif par le Conseil constitutionnel, le scrutin pour l'élection du nouveau Président

a lieu, sauf cas de force majeure constaté par le Conseil constitutionnel, vingt jours au moins et trente-cinq jours au plus après l'ouverture de la vacance ou la déclaration du caractère définitif de l'empêchement.
Si, dans les sept jours précédant la date limite du dépôt des présentations de candidatures, une des personnes ayant, moins de trente jours avant cette date, annoncé publiquement sa décision d'être candidate décède ou se trouve empêchée, le Conseil constitutionnel peut décider de reporter l'élection.
Si, avant le premier tour, un des candidats décède ou se trouve empêché, le Conseil constitutionnel prononce le report de l'élection.
En cas de décès ou d'empêchement de l'un des deux candidats les plus favorisés au premier tour avant les retraits éventuels, le Conseil constitutionnel déclare qu'il doit être procédé de nouveau à l'ensemble des opérations électorales ; il en est de même en cas de décès ou d'empêchement de l'un des deux candidats restés en présence en vue du second tour.
Dans tous les cas, le Conseil constitutionnel est saisi dans les conditions fixées au deuxième alinéa de l'article 61 ci-dessous ou dans celles déterminées pour la présentation d'un candidat par la loi organique prévue à l'article 6 ci-dessus.
Le Conseil constitutionnel peut proroger les délais prévus aux troisième et cinquième alinéas sans que le scrutin puisse avoir lieu plus de trente-cinq jours après la date de la décision du Conseil constitutionnel. Si l'application des dispositions du présent alinéa a eu pour effet de reporter l'élection à une date postérieure à l'expiration des pouvoirs du Président en exercice, celui-ci demeure en fonction jusqu'à la proclamation de son successeur.
Il ne peut être fait application ni des articles 49 et 50 ni de l'article 89 de la Constitution durant la vacance de la Présidence de la République ou durant la période qui s'écoule entre la déclaration du caractère définitif de l'empêchement du Président de la République et l'élection de son successeur.

Article 8
Le Président de la République nomme le Premier Ministre. Il met fin à ses fonctions sur la présentation par celui-ci de la démission du Gouvernement.
Sur la proposition du Premier Ministre, il nomme les autres membres du Gouvernement et met fin à leurs fonctions.

Article 9
Le Président de la République préside le Conseil des Ministres.

Article 10
Le Président de la République promulgue les lois dans les quinze jours qui suivent la transmission au Gouvernement de la loi définitivement adoptée.

Il peut, avant l'expiration de ce délai, demander au Parlement une nouvelle délibération de la loi ou de certains de ses articles. Cette nouvelle délibération ne peut être refusée.

Article 11

Le Président de la République, sur proposition du Gouvernement pendant la durée des sessions ou sur proposition conjointe des deux Assemblées, publiées au Journal Officiel, peut soumettre au référendum tout projet de loi portant sur l'organisation des pouvoirs publics, sur des réformes relatives à la politique économique, sociale ou environnementale de la nation et aux services publics qui y concourent, ou tendant à autoriser la ratification d'un traité qui, sans être contraire à la Constitution, aurait des incidences sur le fonctionnement des institutions.

Lorsque le référendum est organisé sur proposition du Gouvernement, celui-ci fait, devant chaque assemblée, une déclaration qui est suivie d'un débat.

Un référendum portant sur un objet mentionné au premier alinéa peut être organisé à l'initiative d'un cinquième des membres du Parlement, soutenue par un dixième des électeurs inscrits sur les listes électorales. Cette initiative prend la forme d'une proposition de loi et ne peut avoir pour objet l'abrogation d'une disposition législative promulguée depuis moins d'un an.

Les conditions de sa présentation et celles dans lesquelles le Conseil constitutionnel contrôle le respect des dispositions de l'alinéa précédent sont déterminées par une loi organique.

Si la proposition de loi n'a pas été examinée par les deux assemblées dans un délai fixé par la loi organique, le Président de la République la soumet au référendum.

Lorsque la proposition de loi n'est pas adoptée par le peuple français, aucune nouvelle proposition de référendum portant sur le même sujet ne peut être présentée avant l'expiration d'un délai de deux ans suivant la date du scrutin.

Lorsque le référendum a conclu à l'adoption du projet ou de la proposition de loi, le Président de la République promulgue la loi dans les quinze jours qui suivent la proclamation des résultats de la consultation.

Article 12

Le Président de la République peut, après consultation du Premier ministre et des présidents des assemblées, prononcer la dissolution de l'Assemblée nationale.

Les élections générales ont lieu vingt jours au moins et quarante jours au plus après la dissolution.

L'Assemblée nationale se réunit de plein droit le deuxième jeudi qui suit son élection. Si cette réunion a lieu en dehors de la période prévue pour

la session ordinaire, une session est ouverte de droit pour une durée de quinze jours.
Il ne peut être procédé à une nouvelle dissolution dans l'année qui suit ces élections.

Article 13
Le Président de la République signe les ordonnances et les décrets délibérés en conseil des ministres.
Il nomme aux emplois civils et militaires de l'État.
Les conseillers d'État, le grand chancelier de la Légion d'honneur, les ambassadeurs et envoyés extraordinaires, les conseillers maîtres à la Cour des comptes, les préfets, les représentants de l'État dans les collectivités d'outre-mer régies par l'article 74 et en Nouvelle-Calédonie, les officiers généraux, les recteurs des académies, les directeurs des administrations centrales sont nommés en conseil des ministres.
Une loi organique détermine les autres emplois auxquels il est pourvu en conseil des ministres ainsi que les conditions dans lesquelles le pouvoir de nomination du Président de la République peut être par lui délégué pour être exercé en son nom.
Une loi organique détermine les emplois ou fonctions, autres que ceux mentionnés au troisième alinéa, pour lesquels, en raison de leur importance pour la garantie des droits et libertés ou la vie économique et sociale de la Nation, le pouvoir de nomination du Président de la République s'exerce après avis public de la commission permanente compétente de chaque assemblée. Le Président de la République ne peut procéder à une nomination lorsque l'addition des votes négatifs dans chaque commission représente au moins trois cinquièmes des suffrages exprimés au sein des deux commissions. La loi détermine les commissions permanentes compétentes selon les emplois ou fonctions concernés.

Article 14
Le Président de la République accrédite les ambassadeurs et les envoyés extraordinaires auprès des puissances étrangères ; les ambassadeurs et les envoyés extraordinaires étrangers sont accrédités auprès de lui.

Article 15
Le Président de la République est le chef des armées. Il préside les conseils et les comités supérieurs de la Défense Nationale.

Article 16
Lorsque les institutions de la République, l'indépendance de la nation, l'intégrité de son territoire ou l'exécution de ses engagements internationaux sont menacées d'une manière grave et immédiate et que le fonctionnement régulier des pouvoirs publics constitutionnels est interrompu, le Président de la République prend les mesures exigées par ces circons-

tances, après consultation officielle du Premier ministre, des présidents des assemblées ainsi que du Conseil constitutionnel.
Il en informe la nation par un message.
Ces mesures doivent être inspirées par la volonté d'assurer aux pouvoirs publics constitutionnels, dans les moindres délais, les moyens d'accomplir leur mission. Le Conseil constitutionnel est consulté à leur sujet.
Le Parlement se réunit de plein droit.
L'Assemblée nationale ne peut être dissoute pendant l'exercice des pouvoirs exceptionnels.
Après trente jours d'exercice des pouvoirs exceptionnels, le Conseil constitutionnel peut être saisi par le Président de l'Assemblée nationale, le Président du Sénat, soixante députés ou soixante sénateurs, aux fins d'examiner si les conditions énoncées au premier alinéa demeurent réunies. Il se prononce dans les délais les plus brefs par un avis public. Il procède de plein droit à cet examen et se prononce dans les mêmes conditions au terme de soixante jours d'exercice des pouvoirs exceptionnels et à tout moment au-delà de cette durée.

Article 17
Le Président de la République a le droit de faire grâce à titre individuel.

Article 18
Le Président de la République communique avec les deux assemblées du Parlement par des messages qu'il fait lire et qui ne donnent lieu à aucun débat.
Il peut prendre la parole devant le Parlement réuni à cet effet en Congrès. Sa déclaration peut donner lieu, hors sa présence, à un débat qui ne fait l'objet d'aucun vote.
Hors session, les assemblées parlementaires sont réunies spécialement à cet effet.

Article 19
Les actes du Président de la République autres que ceux prévus aux articles 8 (1er alinéa), 11, 12, 16, 18, 54, 56 et 61 sont contresignés par le Premier ministre et, le cas échéant, par les ministres responsables.

Titre III. Le Gouvernement

Article 20

Le Gouvernement détermine et conduit la politique de la nation.
Il dispose de l'administration et de la force armée.
Il est responsable devant le Parlement dans les conditions et suivant les procédures prévues aux articles 49 et 50.

Article 21

Le Premier ministre dirige l'action du Gouvernement. Il est responsable de la défense nationale. Il assure l'exécution des lois. Sous réserve des dispositions de l'article 13, il exerce le pouvoir réglementaire et nomme aux emplois civils et militaires.
Il peut déléguer certains de ses pouvoirs aux ministres.
Il supplée, le cas échéant, le Président de la République dans la présidence des conseils et comités prévus à l'article 15.
Il peut, à titre exceptionnel, le suppléer pour la présidence d'un conseil des ministres en vertu d'une délégation expresse et pour un ordre du jour déterminé.

Article 22

Les actes du Premier ministre sont contresignés, le cas échéant, par les ministres chargés de leur exécution.

Article 23

Les fonctions de membre du Gouvernement sont incompatibles avec l'exercice de tout mandat parlementaire, de toute fonction de représentation professionnelle à caractère national et de tout emploi public ou de toute activité professionnelle.
Une loi organique fixe les conditions dans lesquelles il est pourvu au remplacement des titulaires de tels mandats, fonctions ou emplois.
Le remplacement des membres du Parlement a lieu conformément aux dispositions de l'article 25.

Titre IV. Le Parlement

Article 24

Le Parlement vote la loi. Il contrôle l'action du Gouvernement. Il évalue les politiques publiques.
Il comprend l'Assemblée nationale et le Sénat.
Les députés à l'Assemblée nationale, dont le nombre ne peut excéder cinq cent soixante-dix-sept, sont élus au suffrage direct.

Le Sénat, dont le nombre de membres ne peut excéder trois cent quarante-huit, est élu au suffrage indirect. Il assure la représentation des collectivités territoriales de la République.
Les Français établis hors de France sont représentés à l'Assemblée nationale et au Sénat.

Article 25
Une loi organique fixe la durée des pouvoirs de chaque assemblée, le nombre de ses membres, leur indemnité, les conditions d'éligibilité, le régime des inéligibilités et des incompatibilités.
Elle fixe également les conditions dans lesquelles sont élues les personnes appelées à assurer, en cas de vacance du siège, le remplacement des députés ou des sénateurs jusqu'au renouvellement général ou partiel de l'assemblée à laquelle ils appartenaient ou leur remplacement temporaire en cas d'acceptation par eux de fonctions gouvernementales.
Une commission indépendante, dont la loi fixe la composition et les règles d'organisation et de fonctionnement, se prononce par un avis public sur les projets de texte et propositions de loi délimitant les circonscriptions pour l'élection des députés ou modifiant la répartition des sièges de députés ou de sénateurs.

Article 26
Aucun membre du Parlement ne peut être poursuivi, recherché, arrêté, détenu ou jugé à l'occasion des opinions ou votes émis par lui dans l'exercice de ses fonctions.
Aucun membre du Parlement ne peut faire l'objet, en matière criminelle ou correctionnelle, d'une arrestation ou de toute autre mesure privative ou restrictive de liberté qu'avec l'autorisation du bureau de l'assemblée dont il fait partie. Cette autorisation n'est pas requise en cas de crime ou délit flagrant ou de condamnation définitive.
La détention, les mesures privatives ou restrictives de liberté ou la poursuite d'un membre du Parlement sont suspendues pour la durée de la session si l'assemblée dont il fait partie le requiert.
L'assemblée intéressée est réunie de plein droit pour des séances supplémentaires pour permettre, le cas échéant, l'application de l'alinéa ci-dessus.

Article 27
Tout mandat impératif est nul.
Le droit de vote des membres du Parlement est personnel.
La loi organique peut autoriser exceptionnellement la délégation de vote. Dans ce cas, nul ne peut recevoir délégation de plus d'un mandat.

Article 28

Le Parlement se réunit de plein droit en une session ordinaire qui commence le premier jour ouvrable d'octobre et prend fin le dernier jour ouvrable de juin.

Le nombre de jours de séance que chaque assemblée peut tenir au cours de la session ordinaire ne peut excéder cent vingt. Les semaines de séance sont fixées par chaque assemblée.

Le Premier ministre, après consultation du président de l'assemblée concernée, ou la majorité des membres de chaque assemblée peut décider la tenue de jours supplémentaires de séance.

Les jours et les horaires des séances sont déterminés par le règlement de chaque assemblée.

Article 29

Le Parlement est réuni en session extraordinaire à la demande du Premier ministre ou de la majorité des membres composant l'Assemblée nationale, sur un ordre du jour déterminé.

Lorsque la session extraordinaire est tenue à la demande des membres de l'Assemblée nationale, le décret de clôture intervient dès que le Parlement a épuisé l'ordre du jour pour lequel il a été convoqué et au plus tard douze jours à compter de sa réunion.

Le Premier ministre peut seul demander une nouvelle session avant l'expiration du mois qui suit le décret de clôture.

Article 30

Hors les cas dans lesquels le Parlement se réunit de plein droit, les sessions extraordinaires sont ouvertes et closes par décret du Président de la République.

Article 31

Les membres du Gouvernement ont accès aux deux assemblées. Ils sont entendus quand ils le demandent.

Ils peuvent se faire assister par des commissaires du Gouvernement.

Article 32

Le président de l'Assemblée nationale est élu pour la durée de la législature. Le Président du Sénat est élu après chaque renouvellement partiel.

Article 33

Les séances des deux assemblées sont publiques. Le compte rendu intégral des débats est publié au Journal officiel.

Chaque assemblée peut siéger en comité secret à la demande du Premier ministre ou d'un dixième de ses membres.

Titre V. Des rapports entre le Parlement et le Gouvernement

Article 34

La loi fixe les règles concernant :
- les droits civiques et les garanties fondamentales accordées aux citoyens pour l'exercice des libertés publiques ; la liberté, le pluralisme et l'indépendance des médias ; les sujétions imposées par la défense nationale aux citoyens en leur personne et en leurs biens ;
- la nationalité, l'état et la capacité des personnes, les régimes matrimoniaux, les successions et libéralités ;
- la détermination des crimes et délits ainsi que les peines qui leur sont applicables ; la procédure pénale ; l'amnistie ; la création de nouveaux ordres de juridiction et le statut des magistrats ;
- l'assiette, le taux et les modalités de recouvrement des impositions de toutes natures ; le régime d'émission de la monnaie.

La loi fixe également les règles concernant :
- le régime électoral des assemblées parlementaires, des assemblées locales et des instances représentatives des Français établis hors de France ainsi que les conditions d'exercice des mandats électoraux et des fonctions électives des membres des assemblées délibérantes des collectivités territoriales ;
- la création de catégories d'établissements publics ;
- les garanties fondamentales accordées aux fonctionnaires civils et militaires de l'État ;
- les nationalisations d'entreprises et les transferts de propriété d'entreprises du secteur public au secteur privé.

La loi détermine les principes fondamentaux :
- de l'organisation générale de la défense nationale ;
- de la libre administration des collectivités territoriales, de leurs compétences et de leurs ressources ;
- de l'enseignement ;
- de la préservation de l'environnement ;
- du régime de la propriété, des droits réels et des obligations civiles et commerciales ;
- du droit du travail, du droit syndical et de la sécurité sociale.

Les lois de finances déterminent les ressources et les charges de l'État dans les conditions et sous les réserves prévues par une loi organique.

Les lois de financement de la sécurité sociale déterminent les conditions générales de son équilibre financier et, compte tenu de leurs prévisions de recettes, fixent ses objectifs de dépenses, dans les conditions et sous les réserves prévues par une loi organique.

Des lois de programmation déterminent les objectifs de l'action de l'État.

Les orientations pluriannuelles des finances publiques sont définies par des lois de programmation. Elles s'inscrivent dans l'objectif d'équilibre des comptes des administrations publiques.
Les dispositions du présent article pourront être précisées et complétées par une loi organique.

Article 34-1
Les assemblées peuvent voter des résolutions dans les conditions fixées par la loi organique.
Sont irrecevables et ne peuvent être inscrites à l'ordre du jour les propositions de résolution dont le Gouvernement estime que leur adoption ou leur rejet serait de nature à mettre en cause sa responsabilité ou qu'elles contiennent des injonctions à son égard.

Article 35
La déclaration de guerre est autorisée par le Parlement.
Le Gouvernement informe le Parlement de sa décision de faire intervenir les forces armées à l'étranger, au plus tard trois jours après le début de l'intervention. Il précise les objectifs poursuivis. Cette information peut donner lieu à un débat qui n'est suivi d'aucun vote.
Lorsque la durée de l'intervention excède quatre mois, le Gouvernement soumet sa prolongation à l'autorisation du Parlement. Il peut demander à l'Assemblée nationale de décider en dernier ressort.
Si le Parlement n'est pas en session à l'expiration du délai de quatre mois, il se prononce à l'ouverture de la session suivante.

Article 36
L'état de siège est décrété en Conseil des ministres.
Sa prorogation au-delà de douze jours ne peut être autorisée que par le Parlement.

Article 37
Les matières autres que celles qui sont du domaine de la loi ont un caractère réglementaire.
Les textes de forme législative intervenus en ces matières peuvent être modifiés par décrets pris après avis du Conseil d'État. Ceux de ces textes qui interviendraient après l'entrée en vigueur de la présente Constitution ne pourront être modifiés par décret que si le Conseil constitutionnel a déclaré qu'ils ont un caractère réglementaire en vertu de l'alinéa précédent.

Article 37-1
La loi et le règlement peuvent comporter, pour un objet et une durée limités, des dispositions à caractère expérimental.

Article 38

Le Gouvernement peut, pour l'exécution de son programme, demander au Parlement l'autorisation de prendre par ordonnances, pendant un délai limité, des mesures qui sont normalement du domaine de la loi.
Les ordonnances sont prises en conseil des ministres après avis du Conseil d'État. Elles entrent en vigueur dès leur publication mais deviennent caduques si le projet de loi de ratification n'est pas déposé devant le Parlement avant la date fixée par la loi d'habilitation. Elles ne peuvent être ratifiées que de manière expresse.
À l'expiration du délai mentionné au premier alinéa du présent article, les ordonnances ne peuvent plus être modifiées que par la loi dans les matières qui sont du domaine législatif.

Article 39

L'initiative des lois appartient concurremment au Premier ministre et aux membres du Parlement.
Les projets de loi sont délibérés en conseil des ministres après avis du Conseil d'État et déposés sur le bureau de l'une des deux assemblées. Les projets de loi de finances et de loi de financement de la sécurité sociale sont soumis en premier lieu à l'Assemblée nationale. Sans préjudice du premier alinéa de l'article 44, les projets de loi ayant pour principal objet l'organisation des collectivités territoriales sont soumis en premier lieu au Sénat.
La présentation des projets de loi déposés devant l'Assemblée nationale ou le Sénat répond aux conditions fixées par une loi organique.
Les projets de loi ne peuvent être inscrits à l'ordre du jour si la Conférence des présidents de la première assemblée saisie constate que les règles fixées par la loi organique sont méconnues. En cas de désaccord entre la Conférence des présidents et le Gouvernement, le président de l'assemblée intéressée ou le Premier ministre peut saisir le Conseil constitutionnel qui statue dans un délai de huit jours.
Dans les conditions prévues par la loi, le président d'une assemblée peut soumettre pour avis au Conseil d'État, avant son examen en commission, une proposition de loi déposée par l'un des membres de cette assemblée, sauf si ce dernier s'y oppose.

Article 40

Les propositions et amendements formulés par les membres du Parlement ne sont pas recevables lorsque leur adoption aurait pour conséquence soit une diminution des ressources publiques, soit la création ou l'aggravation d'une charge publique.

Article 41

S'il apparaît au cours de la procédure législative qu'une proposition ou un amendement n'est pas du domaine de la loi ou est contraire à une délé-

gation accordée en vertu de l'article 38, le Gouvernement ou le président de l'assemblée saisie peut opposer l'irrecevabilité.
En cas de désaccord entre le Gouvernement et le président de l'assemblée intéressée, le Conseil constitutionnel, à la demande de l'un ou de l'autre, statue dans un délai de huit jours.

Article 42
La discussion des projets et des propositions de loi porte, en séance, sur le texte adopté par la commission saisie en application de l'article 43 ou, à défaut, sur le texte dont l'assemblée a été saisie.
Toutefois, la discussion en séance des projets de révision constitutionnelle, des projets de loi de finances et des projets de loi de financement de la sécurité sociale porte, en première lecture devant la première assemblée saisie, sur le texte présenté par le Gouvernement et, pour les autres lectures, sur le texte transmis par l'autre assemblée.
La discussion en séance, en première lecture, d'un projet ou d'une proposition de loi ne peut intervenir, devant la première assemblée saisie, qu'à l'expiration d'un délai de six semaines après son dépôt. Elle ne peut intervenir, devant la seconde assemblée saisie, qu'à l'expiration d'un délai de quatre semaines à compter de sa transmission.
L'alinéa précédent ne s'applique pas si la procédure accélérée a été engagée dans les conditions prévues à l'article 45. Il ne s'applique pas non plus aux projets de loi de finances, aux projets de loi de financement de la sécurité sociale et aux projets relatifs aux états de crise.

Article 43
Les projets et propositions de loi sont envoyés pour examen à l'une des commissions permanentes dont le nombre est limité à huit dans chaque assemblée.
À la demande du Gouvernement ou de l'assemblée qui en est saisie, les projets ou propositions de loi sont envoyés pour examen à une commission spécialement désignée à cet effet.

Article 44
Les membres du Parlement et le Gouvernement ont le droit d'amendement. Ce droit s'exerce en séance ou en commission selon les conditions fixées par les règlements des assemblées, dans le cadre déterminé par une loi organique.
Après l'ouverture du débat, le Gouvernement peut s'opposer à l'examen de tout amendement qui n'a pas été antérieurement soumis à la commission.
Si le Gouvernement le demande, l'assemblée saisie se prononce par un seul vote sur tout ou partie du texte en discussion en ne retenant que les amendements proposés ou acceptés par le Gouvernement.

Article 45

Tout projet ou proposition de loi est examiné successivement dans les deux assemblées du Parlement en vue de l'adoption d'un texte identique.

Sans préjudice de l'application des articles 40 et 41, tout amendement est recevable en première lecture dès lors qu'il présente un lien, même indirect, avec le texte déposé ou transmis.

Lorsque, par suite d'un désaccord entre les deux assemblées, un projet ou une proposition de loi n'a pu être adopté après deux lectures par chaque assemblée ou, si le Gouvernement a décidé d'engager la procédure accélérée sans que les Conférences des présidents s'y soient conjointement opposées, après une seule lecture par chacune d'entre elles, le Premier ministre ou, pour une proposition de loi, les présidents des deux assemblées agissant conjointement, ont la faculté de provoquer la réunion d'une commission mixte paritaire chargée de proposer un texte sur les dispositions restant en discussion.

Le texte élaboré par la commission mixte peut être soumis par le Gouvernement pour approbation aux deux assemblées. Aucun amendement n'est recevable sauf accord du Gouvernement.

Si la commission mixte ne parvient pas à l'adoption d'un texte commun ou si ce texte n'est pas adopté dans les conditions prévues à l'alinéa précédent, le Gouvernement peut, après une nouvelle lecture par l'Assemblée nationale et par le Sénat, demander à l'Assemblée nationale de statuer définitivement. En ce cas, l'Assemblée nationale peut reprendre soit le texte élaboré par la commission mixte, soit le dernier texte voté par elle, modifié le cas échéant par un ou plusieurs des amendements adoptés par le Sénat.

Article 46

Les lois auxquelles la Constitution confère le caractère de lois organiques sont votées et modifiées dans les conditions suivantes.

Le projet ou la proposition ne peut, en première lecture, être soumis à la délibération et au vote des assemblées qu'à l'expiration des délais fixés au troisième alinéa de l'article 42. Toutefois, si la procédure accélérée a été engagée dans les conditions prévues à l'article 45, le projet ou la proposition ne peut être soumis à la délibération de la première assemblée saisie avant l'expiration d'un délai de quinze jours après son dépôt.

La procédure de l'article 45 est applicable. Toutefois, faute d'accord entre les deux assemblées, le texte ne peut être adopté par l'Assemblée nationale en dernière lecture qu'à la majorité absolue de ses membres.

Les lois organiques relatives au Sénat doivent être votées dans les mêmes termes par les deux assemblées.

Les lois organiques ne peuvent être promulguées qu'après la déclaration par le Conseil constitutionnel de leur conformité à la Constitution.

Article 47
Le Parlement vote les projets de loi de finances dans les conditions prévues par une loi organique.
Si l'Assemblée nationale ne s'est pas prononcée en première lecture dans le délai de quarante jours après le dépôt d'un projet, le Gouvernement saisit le Sénat qui doit statuer dans un délai de quinze jours. Il est ensuite procédé dans les conditions prévues à l'article 45.
Si le Parlement ne s'est pas prononcé dans un délai de soixante-dix jours, les dispositions du projet peuvent être mises en vigueur par ordonnance.
Si la loi de finances fixant les ressources et les charges d'un exercice n'a pas été déposée en temps utile pour être promulguée avant le début de cet exercice, le Gouvernement demande d'urgence au Parlement l'autorisation de percevoir les impôts et ouvre par décret les crédits se rapportant aux services votés.
Les délais prévus au présent article sont suspendus lorsque le Parlement n'est pas en session.

Article 47-1
Le Parlement vote les projets de loi de financement de la sécurité sociale dans les conditions prévues par une loi organique.
Si l'Assemblée nationale ne s'est pas prononcée en première lecture dans le délai de vingt jours après le dépôt d'un projet, le Gouvernement saisit le Sénat qui doit statuer dans un délai de quinze jours. Il est ensuite procédé dans les conditions prévues à l'article 45.
Si le Parlement ne s'est pas prononcé dans un délai de cinquante jours, les dispositions du projet peuvent être mises en oeuvre par ordonnance.
Les délais prévus au présent article sont suspendus lorsque le Parlement n'est pas en session et, pour chaque assemblée, au cours des semaines où elle a décidé de ne pas tenir séance, conformément au deuxième alinéa de l'article 28.

Article 47-2
La Cour des comptes assiste le Parlement dans le contrôle de l'action du Gouvernement. Elle assiste le Parlement et le Gouvernement dans le contrôle de l'exécution des lois de finances et de l'application des lois de financement de la sécurité sociale ainsi que dans l'évaluation des politiques publiques. Par ses rapports publics, elle contribue à l'information des citoyens.
Les comptes des administrations publiques sont réguliers et sincères. Ils donnent une image fidèle du résultat de leur gestion, de leur patrimoine et de leur situation financière.

Article 48

Sans préjudice de l'application des trois derniers alinéas de l'article 28, l'ordre du jour est fixé par chaque assemblée.
Deux semaines de séance sur quatre sont réservées par priorité, et dans l'ordre que le Gouvernement a fixé, à l'examen des textes et aux débats dont il demande l'inscription à l'ordre du jour.
En outre, l'examen des projets de loi de finances, des projets de loi de financement de la sécurité sociale et, sous réserve des dispositions de l'alinéa suivant, des textes transmis par l'autre assemblée depuis six semaines au moins, des projets relatifs aux états de crise et des demandes d'autorisation visées à l'article 35 est, à la demande du Gouvernement, inscrit à l'ordre du jour par priorité.
Une semaine de séance sur quatre est réservée par priorité et dans l'ordre fixé par chaque assemblée au contrôle de l'action du Gouvernement et à l'évaluation des politiques publiques.
Un jour de séance par mois est réservé à un ordre du jour arrêté par chaque assemblée à l'initiative des groupes d'opposition de l'assemblée intéressée ainsi qu'à celle des groupes minoritaires.
Une séance par semaine au moins, y compris pendant les sessions extraordinaires prévues à l'article 29, est réservée par priorité aux questions des membres du Parlement et aux réponses du Gouvernement.

Article 49

Le Premier ministre, après délibération du conseil des ministres, engage devant l'Assemblée nationale la responsabilité du Gouvernement sur son programme ou éventuellement sur une déclaration de politique générale.
L'Assemblée nationale met en cause la responsabilité du Gouvernement par le vote d'une motion de censure. Une telle motion n'est recevable que si elle est signée par un dixième au moins des membres de l'Assemblée nationale. Le vote ne peut avoir lieu que quarante-huit heures après son dépôt. Seuls sont recensés les votes favorables à la motion de censure qui ne peut être adoptée qu'à la majorité des membres composant l'Assemblée. Sauf dans le cas prévu à l'alinéa ci-dessous, un député ne peut être signataire de plus de trois motions de censure au cours d'une même session ordinaire et de plus d'une au cours d'une même session extraordinaire.
Le Premier ministre peut, après délibération du conseil des ministres, engager la responsabilité du Gouvernement devant l'Assemblée nationale sur le vote d'un projet de loi de finances ou de financement de la sécurité sociale. Dans ce cas, ce projet est considéré comme adopté, sauf si une motion de censure, déposée dans les vingt-quatre heures qui suivent, est votée dans les conditions prévues à l'alinéa précédent. Le Premier ministre peut, en outre, recourir à cette procédure pour un autre projet ou une proposition de loi par session.

Le Premier ministre a la faculté de demander au Sénat l'approbation d'une déclaration de politique générale.

Article 50
Lorsque l'Assemblée nationale adopte une motion de censure ou lorsqu'elle désapprouve le programme ou une déclaration de politique générale du Gouvernement, le Premier ministre doit remettre au Président de la République la démission du Gouvernement.

Article 50-1
Devant l'une ou l'autre des assemblées, le Gouvernement peut, de sa propre initiative ou à la demande d'un groupe parlementaire au sens de l'article 51-1, faire, sur un sujet déterminé, une déclaration qui donne lieu à débat et peut, s'il le décide, faire l'objet d'un vote sans engager sa responsabilité.

Article 51
La clôture de la session ordinaire ou des sessions extraordinaires est de droit retardée pour permettre, le cas échéant, l'application de l'article 49. À cette même fin, des séances supplémentaires sont de droit.

Article 51-1
Le règlement de chaque assemblée détermine les droits des groupes parlementaires constitués en son sein. Il reconnaît des droits spécifiques aux groupes d'opposition de l'assemblée intéressée ainsi qu'aux groupes minoritaires.

Article 51-2
Pour l'exercice des missions de contrôle et d'évaluation définies au premier alinéa de l'article 24, des commissions d'enquête peuvent être créées au sein de chaque assemblée pour recueillir, dans les conditions prévues par la loi, des éléments d'information.
La loi détermine leurs règles d'organisation et de fonctionnement. Leurs conditions de création sont fixées par le règlement de chaque assemblée.

Titre VI. Des traités et accords internationaux

Article 52
Le Président de la République négocie et ratifie les traités.
Il est informé de toute négociation tendant à la conclusion d'un accord international non soumis à ratification.

Article 53
Les traités de paix, les traités de commerce, les traités ou accords relatifs à l'organisation internationale, ceux qui engagent les finances de l'État, ceux

qui modifient des dispositions de nature législative, ceux qui sont relatifs à l'état des personnes, ceux qui comportent cession, échange ou adjonction de territoire, ne peuvent être ratifiés ou approuvés qu'en vertu d'une loi. Ils ne prennent effet qu'après avoir été ratifiés ou approuvés.
Nulle cession, nul échange, nulle adjonction de territoire n'est valable sans le consentement des populations intéressées.

Article 53-1
La République peut conclure avec les États européens qui sont liés par des engagements identiques aux siens en matière d'asile et de protection des Droits de l'homme et des libertés fondamentales, des accords déterminant leurs compétences respectives pour l'examen des demandes d'asile qui leur sont présentées.
Toutefois, même si la demande n'entre pas dans leur compétence en vertu de ces accords, les autorités de la République ont toujours le droit de donner asile à tout étranger persécuté en raison de son action en faveur de la liberté ou qui sollicite la protection de la France pour un autre motif.

Article 53-2
La République peut reconnaître la juridiction de la Cour pénale internationale dans les conditions prévues par le traité signé le 18 juillet 1998.

Article 54
Si le Conseil constitutionnel, saisi par le Président de la République, par le Premier ministre, par le président de l'une ou l'autre assemblée ou par soixante députés ou soixante sénateurs, a déclaré qu'un engagement international comporte une clause contraire à la Constitution, l'autorisation de ratifier ou d'approuver l'engagement international en cause ne peut intervenir qu'après révision de la Constitution.

Article 55
Les traités ou accords régulièrement ratifiés ou approuvés ont, dès leur publication, une autorité supérieure à celle des lois, sous réserve, pour chaque accord ou traité, de son application par l'autre partie.

Titre VII. Le Conseil constitutionnel

Article 56
Le Conseil constitutionnel comprend neuf membres, dont le mandat dure neuf ans et n'est pas renouvelable. Le Conseil constitutionnel se renouvelle par tiers tous les trois ans. Trois des membres sont nommés par le Président de la République, trois par le président de l'Assemblée nationale, trois par le président du Sénat. La procédure prévue au dernier alinéa de l'article 13 est applicable à ces nominations. Les nominations

effectuées par le président de chaque assemblée sont soumises au seul avis de la commission permanente compétente de l'assemblée concernée.
En sus des neuf membres prévus ci-dessus, font de droit partie à vie du Conseil constitutionnel les anciens Présidents de la République.
Le président est nommé par le Président de la République. Il a voix prépondérante en cas de partage.

Article 57
Les fonctions de membre du Conseil constitutionnel sont incompatibles avec celles de ministre ou de membre du Parlement. Les autres incompatibilités sont fixées par une loi organique.

Article 58
Le Conseil constitutionnel veille à la régularité de l'élection du Président de la République.
Il examine les réclamations et proclame les résultats du scrutin.

Article 59
Le Conseil constitutionnel statue, en cas de contestation, sur la régularité de l'élection des députés et des sénateurs.

Article 60
Le Conseil constitutionnel veille à la régularité des opérations de référendum prévues aux articles 11 et 89 et au titre XV. Il en proclame les résultats.

Article 61
Les lois organiques, avant leur promulgation, les propositions de loi mentionnées à l'article 11 avant qu'elles ne soient soumises au référendum, et les règlements des assemblées parlementaires, avant leur mise en application, doivent être soumis au Conseil constitutionnel qui se prononce sur leur conformité à la Constitution.
Aux mêmes fins, les lois peuvent être déférées au Conseil constitutionnel, avant leur promulgation, par le Président de la République, le Premier ministre, le président de l'Assemblée nationale, le président du Sénat ou soixante députés ou soixante sénateurs.
Dans les cas prévus aux deux alinéas précédents, le Conseil constitutionnel doit statuer dans le délai d'un mois. Toutefois, à la demande du Gouvernement, s'il y a urgence, ce délai est ramené à huit jours.
Dans ces mêmes cas, la saisine du Conseil constitutionnel suspend le délai de promulgation.

Article 61-1
Lorsque, à l'occasion d'une instance en cours devant une juridiction, il est soutenu qu'une disposition législative porte atteinte aux droits et libertés

que la Constitution garantit, le Conseil constitutionnel peut être saisi de cette question sur renvoi du Conseil d'État ou de la Cour de cassation qui se prononce dans un délai déterminé.
Une loi organique détermine les conditions d'application du présent article.

Article 62
Une disposition déclarée inconstitutionnelle sur le fondement de l'article 61 ne peut être promulguée ni mise en application.
Une disposition déclarée inconstitutionnelle sur le fondement de l'article 61-1 est abrogée à compter de la publication de la décision du Conseil constitutionnel ou d'une date ultérieure fixée par cette décision. Le Conseil constitutionnel détermine les conditions et limites dans lesquelles les effets que la disposition a produits sont susceptibles d'être remis en cause.
Les décisions du Conseil constitutionnel ne sont susceptibles d'aucun recours. Elles s'imposent aux pouvoirs publics et à toutes les autorités administratives et juridictionnelles.

Article 63
Une loi organique détermine les règles d'organisation et de fonctionnement du Conseil constitutionnel, la procédure qui est suivie devant lui et notamment les délais ouverts pour le saisir de contestations.

Titre VIII. De l'autorité judiciaire

Article 64
Le Président de la République est garant de l'indépendance de l'autorité judiciaire.
Il est assisté par le Conseil supérieur de la magistrature.
Une loi organique porte statut des magistrats.
Les magistrats du siège sont inamovibles.

Article 65
Le Conseil supérieur de la magistrature comprend une formation compétente à l'égard des magistrats du siège et une formation compétente à l'égard des magistrats du parquet.
La formation compétente à l'égard des magistrats du siège est présidée par le premier président de la Cour de cassation. Elle comprend, en outre, cinq magistrats du siège et un magistrat du parquet, un conseiller d'État désigné par le Conseil d'État, un avocat ainsi que six personnalités qualifiées qui n'appartiennent ni au Parlement, ni à l'ordre judiciaire, ni à l'ordre administratif. Le Président de la République, le Président de l'Assemblée nationale et le Président du Sénat désignent chacun deux personnalités qualifiées. La procédure prévue au dernier alinéa de

l'article 13 est applicable aux nominations des personnalités qualifiées. Les nominations effectuées par le président de chaque assemblée du Parlement sont soumises au seul avis de la commission permanente compétente de l'assemblée intéressée.
La formation compétente à l'égard des magistrats du parquet est présidée par le procureur général près la Cour de cassation. Elle comprend, en outre, cinq magistrats du parquet et un magistrat du siège, ainsi que le conseiller d'État, l'avocat et les six personnalités qualifiées mentionnés au deuxième alinéa.
La formation du Conseil supérieur de la magistrature compétente à l'égard des magistrats du siège fait des propositions pour les nominations des magistrats du siège à la Cour de cassation, pour celles de premier président de cour d'appel et pour celles de président de tribunal de grande instance. Les autres magistrats du siège sont nommés sur son avis conforme.
La formation du Conseil supérieur de la magistrature compétente à l'égard des magistrats du parquet donne son avis sur les nominations qui concernent les magistrats du parquet.
La formation du Conseil supérieur de la magistrature compétente à l'égard des magistrats du siège statue comme conseil de discipline des magistrats du siège. Elle comprend alors, outre les membres visés au deuxième alinéa, le magistrat du siège appartenant à la formation compétente à l'égard des magistrats du parquet.
La formation du Conseil supérieur de la magistrature compétente à l'égard des magistrats du parquet donne son avis sur les sanctions disciplinaires qui les concernent. Elle comprend alors, outre les membres visés au troisième alinéa, le magistrat du parquet appartenant à la formation compétente à l'égard des magistrats du siège.
Le Conseil supérieur de la magistrature se réunit en formation plénière pour répondre aux demandes d'avis formulées par le Président de la République au titre de l'article 64. Il se prononce, dans la même formation, sur les questions relatives à la déontologie des magistrats ainsi que sur toute question relative au fonctionnement de la justice dont le saisit le ministre de la justice. La formation plénière comprend trois des cinq magistrats du siège mentionnés au deuxième alinéa, trois des cinq magistrats du parquet mentionnés au troisième alinéa, ainsi que le conseiller d'État, l'avocat et les six personnalités qualifiées mentionnés au deuxième alinéa. Elle est présidée par le premier président de la Cour de cassation, que peut suppléer le procureur général près cette cour.
Sauf en matière disciplinaire, le ministre de la justice peut participer aux séances des formations du Conseil supérieur de la magistrature.
Le Conseil supérieur de la magistrature peut être saisi par un justiciable dans les conditions fixées par une loi organique.
La loi organique détermine les conditions d'application du présent article.

Article 66
Nul ne peut être arbitrairement détenu.
L'autorité judiciaire, gardienne de la liberté individuelle, assure le respect de ce principe dans les conditions prévues par la loi.

Article 66-1
Nul ne peut être condamné à la peine de mort.

Titre IX. La Haute Cour

Article 67
Le Président de la République n'est pas responsable des actes accomplis en cette qualité, sous réserve des dispositions des articles 53-2 et 68.
Il ne peut, durant son mandat et devant aucune juridiction ou autorité administrative française, être requis de témoigner non plus que faire l'objet d'une action, d'un acte d'information, d'instruction ou de poursuite. Tout délai de prescription ou de forclusion est suspendu.
Les instances et procédures auxquelles il est ainsi fait obstacle peuvent être reprises ou engagées contre lui à l'expiration d'un délai d'un mois suivant la cessation des fonctions.

Article 68
Le Président de la République ne peut être destitué qu'en cas de manquement à ses devoirs manifestement incompatible avec l'exercice de son mandat. La destitution est prononcée par le Parlement constitué en Haute Cour.
La proposition de réunion de la Haute Cour adoptée par une des assemblées du Parlement est aussitôt transmise à l'autre qui se prononce dans les quinze jours.
La Haute Cour est présidée par le président de l'Assemblée nationale. Elle statue dans un délai d'un mois, à bulletins secrets, sur la destitution. Sa décision est d'effet immédiat.
Les décisions prises en application du présent article le sont à la majorité des deux tiers des membres composant l'assemblée concernée ou la Haute Cour. Toute délégation de vote est interdite. Seuls sont recensés les votes favorables à la proposition de réunion de la Haute Cour ou à la destitution.
Une loi organique fixe les conditions d'application du présent article.

Titre X. De la responsabilité pénale des membres du Gouvernement

Article 68-1
Les membres du Gouvernement sont pénalement responsables des actes accomplis dans l'exercice de leurs fonctions et qualifiés crimes ou délits au moment où ils ont été commis.
Ils sont jugés par la Cour de justice de la République.
La Cour de justice de la République est liée par la définition des crimes et délits ainsi que par la détermination des peines telles qu'elles résultent de la loi.

Article 68-2
La Cour de justice de la République comprend quinze juges : douze parlementaires élus, en leur sein et en nombre égal, par l'Assemblée nationale et par le Sénat après chaque renouvellement général ou partiel de ces assemblées et trois magistrats du siège à la Cour de cassation, dont l'un préside la Cour de justice de la République.
Toute personne qui se prétend lésée par un crime ou un délit commis par un membre du Gouvernement dans l'exercice de ses fonctions peut porter plainte auprès d'une commission des requêtes.
Cette commission ordonne soit le classement de la procédure, soit sa transmission au procureur général près la Cour de cassation aux fins de saisine de la Cour de justice de la République.
Le procureur général près la Cour de cassation peut aussi saisir d'office la Cour de justice de la République sur avis conforme de la commission des requêtes.
Une loi organique détermine les conditions d'application du présent article.

Article 68-3
Les dispositions du présent titre sont applicables aux faits commis avant son entrée en vigueur.

Titre XI. Le Conseil économique, social et environnemental

Article 69
Le Conseil économique, social et environnemental, saisi par le Gouvernement, donne son avis sur les projets de loi, d'ordonnance ou de décret ainsi que sur les propositions de lois qui lui sont soumis.
Un membre du Conseil économique, social et environnemental peut être désigné par celui-ci pour exposer devant les assemblées parlementaires l'avis du Conseil sur les projets ou propositions qui lui ont été soumis.

Le Conseil économique, social et environnemental peut être saisi par voie de pétition dans les conditions fixées par une loi organique. Après examen de la pétition, il fait connaître au Gouvernement et au Parlement les suites qu'il propose d'y donner.

Article 70
Le Conseil économique, social et environnemental peut être consulté par le Gouvernement et le Parlement sur tout problème de caractère économique, social ou environnemental. Le Gouvernement peut également le consulter sur les projets de loi de programmation définissant les orientations pluriannuelles des finances publiques. Tout plan ou tout projet de loi de programmation à caractère économique, social ou environnemental lui est soumis pour avis.

Article 71
La composition du Conseil économique, social et environnemental, dont le nombre de membres ne peut excéder deux cent trente-trois, et ses règles de fonctionnement sont fixées par une loi organique.

Titre XI bis. Le défenseur des droits

Article 71-1
Le Défenseur des droits veille au respect des droits et libertés par les administrations de l'État, les collectivités territoriales, les établissements publics, ainsi que par tout organisme investi d'une mission de service public, ou à l'égard duquel la loi organique lui attribue des compétences.
Il peut être saisi, dans les conditions prévues par la loi organique, par toute personne s'estimant lésée par le fonctionnement d'un service public ou d'un organisme visé au premier alinéa. Il peut se saisir d'office.
La loi organique définit les attributions et les modalités d'intervention du Défenseur des droits. Elle détermine les conditions dans lesquelles il peut être assisté par un collège pour l'exercice de certaines de ses attributions.
Le Défenseur des droits est nommé par le Président de la République pour un mandat de six ans non renouvelable, après application de la procédure prévue au dernier alinéa de l'article 13. Ses fonctions sont incompatibles avec celles de membre du Gouvernement et de membre du Parlement. Les autres incompatibilités sont fixées par la loi organique.
Le Défenseur des droits rend compte de son activité au Président de la République et au Parlement.

Titre XII. Des collectivités territoriales

Article 72

Les collectivités territoriales de la République sont les communes, les départements, les régions, les collectivités à statut particulier et les collectivités d'outre-mer régies par l'article 74. Toute autre collectivité territoriale est créée par la loi, le cas échéant en lieu et place d'une ou de plusieurs collectivités mentionnées au présent alinéa.
Les collectivités territoriales ont vocation à prendre les décisions pour l'ensemble des compétences qui peuvent le mieux être mises en oeuvre à leur échelon.
Dans les conditions prévues par la loi, ces collectivités s'administrent librement par des conseils élus et disposent d'un pouvoir réglementaire pour l'exercice de leurs compétences.
Dans les conditions prévues par la loi organique, et sauf lorsque sont en cause les conditions essentielles d'exercice d'une liberté publique ou d'un droit constitutionnellement garanti, les collectivités territoriales ou leurs groupements peuvent, lorsque, selon le cas, la loi ou le règlement l'a prévu, déroger, à titre expérimental et pour un objet et une durée limités, aux dispositions législatives ou réglementaires qui régissent l'exercice de leurs compétences.
Aucune collectivité territoriale ne peut exercer une tutelle sur une autre. Cependant, lorsque l'exercice d'une compétence nécessite le concours de plusieurs collectivités territoriales, la loi peut autoriser l'une d'entre elles ou un de leurs groupements à organiser les modalités de leur action commune.
Dans les collectivités territoriales de la République, le représentant de l'État, représentant de chacun des membres du Gouvernement, a la charge des intérêts nationaux, du contrôle administratif et du respect des lois.

Article 72-1

La loi fixe les conditions dans lesquelles les électeurs de chaque collectivité territoriale peuvent, par l'exercice du droit de pétition, demander l'inscription à l'ordre du jour de l'assemblée délibérante de cette collectivité d'une question relevant de sa compétence.
Dans les conditions prévues par la loi organique, les projets de délibération ou d'acte relevant de la compétence d'une collectivité territoriale peuvent, à son initiative, être soumis, par la voie du référendum, à la décision des électeurs de cette collectivité.
Lorsqu'il est envisagé de créer une collectivité territoriale dotée d'un statut particulier ou de modifier son organisation, il peut être décidé par la loi de consulter les électeurs inscrits dans les collectivités intéressées. La modification des limites des collectivités territoriales peut également

donner lieu à la consultation des électeurs dans les conditions prévues par la loi.

Article 72-2
Les collectivités territoriales bénéficient de ressources dont elles peuvent disposer librement dans les conditions fixées par la loi.
Elles peuvent recevoir tout ou partie du produit des impositions de toutes natures. La loi peut les autoriser à en fixer l'assiette et le taux dans les limites qu'elle détermine.
Les recettes fiscales et les autres ressources propres des collectivités territoriales représentent, pour chaque catégorie de collectivités, une part déterminante de l'ensemble de leurs ressources. La loi organique fixe les conditions dans lesquelles cette règle est mise en oeuvre.
Tout transfert de compétences entre l'État et les collectivités territoriales s'accompagne de l'attribution de ressources équivalentes à celles qui étaient consacrées à leur exercice. Toute création ou extension de compétences ayant pour conséquence d'augmenter les dépenses des collectivités territoriales est accompagnée de ressources déterminées par la loi.
La loi prévoit des dispositifs de péréquation destinés à favoriser l'égalité entre les collectivités territoriales.

Article 72-3
La République reconnaît, au sein du peuple français, les populations d'outre-mer, dans un idéal commun de liberté, d'égalité et de fraternité.
La Guadeloupe, la Guyane, la Martinique, La Réunion, Mayotte, SaintBarthélemy, Saint-Martin, Saint-Pierre-et-Miquelon, les îles Wallis et Futuna et la Polynésie française sont régis par l'article 73 pour les départements et les régions d'outre-mer, et pour les collectivités territoriales créées en application du dernier alinéa de l'article 73, et par l'article 74 pour les autres collectivités.
Le statut de la Nouvelle-Calédonie est régi par le titre XIII.
La loi détermine le régime législatif et l'organisation particulière des Terres australes et antarctiques françaises et de Clipperton.

Article 72-4
Aucun changement, pour tout ou partie de l'une des collectivités mentionnées au deuxième alinéa de l'article 72-3, de l'un vers l'autre des régimes prévus par les articles 73 et 74, ne peut intervenir sans que le consentement des électeurs de la collectivité ou de la partie de collectivité intéressée ait été préalablement recueilli dans les conditions prévues à l'alinéa suivant. Ce changement de régime est décidé par une loi organique.
Le Président de la République, sur proposition du Gouvernement pendant la durée des sessions ou sur proposition conjointe des deux assemblées,

publiées au Journal officiel, peut décider de consulter les électeurs d'une collectivité territoriale située outre-mer sur une question relative à son organisation, à ses compétences ou à son régime législatif. Lorsque la consultation porte sur un changement prévu à l'alinéa précédent et est organisée sur proposition du Gouvernement, celui-ci fait, devant chaque assemblée, une déclaration qui est suivie d'un débat.

Article 73

Dans les départements et les régions d'outre-mer, les lois et règlements sont applicables de plein droit. Ils peuvent faire l'objet d'adaptations tenant aux caractéristiques et contraintes particulières de ces collectivités.

Ces adaptations peuvent être décidées par ces collectivités dans les matières où s'exercent leurs compétences et si elles y ont été habilitées, selon le cas, par la loi ou par le règlement.

Par dérogation au premier alinéa et pour tenir compte de leurs spécificités, les collectivités régies par le présent article peuvent être habilitées, selon le cas, par la loi ou par le règlement, à fixer elles-mêmes les règles applicables sur leur territoire, dans un nombre limité de matières pouvant relever du domaine de la loi ou du règlement.

Ces règles ne peuvent porter sur la nationalité, les droits civiques, les garanties des libertés publiques, l'état et la capacité des personnes, l'organisation de la justice, le droit pénal, la procédure pénale, la politique étrangère, la défense, la sécurité et l'ordre publics, la monnaie, le crédit et les changes, ainsi que le droit électoral. Cette énumération pourra être précisée et complétée par une loi organique.

La disposition prévue aux deux précédents alinéas n'est pas applicable au département et à la région de La Réunion.

Les habilitations prévues aux deuxième et troisième alinéas sont décidées, à la demande de la collectivité concernée, dans les conditions et sous les réserves prévues par une loi organique. Elles ne peuvent intervenir lorsque sont en cause les conditions essentielles d'exercice d'une liberté publique ou d'un droit constitutionnellement garanti.

La création par la loi d'une collectivité se substituant à un département et une région d'outre-mer ou l'institution d'une assemblée délibérante unique pour ces deux collectivités ne peut intervenir sans qu'ait été recueilli, selon les formes prévues au second alinéa de l'article 72-4, le consentement des électeurs inscrits dans le ressort de ces collectivités.

Article 74

Les collectivités d'outre-mer régies par le présent article ont un statut qui tient compte des intérêts propres de chacune d'elles au sein de la République.

Ce statut est défini par une loi organique, adoptée après avis de l'assemblée délibérante, qui fixe :

- les conditions dans lesquelles les lois et règlements y sont applicables ;
- les compétences de cette collectivité ; sous réserve de celles déjà exercées par elle, le transfert de compétences de l'État ne peut porter sur les matières énumérées au quatrième alinéa de l'article 73, précisées et complétées, le cas échéant, par la loi organique ;
- les règles d'organisation et de fonctionnement des institutions de la collectivité et le régime électoral de son assemblée délibérante ;
- les conditions dans lesquelles ses institutions sont consultées sur les projets et propositions de loi et les projets d'ordonnance ou de décret comportant des dispositions particulières à la collectivité, ainsi que sur la ratification ou l'approbation d'engagements internationaux conclus dans les matières relevant de sa compétence.

La loi organique peut également déterminer, pour celles de ces collectivités qui sont dotées de l'autonomie, les conditions dans lesquelles :
- le Conseil d'État exerce un contrôle juridictionnel spécifique sur certaines catégories d'actes de l'assemblée délibérante intervenant au titre des compétences qu'elle exerce dans le domaine de la loi ;
- l'assemblée délibérante peut modifier une loi promulguée postérieurement à l'entrée en vigueur du statut de la collectivité, lorsque le Conseil constitutionnel, saisi notamment par les autorités de la collectivité, a constaté que la loi était intervenue dans le domaine de compétence de cette collectivité ;
- des mesures justifiées par les nécessités locales peuvent être prises par la collectivité en faveur de sa population, en matière d'accès à l'emploi, de droit d'établissement pour l'exercice d'une activité professionnelle ou de protection du patrimoine foncier ;
- la collectivité peut participer, sous le contrôle de l'État, à l'exercice des compétences qu'il conserve, dans le respect des garanties accordées sur l'ensemble du territoire national pour l'exercice des libertés publiques.

Les autres modalités de l'organisation particulière des collectivités relevant du présent article sont définies et modifiées par la loi après consultation de leur assemblée délibérante.

Article 74-1

Dans les collectivités d'outre-mer visées à l'article 74 et en Nouvelle-Calédonie, le Gouvernement peut, par ordonnances, dans les matières qui demeurent de la compétence de l'État, étendre, avec les adaptations nécessaires, les dispositions de nature législative en vigueur en métropole ou adapter les dispositions de nature législative en vigueur à l'organisation particulière de la collectivité concernée, sous réserve que la loi n'ait pas expressément exclu, pour les dispositions en cause, le recours à cette procédure.

Les ordonnances sont prises en conseil des ministres après avis des assemblées délibérantes intéressées et du Conseil d'État. Elles entrent en vigueur dès leur publication. Elles deviennent caduques en l'absence de ratification par le Parlement dans le délai de dix-huit mois suivant cette publication.

Article 75
Les citoyens de la République qui n'ont pas le statut civil de droit commun, seul visé à l'article 34, conservent leur statut personnel tant qu'ils n'y ont pas renoncé.

Article 75-1
Les langues régionales appartiennent au patrimoine de la France.

Titre XIII. Dispositions transitoires relatives à la Nouvelle-Calédonie

Article 76
Les populations de la Nouvelle-Calédonie sont appelées à se prononcer avant le 31 décembre 1998 sur les dispositions de l'accord signé à Nouméa le 5 mai 1998 et publié le 27 mai 1998 au Journal officiel de la République française.
Sont admises à participer au scrutin les personnes remplissant les conditions fixées à l'article 2 de la loi n° 88-1028 du 9 novembre 1988.
Les mesures nécessaires à l'organisation du scrutin sont prises par décret en Conseil d'État délibéré en conseil des ministres.

Article 77
Après approbation de l'accord lors de la consultation prévue à l'article 76, la loi organique, prise après avis de l'assemblée délibérante de la Nouvelle-Calédonie, détermine, pour assurer l'évolution de la Nouvelle-Calédonie dans le respect des orientations définies par cet accord et selon les modalités nécessaires à sa mise en œuvre :
- les compétences de l'État qui seront transférées, de façon définitive, aux institutions de la Nouvelle-Calédonie, l'échelonnement et les modalités de ces transferts, ainsi que la répartition des charges résultant de ceux-ci ;
- les règles d'organisation et de fonctionnement des institutions de la Nouvelle-Calédonie et notamment les conditions dans lesquelles certaines catégories d'actes de l'assemblée délibérante de la Nouvelle-Calédonie pourront être soumises avant publication au contrôle du Conseil constitutionnel ;
- les règles relatives à la citoyenneté, au régime électoral, à l'emploi et au statut civil coutumier ;
- les conditions et les délais dans lesquels les populations intéressées de la Nouvelle-Calédonie seront amenées à se prononcer sur l'accession à la pleine souveraineté.
Les autres mesures nécessaires à la mise en oeuvre de l'accord mentionné à l'article 76 sont définies par la loi.

Pour la définition du corps électoral appelé à élire les membres des assemblées délibérantes de la Nouvelle-Calédonie et des provinces, le tableau auquel se réfèrent l'accord mentionné à l'article 76 et les articles 188 et 189 de la loi organique n° 99-209 du 19 mars 1999 relative à la Nouvelle-Calédonie est le tableau dressé à l'occasion du scrutin prévu audit article 76 et comprenant les personnes non admises à y participer.

Titre XIV. De la francophonie et des accords d'association

Article 87

La République participe au développement de la solidarité et de la coopération entre les États et les peuples ayant le français en partage.

Article 88

La République peut conclure des accords avec des États qui désirent s'associer à elle pour développer leurs civilisations.

Titre XV. Des Communautés européennes et de l'Union européenne[1]

Article 88-1

La République participe aux Communautés européennes et à l'Union européenne, constituées d'États qui ont choisi librement, en vertu des traités qui les ont instituées, d'exercer en commun certaines de leurs compétences.
Elle peut participer à l'Union européenne dans les conditions prévues par le traité de Lisbonne modifiant le traité sur l'Union européenne et le traité instituant la Communauté européenne, signé le 13 décembre 2007.

Article 88-2

Sous réserve de réciprocité et selon les modalités prévues par le Traité sur l'Union européenne signé le 7 février 1992, la France consent aux transferts de compétences nécessaires à l'établissement de l'union économique et monétaire européenne.

1. Nouvelle rédaction du Titre XV à compter de l'entrée en vigueur du traité de Lisbonne (2007).

Sous la même réserve et selon les modalités prévues par le Traité instituant la Communauté européenne, dans sa rédaction résultant du traité signé le 2 octobre 1997, peuvent être consentis les transferts de compétences nécessaires à la détermination des règles relatives à la libre circulation des personnes et aux domaines qui lui sont liés.
La loi fixe les règles relatives au mandat d'arrêt européen en application des actes pris sur le fondement du traité sur l'Union européenne.

Article 88-3
Sous réserve de réciprocité et selon les modalités prévues par le Traité sur l'Union européenne signé le 7 février 1992, le droit de vote et d'éligibilité aux élections municipales peut être accordé aux seuls citoyens de l'Union résidant en France. Ces citoyens ne peuvent exercer les fonctions de maire ou d'adjoint ni participer à la désignation des électeurs sénatoriaux et à l'élection des sénateurs. Une loi organique votée dans les mêmes termes par les deux assemblées détermine les conditions d'application du présent article.

Article 88-4
Le Gouvernement soumet à l'Assemblée nationale et au Sénat, dès leur transmission au Conseil de l'Union européenne, les projets ou propositions d'actes des Communautés européennes et de l'Union européenne.
Selon des modalités fixées par le règlement de chaque assemblée, des résolutions européennes peuvent être adoptées, le cas échéant en dehors des sessions, sur les projets ou propositions mentionnés au premier alinéa, ainsi que sur tout document émanant d'une institution de l'Union européenne.
Au sein de chaque assemblée parlementaire est instituée une commission chargée des affaires européennes.

Article 88-5[2]
Tout projet de loi autorisant la ratification d'un traité relatif à l'adhésion d'un État à l'Union européenne et aux Communautés européennes est soumis au référendum par le Président de la République.
Toutefois, par le vote d'une motion adoptée en termes identiques par chaque assemblée à la majorité des trois cinquièmes, le Parlement peut autoriser l'adoption du projet de loi selon la procédure prévue au troisième alinéa de l'article 89.

2. Cet article n'est pas applicable aux adhésions faisant suite à une conférence intergouvernementale dont la convocation a été décidée par le Conseil européen avant le 1er juillet 2004.

Titre XVI. De la Révision

Article 89

L'initiative de la révision de la Constitution appartient concurremment au Président de la République sur proposition du Premier ministre et aux membres du Parlement.

Le projet ou la proposition de révision doit être examiné dans les conditions de délai fixées au troisième alinéa de l'article 42 et voté par les deux assemblées en termes identiques. La révision est définitive après avoir été approuvée par référendum.

Toutefois, le projet de révision n'est pas présenté au référendum lorsque le Président de la République décide de le soumettre au Parlement convoqué en Congrès ; dans ce cas, le projet de révision n'est approuvé que s'il réunit la majorité des trois cinquièmes des suffrages exprimés. Le bureau du Congrès est celui de l'Assemblée nationale.

Aucune procédure de révision ne peut être engagée ou poursuivie lorsqu'il est porté atteinte à l'intégrité du territoire.

La forme républicaine du Gouvernement ne peut faire l'objet d'une révision.

7. Charte de l'environnement (2004)

Le peuple français,

Considérant :

Que les ressources et les équilibres naturels ont conditionné l'émergence de l'humanité ;

Que l'avenir et l'existence même de l'humanité sont indissociables de son milieu naturel ;

Que l'environnement est le patrimoine commun des êtres humains ;

Que l'homme exerce une influence croissante sur les conditions de la vie et sur sa propre évolution ;

Que la diversité biologique, l'épanouissement de la personne et le progrès des sociétés humaines sont affectés par certains modes de consommation ou de production et par l'exploitation excessive des ressources naturelles ;

Que la préservation de l'environnement doit être recherchée au même titre que les autres intérêts fondamentaux de la Nation ;

Qu'afin d'assurer un développement durable, les choix destinés à répondre aux besoins du présent ne doivent pas compromettre la capacité des générations futures et des autres peuples à satisfaire leurs propres besoins.

Proclame :

Article 1er
Chacun a le droit de vivre dans un environnement équilibré et respectueux de la santé.

Article 2
Toute personne a le devoir de prendre part à la préservation et à l'amélioration de l'environnement.

Article 3
Toute personne doit, dans les conditions définies par la loi, prévenir les atteintes qu'elle est susceptible de porter à l'environnement ou, à défaut, en limiter les conséquences.

Article 4

Toute personne doit contribuer à la réparation des dommages qu'elle cause à l'environnement, dans les conditions définies par la loi.

Article 5

Lorsque la réalisation d'un dommage, bien qu'incertaine en l'état des connaissances scientifiques, pourrait affecter de manière grave et irréversible l'environnement, les autorités publiques veillent, par application du principe de précaution et dans leurs domaines d'attributions, à la mise en oeuvre de procédures d'évaluation des risques et à l'adoption de mesures provisoires et proportionnées afin de parer à la réalisation du dommage.

Article 6

Les politiques publiques doivent promouvoir un développement durable. A cet effet, elles concilient la protection et la mise en valeur de l'environnement, le développement économique et le progrès social.

Article 7

Toute personne a le droit, dans les conditions et les limites définies par la loi, d'accéder aux informations relatives à l'environnement détenues par les autorités publiques et de participer à l'élaboration des décisions publiques ayant une incidence sur l'environnement.

Article 8

L'éducation et la formation à l'environnement doivent contribuer à l'exercice des droits et devoirs définis par la présente Charte.

Article 9

La recherche et l'innovation doivent apporter leur concours à la préservation et à la mise en valeur de l'environnement.

Article 10

La présente Charte inspire l'action européenne et internationale de la France.

8. Orientations bibliographiques

• Méthodologie

- G . BERNARD, M.-B. GUILLET, *Méthodologie des écrits juridiques*, Levallois-Perret, Studyrama, 2007.

• Introduction au droit, sources du droit et méthodologie

- G. BERNARD, M.-B. GUILLET, *Sources du droit*, Levallois-Perret, Studyrama, 2e éd., 2008.
- A. MIRKOVIC, *Introduction générale au droit*, Levallois-Perret, Studyrama, 2017.

• Droit civil

- A. MIRKOVIC, *Droit des personnes et de la famille*, Levallois-Perret, Studyrama, 2014.
- S. GJIDARA-DECAIX, *Précis de droit civil*, Paris, PUF, 2007.
- J.-B. LAYDU, *Droit civil : Droit des obligations*, Levallois-Perret, Studyrama, 2011.

• Droit constitutionnel et science politique

- G. BERNARD, *Exercices : Droit constitutionnel et institutions politiques*, Levallois-Perret, Studyrama, 2e éd., 2009.
- G. BERNARD, J.-P. DESCHODT, M. VERPEAUX, dir., *Dictionnaire de la politique et de l'administration*, Paris, PUF, 2011.
- G. BERNARD, E. DUQUESNOY, dir., *Les forces politiques françaises*, Paris, PUF, 2007.
- A. MESLET, *Science politique*, Levallois-Perret, Studyrama, 2007.
- B. PAUVERT, *Droit constitutionnel*, Levallois-Perret, Studyrama, 4e éd., 2011.

• Droit administratif et des collectivités territoriales

- H. ARBOUSSET, *Droit administratif des biens*, Levallois-Perret, Studyrama, 2015.
- J. BAUDON, Ph. CHRESTIA, *Institutions scolaires et universitaires*, Levallois-Perret, Studyrama, 2010.
- A. BEAL, *Droit des étrangers*, Levallois-Perret, Studyrama, 2010.
- P. FRAISSEIX, *Institutions administratives*, Levallois-Perret, Studyrama, 2010.
- D. MABIN, *Marchés publics*, Levallois-Perret, Studyrama, 2013.

- F. MONERA, *La fonction publique territoriale en 20 leçons*, Paris, Ellipses, 2008.

- J. SAYAH, *Droit administratif*, Levallois-Perret, Studyrama, 2e éd., 2007.

- M. VERPEAUX, *Droit des collectivités territoriales*, Paris, PUF, 2e éd., 2008.

- M. VERPEAUX, L. JANICOT, *Droit public*, Paris, PUF, 2009.

• Libertés publiques

- X. LATOUR, B. PAUVERT, *Manuel des libertés publiques et droits fondamentaux*, Levallois-Perret, Studyrama, « Panorama du droit », 8e éd., 2018.

- G. LEBRETON, *Libertés publiques et droits de l'homme*, Paris, Sirey, 8e éd., 2008.

• Institutions européennes et droit communautaire

- P. GENEAU, *Institutions européennes*, Levallois-Perret, Studyrama, 3e éd., 2010.

- Th. JOUNO, dir., *Questions européennes*, Paris, PUF, 2009.

- Th. RAMBAUD, E. PERRIN, *Institutions européennes et principes généraux de droit européen*, Levallois-Perret, Studyrama, 2015.

• Finances publiques et droit fiscal

- X. BADIN, *Finances publiques*, Levallois-Perret, Studyrama, 2007.

- X. BADIN, E. DOUAT, *Finances publiques*, Paris, PUF, 3e éd., 2006.

- S. LAMBERT-WIBER, *Droit fiscal général*, Levallois-Perret, Studyrama, 2014.

- S. LAMBERT-WIBER, *Droit fiscal des entreprises*, Levallois-Perret, Studyrama, 2010.

• Relations internationales, droit international public et géopolitique

- Ph. CHRESTIA, *Relations internationales*, Levallois-Perret, Studyrama, 2e éd., 2007.

- Ph. CONRAD, *Le poids des armes, Guerre et conflits de 1900 à 1945*, Paris, PUF, 2004.

- H. COUTAU-BEGARIE, *Traité de stratégie*, Paris, Economica, 6e éd., 2008.

- P. GAUCHON, dir., *Dictionnaire de géopolitique et de géoéconomie*, Paris, PUF, 2011.

- L. GAUTIER, *La défense de la France après la Guerre froide*, Paris, PUF, 2009.

- M. LEFEBVRE, *Le jeu du droit et de la puissance, Précis de relations internationales*, Paris, PUF, 3e éd., 2007.

- E. POMÈS, *Droit international public*, Levallois-Perret, Studyrama, 2012.

- Ch. RÉVEILLARD, *Introduction à la géopolitique*, Levallois-Perret, Studyrama, 2008.

• Droit des affaires et de la consommation

- S. BERNHEIM-DESVAUX, *Droit de la consommation*, Levallois-Perret, Studyrama, 2e éd., 2011.

- V. CIBERT-GOTON, A. ALBORTCHIRE, *Exercices : droit des sociétés*, Levallois-Perret, Studyrama, 2007.

- V. CIBERT-GOTON, A. ALBORTCHIRE, *Exercices : droit commercial*, Levallois-Perret, Studyrama, 2008.

• Droit pénal et criminologie

- A. BAUER, et alii, *Criminologie plurielle*, Paris, PUF, 2011.

- F. DEBOVE, Fr. FALLETTI, Th. JANVILLE, *Précis de droit pénal et de procédure pénale*, Paris, PUF, 4e éd., 2012.

- A. GUILMOTO, *Institutions policières*, Levallois-Perret, Studyrama, 2010.

- G. LOPEZ, S. TZITZIS, dir., *Dictionnaire des sciences criminelles*, Paris, Dalloz, 2004, réimpr. 2007.

- S. TZITZIS, G. BERNARD, D. JOLIVET, dir., *Dictionnaire de la police et de la justice*, Paris, PUF, 2011.

- S. TZITZIS, G. LOPEZ, G. BERNARD, dir., *Pratiques de la criminologie*, Levallois-Perret, Studyrama, 2010.

• Droit procédural

- ASSO (B.), MONERA (F.), et alii, *Contentieux administratif*, Levallois-Perret, Studyrama, 2006.

- LOBE-FOUDA (M.), *Procédure pénale*, Levallois-Perret, Studyrama, 3e éd., 2010.

- ROLLAND (B.), *Procédure civile*, Levallois-Perret, Studyrama, 3e éd., 2013.

- ROLLAND (B.), LOBE-FOUDA (M.), MONERA (F.), *Formulaire d'actes de procédure*, Levallois-Perret, Studyrama, 2008, 4e éd., 2016.

• Droit social

- D. BELOUCIF, *Droit du travail aux concours*, Paris, PUF, 2009.

- G. BERNARD, J.-P. DESCHODT, dir., *Les forces syndicales françaises*, Paris PUF, 2010.

- L. CYTERMANN, Th. WANECQ, *Les politiques sociales*, Paris, PUF, 2010.

- J. DAMON, *Questions sociales et questions urbaines*, Paris, PUF, 2010.

- G. DEDESSUS-LE-MOUSTIER, *Droit du travail*, Levallois-Perret, Studyrama, 2010.

- D. HANGARD, *GRH dans la fonction publique*, Levallois-Perret, Studyrama, 2009.

• Economie politique

- E. COMBE, *Précis d'économie*, Paris, PUF, 10e éd., 2009.

- Fr. TEULON, dir., *Dictionnaire d'histoire, économie, finance, géographie*, Paris, PUF, 6e éd., 2010.

- Fr. TEULON, *Dictionnaire des grands économistes*, Paris, PUF, 2009.

- V. ERNE-HEINTZ, *Economie politique*, Levallois-Perret, Studyrama, 2012.

• Histoire du droit et des institutions avant 1789

- G. BERNARD, *Introduction à l'histoire du droit et des institutions publiques*, Levallois-Perret, Studyrama, 2e éd., 2011.

- G. BERNARD, *Introduction historique au droit*, Levallois-Perret, Studyrama, 2e, éd., 2009.

- F. SAINT-BONNET, Y. SASSIER, *Histoire des institutions avant 1789*, Paris, Montchrestien, 4e éd., 2011.

• Histoire politique et constitutionnelle depuis 1789

- G. ANTONETTI, *Histoire contemporaine politique et sociale*, Paris, PUF, 8e éd., 2003.

- F. BLICHE, *Manuel d'histoire politique de la France contemporaine*, Paris, PUF, 3e éd., 2008.

- S. CAPORAL, *Histoire des institutions publiques de 1789 à nos jours*, Paris, Hachette, 2005.

- E. GHERARDI, *Constitutions et vie politique en France de 1789 à nos jours*, Paris, Armand Colin, 2e éd., 2006.

• Histoire des idées politiques et philosophie du droit

- U. BELLAGAMBA, et alii, *Histoire des idées politiques*, Levallois-Perret, Studyrama, 2016.

- Ph. NEMO, *Histoire des idées politiques*, Paris, PUF, 2004-2007, 2 vol.

- S. TZITZIS, *Introduction à la philosophie du droit*, Paris, Vuibert, 2011.

- S. TZITZIS, G. BERNARD, *Philosophie du droit*, Levallois-Perret, Studyrama, 2e éd., 2011.

- Fr. VALLANÇON, *Philosophie juridique*, Levallois-Perret, Studyrama, 2012.

• Culture générale

- G. BERNARD, L. DUSAUSOY, *Les chiffres clés de la culture générale*, Levallois-Perret, Studyrama, 2009.

- G. BERNARD, F. MONERA, *L'instruction civique pour les nuls*, Paris, First, 2010.

- F. LAUPIES, *Dictionnaire de culture générale*, Paris, PUF, 2003.

• Préparation au concours de la fonction publique

- J. CAMOIN, *La note de synthèse aux concours administratifs*, Levallois-Perret, Studyrama, 2010.

- V. ERNE-HEINTZ, Ph. CHRESTIA, F. MONERA, *Economie politique, finances publiques : concours administratifs*, Levallois-Perret, Studyrama, 2007.

- D. GIRAUX, E. PERRIN, J. SAYAH, Ch. SINNASSAMY, *Exercices, QRC pour les concours de la fonction publique*, Levallois-Perret, Studyrama, 2009.

- Ch. LEPAGNOT, Ch. GILDER, *Exercices, Grand oral des concours de la fonction publique*, Levallois-Perret, Studyrama, 2007.

- F. MONERA, Ph. CHRESTIA, *Droit public : concours administratifs*, Levallois-Perret, Studyrama, 2006.

34/38, rue Camille-Pelletan - 92309 Levallois-Perret cedex
Imprimerie Laballery - 58502 Clamecy Cedex - 501380
Imprimé en France - 2e trimestre 2025

Service éditorial : Benjamin Dias Pereira, Deborah Lopez
Conception graphique : Frédéric Vagney, Catherine Aubin

Dépôt légal à parution
ISBN 978-2-7590-5758-0